*Hans-Jürgen Pandel*

W0040424

# Quellen-
# interpretation

## Die schriftliche Quelle
## im Geschichtsunterricht

Herausgegeben von
Klaus Bergmann
Ulrich Mayer
Hans-Jürgen Pandel
und Gerhard Schneider

**METHODEN HISTORISCHEN LERNENS**

**WOCHEN
SCHAU
GESCHICHTE**

**Bibliografische Information Der Deutschen Bibliothek**

Die Deutsche Bibliothek verzeichnet diese Publikation in der
Deutschen Nationalbibliografie; detaillierte bibliografische
Daten sind im Internet unter http://dnb.ddb.de abrufbar.

**www.wochenschau-verlag.de**

Die Reihe „Methoden Historischen Lernens" wird
herausgegeben von
Klaus Bergmann (1938-2002)
Ulrich Mayer
Hans-Jürgen Pandel
Gerhard Schneider

Umschlag: Ohl Design
Gedruckt auf chlorfrei gebleichtem Papier
Gesamtherstellung: Wochenschau Verlag
ISBN 3-89974103-X

# Inhaltsverzeichnis

# Vorwort

Seit gut 200 Jahren diskutieren Universitätsprofessoren, Gymnasiallehrer und Schulmänner über Sinn und Grenzen des Einsatzes von Quellen im Unterricht. Nie wurde diese Debatte allein mit pädagogischen und didaktischen Argumenten im Hinblick auf Schülerinnen und Schüler geführt, sondern stets waren auch standes- und gesellschaftspolitische Überzeugungen mit im Spiel. Repräsentanten von Hochschulen, Gymnasien und Volksschulen versuchten aus Gründen des Standesprestiges den Quellengebrauch auf einzelne Schularten zu begrenzen bzw. auszudehnen. Immer, wenn es um aufklärerisches Selbstdenken oder emanzipatorische Mündigkeit ging, hatten Quellen Konjunktur. Sie verloren aber stets an Wert, wenn obrigkeitsstaatlicher Gehorsam, Konformität einer formierten Gesellschaft oder totalitäre Erfassung gefordert war. Lehrerinnen und Lehrern, denen es in erster Linie um tatsachengesättigten Historismus und lehrerdominante Deutungsweitergabe historischen Wissens geht, ist die Quelle stets ein Ärgernis.

In der langen Debatte wechselte auch der Gegenstand, über den gestritten wurde. Der Quellenbegriff war stets einem Wandel unterworfen. Nicht immer, wenn man von Quelle sprach, meinte man auch die Quelle im heutigen Sinne. Einmal verstand man darunter eine anschauliche Schilderung, das andere Mal bezog man gegenwärtige Historikertexte mit ein und ließ den Quellenbegriff unter dem des „Materials" verschwinden. Ein Ende des Unsinns, der bis heute mit dem Begriff der Sekundärquelle getrieben wird, ist noch nicht abzusehen. Erst seit den späten 70er Jahren des 20. Jahrhunderts versteht man Quelle im Sinne von Authentizität des ursprünglichen Wissens, aus dem Geschichte als konstruktives Produkt hervorgeht.

Die 200jährige Debatte ist sehr facettenreich, aber leider auch kaum überschaubar. Es handelt sich meist um Aufsatzbeiträge, die in den unterschiedlichsten Publikationsorganen veröffentlicht werden. Die beiden Sammelbände von Ernst Wilmanns (1932) und Gerhard Schneider (1975) bilden Ausnahmen. Der erste versucht ein Resümee am Ende der Weimarer Republik; der andere steht am Beginn der sozialisationstheoretischen und sozialgeschichtlichen Neukonzeption der Geschichtsdidaktik der 70er Jahre.

Der vorliegende Band ist der erste Versuch einer Monographie, die die wesentlichen Momente der Quelleninterpretation unter geschichtsdidaktischem Aspekt zusammenfaßt. Er will mit seiner geschichtstheoretischen und hermeneutischen Grundlegung ein Ausbildungsbuch für Lehramtsstudenten und Referendare in der zweiten Phase der Ausbildung sein. In Universität und Fachseminar macht sich der Mangel an einer Synthese schmerzlich bemerkbar. Dieses Buch enthält aber auch eine Fülle von Anregungen für praktizierende Geschichtslehrerinnen und Geschichtslehrer, die motivierende Arrangements mit methodischer Korrektheit verbinden wollen.

Halle, im März 2000
Hans-Jürgen Pandel

# Vorwort zur 3. Auflage

Nach drei Jahren ist eine weitere Auflage dieses Bändchens nötig geworden. Für die freundliche Aufnahme in der Praxis danke ich meinen Leserinnen und Leser. Offensichtliche Fehler sind korrigiert und die wenige nach 2003 neuerschienene Literatur ist nachgetragen worden. Das Bändchen hat offensichtlich einen Anstoß gegeben, den allzu abstrakten Quellenbegriff durch die Berücksichtigung der Gattungen zu präzisieren. Es hat sich gezeigt, dass in der Berücksichtigung der verschiedenen Quellengattungen ein bisher nicht ausgeschöpftes methodisches Potenzial steckt. Eine Fülle neuer methodischer Umgangsweisen tut sich auf, wenn man auf die einzelnen Gattungen eingeht. Zudem hat der Titelbegriff durch die PISA-Diskussion eine Aufwertung erfahren. Interpretation kann als die zentrale Kompetenz aller Kultur- und Geisteswissenschaften gelten.

Halle, im April 2006
Hans-Jürgen Pandel

# 1. Quellen als Dokumente und Monumente

„Herr Brumm hat sich für den Geschichtsunterricht die Französische Revolution vorgenommen, das heißt, er hat nur das Wort ‚Revolution' an die Tafel geschrieben, und die Kinder haben die Ergänzung ‚Französische' geraten. Die Schüler raten weiter: Alle Menschen sollen gleich sein, das Volk soll die Macht haben, der dritte Stand will nach oben, die Adeligen werden entmachtet usw. Aber Herr Brumm möchte heute einen noch unbekannten Pfad einschlagen, und so stellt er kleine Fragen, und die Kinder raten, was er wohl wissen möchte. Er hat sich, heimlich und ganz für sich selbst, vorgenommen, seine Schüler den Sprung von der damaligen Französischen Revolution zur heute üblicheren Reform machen zu lassen. Zunächst schickt er seine Zuhörer auf eine falsche Fährte. Begriffe wie Aufstand und Putsch werden von einigen erraten. Aber die hat er nicht gemeint, das habe auch wenig mit Revolution zu tun, das sei das, was in Guinea, ach nein, in Ghana, gerade passiert sei. Er meine etwas anderes, was auch jetzt wieder, unter der Regierung von Willy Brandt, ins Gespräch komme. Die 14- und 16jährigen vertiefen sich in ihre Unwissenheit, und prompt verfallen sie schließlich auf die Ostverträge. Ja, die könne man vielleicht auch so bezeichnen, aber das habe er nicht gemeint, einen anderen Ausdruck bitte, meine Herrschaften. Herr Brumm wirft mir einen Blick zu: Da sehen Sie es, keine Ahnung. Schließlich ist es wieder an ihm zu sagen, was gemeint war, das Wort Reform nämlich. Auf der Suche, wo dieses Wort und in welchen Zusammenhängen es auftaucht, assoziieren die Schüler zwei Begriffe, Reformhaus und Reformation." *(Gisela Stelly, „Die Zeit" Nr. 38, 22.9.1972)*

Sollte es solche Lernprozesse heute noch geben, oder handelt es sich um ein Beispiel aus der pädagogischen Kreidezeit? Diese katechetische Methode, von ihren Vertretern hochtrabend „sokratisch" genannt, versucht Wissen aus den Schülern und Schülerinnen herauszulocken, über das diese noch gar nicht verfügen. Von ihnen wird pure Spekulation verlangt, die sich allein im Horizont der Gegenwart bewegt, ohne in die Andersartigkeit der Vergangenheit hinüberzugreifen. Durch solche Fragen wird den Schülerinnen und Schülern ständig das Gefühl der Unwissenheit und Unmündigkeit vermittelt, und sie besitzen auch keine kognitiven und methodischen Werkzeuge, ihre Unkenntnis und Unmündigkeit selbst zu erkennen. Etwas nicht zu wissen ist ja nicht tragisch, aber keine Verfahren zu besitzen, Wissenslücken selbständig aufzufüllen, das ist schon schlimm. Dieses Vorgehen, für das Herr Brumm ein Beispiel ist, wird zwar in der Literatur selten offensiv vertreten, aber im Unterricht noch immer allzu häufig praktiziert. Herr Brumm vertritt nicht nur antiquierte allgemeindidaktische Grundsätze, er verstößt auch gegen geschichtsdidaktische Prinzipien.

Dieser sokratische Herr Brumm hat aber noch einen Zwilling, den mnemotechnischen Herrn Brumm. Dieser geht ökonomischer vor, da er nicht raten, sondern lesen läßt. Er läßt das Lehrbuch aufschlagen und geht Abschnitt für Abschnitt darin durch. Dann werden Verständnisfragen gestellt, damit der Text am Ende der Stunde auch sitzt. Die nächste Stunde beginnt mit dem routinemäßigen Abfragen. Ziel des Unterrichts ist jenes „Grundwissen", das in der Regel schon für Geschichte gehalten wird.

Beide Brumms geben zwar Unterricht, aber keinen Geschichtsunterricht. Geschichte ist eine empirische Wissenschaft, deshalb kann der sokratische Herr Brumm nichts aus den Schülerinnen und Schülern herausfragen, was diese noch nicht wissen. Auch ist Geschichte keine Gedächtniswissenschaft, und ihr Ziel ist kein Arsenal von reproduktionsfähigem Wissen. „Geschichte" kann man ebenso wenig aus den Schülerinnen und Schülern herausfragen wie in sie hineinstopfen.

Geschichte – und das meint dieser Terminus – ist narratives Wissen, das sich jede Generation immer wieder neu erarbeiten muß, da die Gegenwart sich ständig verändert. Der alltäglich gewordene Topos, daß Geschichte ständig neu und umgeschrieben werden müsse, meint aber mehr als die Trivialität, daß Historiker immer genauer arbeiten, die Fehler ihrer Vorgänger ausmerzen und bisweilen auch das Glück haben, neue Quellen zu finden. Jede Gegenwart läßt neue Fragen an die Vergangenheit entstehen. Insofern gibt es auch neue Antworten, und selbst die bekannten Quellen geben auf neue Fragen neue Antworten. Was gibt aber dann relative Sicherheit, wenn sich historisches Wissen immer und immer schneller verändert? Die Schule kann Schülerinnen und Schüler nicht mit einem fertigen Bestand von Wissen ausstatten, das für die (durchschnittlichen) weiteren 60 Jahre ihres Lebens reicht. Die Antwort auf dieses Problem heißt „Quellen".

Um historisches Denken zu ermöglichen, hätte Herr Brumm seinen Schülerinnen und Schülern einen Ausgangspunkt angeben müssen. Er hätte mit Quellen beginnen sollen. Wir können Quellenorientierung nicht aufgeben, ohne das historische Denken selbst aufzugeben. Um diese Denkform erlernbar zu machen, ist Geschichte als Fach institutionalisiert. Quellenarbeit ist keine austauschbare methodische Möglichkeit, die sich durch andere methodische Arrangements ersetzen ließe. Sie ist gerade konstitutiv für historisches Denken. Geschichte besteht in einer bestimmten Weise des Fragens und Denkens und nicht nur in der Präsentation letztgültiger Ergebnisse. Dabei ist zu berücksichtigen, was der Historiker Johann Gustav Droysen (1808-1886) schon 1858 wußte: Das Wichtigste steht nicht in den Quellen, aber ohne Quellen ist alles unwichtig, was wir über Vergangenheit sagen.

Die didaktische Begründung für Quellenarbeit und Quelleninterpretation im Geschichtsunterricht beruht auf der fundamentalen erkenntnistheoretischen Differenz von „Quelle" und „Darstellung". Quellen sind die Basis unseres Wissens von der Vergangenheit und nicht schon dieses Wissen selbst. Im Gegensatz zu den Quellen ist historisches Wissen immer gegenwärtiges Wissen (Aussagen über historische Abläufe, historische Argumente im Alltag und in Politik, Schulbuchdarstellungen, Dokumentarfilmen usw.). Es kann durch Rückgriff auf die Quellen auf seine Stichhaltigkeit untersucht werden. Die Existenz von Quellen und der Unterricht auf Quellenbasis ermöglichen es, nach Belegen für Darstellung und Bewertung zu fragen und damit Tradition kritisch-reflexiv anzueignen. Gegenwärtige Geschichts-Darstellungen können so vom Schüler kritisiert werden, da er prinzipiell in der Lage ist (bzw. durch Unterricht in die Lage versetzt werden soll), zu fragen, woher der Verfasser (Autor/Redner) weiß, daß die Ereignisse so und nicht anders abgelaufen und zu beurteilen sind. Er kann weiter durch den Rückgang auf Quellen erkennen, welche soziale, theoretische Perspektive diese Darstellung motivierte, die Ereignisse so und nicht anders darzustellen. Dieser Aspekt, durch Rückgriff auf Quellen die Perspektive gegenwärtiger Darstellungen zu erkennen, schließt eine ausschließlich illustrative Verwendung von Quellen aus, da der illustrative Einsatz die Quelle für eine bestimmte vorgegebene Erkenntnis funktionalisiert, die in der Quelle inhaltlich nicht enthalten ist. In einem Geschichtsunterricht auf Quellenbasis erzeugen die Schülerinnen und Schüler mit dem historischen Wissen den Gegenstand ihres Lernens selbst. Wenn so im schulischen Kommunikationsprozeß der Gegenstand der Kommunikation durch die Kommunikationsteilnehmer erzeugt wird, verbietet sich auch eine strategisch instrumentelle Verwendung von Quellen auf ein einseitig gesetztes Erkenntnisziel hin.

## 1.1 Definitionsfragen

Grundlage und Ausgangspunkt historischen Denkens sind „Quellen". Sie sind die ursprünglichste Information, die wir besitzen. Ihr Kennzeichen ist eine größtmögliche zeitliche Identität von Ereignis und Darstellung. Sie sind unverzichtbare Erkenntnisvoraussetzungen, da jede historische Erkenntnis eine historische Erinnerung voraussetzt. Der Greifswalder Historiker Ernst Bernheim (1850-1942) wies nachdrücklich auf den medialen Charakter hin. In Mineralogie, Botanik und Zoologie sind die Materialien, die diese Wissenschaften untersuchen, zugleich Gegenstand der Erkenntnis. In der Geschichtswissenschaft wird die Quelle zum Mittel, um das Handeln von Menschen in der Vergangenheit zu erkennen. Die Quellen sind nur Medien, sie unterscheiden sich aber in mehrfacher Weise signifikant von anderen Medien: Sie sind das, was von der Vergangenheit heute noch gegenwärtig ist. Das, was in der Vergangenheit entstanden ist und uns heute noch vorliegt, ist ein Medium des Erinnerns. Für diese Medien sind mit den Archiven spezifische Aufbewahrungsorte entstanden. Die Medien des Erinnerns haben zwei wichtige Eigenschaften. Sie kommunizieren über Zeit und Raum hinaus und stellen den Übergang vom auditiven zum schriftlichen Bereich dar.[1]

Für Quellen sind folgende Definitionen üblich:

- „Quellen sind Resultate menschlicher Betätigungen, welche zur Erkenntnis und zum Nachweis geschichtlicher Tatsachen entweder ursprünglich bestimmt oder doch vermöge ihrer Existenz, Entstehung und sonstiger Verhältnisse vorzugsweise geeignet sind".[2]
- „Als historische Quellen bezeichnen wir im weitesten Sinn alle Zeugnisse (Überlieferungen), die über geschichtliche (= vergangene) Abläufe, Zustände, Denk- und Verhaltensweisen informieren, d.h. letztlich über alles, was sich in der Vergangenheit ereignet hat, diese kennzeichnet, von Menschen gedacht, geschrieben oder geformt wurde".[3]

Sehr häufig wird in der didaktischen Literatur auf die Definition des Historikers Paul Kirn (1890-1965) zurückgegriffen: Er bezeichnet als Quellen „alle Texte, Gegenstände oder Tatsachen, aus denen Kenntnis der Vergangenheit gewonnen werden kann".[4]

---

1 Le Goff, Jacques, Geschichte und Gedächtnis, Frankfurt/M. 1991, S. 91 ff.
2 Bernheim, Ernst, Lehrbuch der historischen Methode, Leipzig 1889, S. 227.
3 Goetz, Hans-Werner, Proseminar Geschichte: Mittelalter, Stuttgart 1993, S. 62.
4 Kirn, Paul, Einführung in die Geschichtswissenschaft, 5. Aufl., Berlin 1969, S. 29; dieser Definition schließt sich auch Bodo von Borries an: Borries, Bodo

Diese Formulierung ist unzulänglich, da sie den Zeitbezug unterschlägt. Nach dieser Definition wäre jedes gegenwärtige Lexikon und jede heutige Tageszeitung Quelle, wenn in ihnen etwas über vergangene Zeiten stehen würde. Daß diese Texte einmal Quellen werden, ist selbstverständlich. Gegenwärtig sind solche Texte jedenfalls keine Quellen, sondern einfache Darstellungen. Berücksichtigt man den Vergangenheitscharakter dieser Materialgruppe, so kommt man zu folgender Definition:

> „Quellen sind Objektivationen und Materialisierungen vergangenen menschlichen Handelns und Leidens. Sie sind in der Vergangenheit entstanden und liegen einer ihr nachfolgenden Gegenwart vor."

Die größtmögliche zeitliche Identität von Ereignis und Bericht ist eine idealtypische Forderung, die nicht immer eingelöst werden kann. Besonders in der alten und mittelalterlichen Geschichte haben wir es mit Quellen zu tun, die lange nach dem berichteten Ereignis entstanden sind. Dem Postulat der größtmöglichen zeitlichen Nähe liegt das Bemühen um Authentizität zugrunde. Authentizität ist ein Zentralbegriff des historischen Denkens und der historischen Arbeit mit Quellen. Er verweist darauf, daß Quellen echt, zuverlässig, verbürgt und glaubwürdig sein müssen. Sie sollen der jeweiligen Zeit entstammen und *wahr* sein, d.h. sie dürfen weder gefälscht noch in pädagogischer Absicht fingiert sein. *Glaubwürdig* muß nicht der Inhalt sein. Nicht das, was der Autor gesagt hat, muß wahr sein, sondern daß er es gesagt hat, muß verbürgt sein.

Der Sinn dieses Begriffes wird in der Geschichtsdidaktik wird häufig erkenntnistheoretisch naiv verkannt oder polemisch denunziert.[5] Beide Positionen sind im Grunde identisch. Erkenntnistheoretisch naiv ist die Annahme, daß es jenseits der Quellen eine objektive Wirklichkeit gäbe. Quellen sind ebenso wie Darstellungen historische Perspektivierungen, d.h. Konstruktionen. Quellen haben allerdings den Vorteil, daß sie als

---

von, Quellenarbeit, in: Enzyklopädie Erziehungswissenschaft, Bd. 4: Methoden und Medien der Erziehung und des Unterrichts, hg. v. Gunter Otto und Wolfgang Schulz, Stuttgart 1995, S. 555.

5 Vgl. Rohlfes, Joachim, Und noch einmal: Quellen, in: GWU 34 (1983), S. 330-344 und Schoebe, Gerhard, Quellen, Quellen, Quellen ... Polemik gegen ein verbreitetes Unterrichtskonzept, in: GWU 34 (1983), S. 298-317.

zeitgleiche oder zeitnahe Konstruktionen die Erfahrungen der Mitlebenden enthalten. Quellen sind auf keinen Fall „Abbildungen"[6], auch von
„potentiellen" Ansatz nicht. Daß eine historische Darstellung authentischer sein könne als eine Quelle, ist schlicht absurd. In diesem Sinne wär
Daniel Goldhagens Buch[7] authentischer als die Erinnerungen, die wi
im Tagebuch der Anne Frank finden.[8] Die Leiden und Ängste, die i
einer Quelle zum Ausdruck kommen, können an Authentizität durc
keine historiographische Darstellung übertroffen werden.

Hinter beiden Positionen steht die Annahme, daß es jenseits de
Quelle eine abbildbare Wirklichkeit gäbe, an die sich Quellen meh
oder minder annähern oder sich von ihr entfernen können. Nac
diesem Verständnis wären sie Darstellungen gleichgestellt.

## 1.2 Dokument und Monument

Um möglichst nahe an die ursprünglichen Aussageintentionen heranzu
kommen, hat der Historiker Johann Gustav Droysen Quellen in zwe
Gruppen eingeteilt, indem er ihren „Aussagewert" zum Kriterium mach
te.[9] Er fand eine Einteilung, die nach dem Wert der Quellen für de
historischen Erkenntnisprozeß fragt. Er teilt sie in Überreste, Quelle
(im engeren Sinne) und Denkmäler ein. Diese Einteilung liegt alle
späteren Versuchen, den Corpus der Quellen zu gliedern, zugrunde.

*Überreste* sind diejenigen Quellen, die von ihrem Verfasser geschriebe
wurden, ohne dabei an spätere Generationen zu denken. Unter diese
Begriff wird alles das zusammengefaßt, was unbeabsichtigt auf un
gekommen ist. Überreste sind Quellen, „welche ohne jede Absicht au
Erinnerung und Nachwelt nur übriggebliebene Teile der Begebenheite
und menschlichen Betätigungen"[10] sind. Dazu gehören privates Schrift
gut (Tagebücher, Briefe etc.) und Geschäftsschriftgut (Urkunden, Akten
Inventare, Protokolle etc.). Zu den Überresten gehören natürlich auc
dingliche Quellen, die sogenannten Sachüberreste (Arbeitsgeräte
Schmuck, Knochen, Waffen etc., aber auch Ton- und Filmdokumente)

6   Rohlfes, Und noch einmal, S. 336.
7   Goldhagen, Daniel Jonah, Hitlers willige Vollstrecker, Berlin 1996.
8   Frank, Anne, Die Tagebücher der Anne Frank, hg. v. Niederländischen Staatl
    chen Institut für Kriegsdokumentation, Frankfurt/M. 1993.
9   Droysen, Johann Gustav, Historik, Textausgabe von Peter Leyh, Stuttgart 1977
10  Bernheim, Lehrbuch, S. 231.

Quellen (im engeren Sinne) sind bei Droysen alles das, was zum Zwecke der Erinnerung überliefert ist. *Traditionen* sind Quellen, die „die Absicht (verfolgen), die Erinnerung der Begebenheiten zu erhalten".[11] Dazu gehören historiographische Texte (Annalen, Chroniken, Autobiographien). Es ist deshalb bei der Interpretation ständig zu fragen, warum der Verfasser gerade dieses Ereignis überliefert und warum es auf diese Weise überliefert wurde.

Zwischen Quellen (im engeren Sinne) und Überresten siedelte Droysen mit den *Denkmälern* noch eine dritte Gruppe an. Im Denkmal verbinden sich die beiden anderen Formen. Sie haben sowohl Quellen- als auch Überrestcharakter.

Diese Einteilung in drei Gruppen ist von Ernst Bernheim vereinfacht worden, indem er daraus zwei Gruppen machte: die Überreste und die Traditionen. Diese Einteilung erfolgt auch hier nach der Art des Erkenntnisprozesses, indem aus den Quellen Informationen bezogen werden. Die Überreste sind frei von dem Willen, der Nachwelt eine bestimmte Art der Erinnerung zugänglich zu machen, während die Traditionen eine Überlieferungsabsicht leitet, daß Ereignisse und Personen der Vergangenheit auf eine bestimmte Weise gesehen werden sollen. Bei den Traditionen muß die Subjektivität des Verfassers besonders berücksichtigt werden (vgl. Tabelle S. 14).

Die Einteilung der Quellen in Traditionen und Überreste ist häufig als bloßes historiographiegeschichtliches Relikt angesehen worden. Es wird darauf verwiesen, daß der Charakter, Tradition und Überrest zu sein, auch von der Fragestellung des Historikers abhängt und somit keine Eigenart der jeweiligen Quelle sei. Eine Traditionsquelle kann Anteile von Überresten haben, denn auch in ihnen sind Sachverhalte enthalten, die der Schreiber nicht direkt unter Kontrolle hat. Sein Weltbild, seine Vorlieben und Abneigungen sind oft weniger von seinem Willen abhängig und also eher eine „unwillkürliche" Information. Diese scheinbare Relativierung des Unterschieds von Überrest und Tradition hebt diesen aber keineswegs auf, sondern bestätigt vielmehr wieder Droysens und Bernheims Ansicht über den Aussagewert der beiden Quellengruppen. Auch wenn eine Quelle je nach Fragestellung Traditions- oder Überrestcharakter hat, bestätigt diese Einteilung fundamental den jeweiligen Aussagewert von Quellen.

In jüngster Zeit ist diese auf Droysen und Bernheim zurückgehende Einteilung von der modernen Kulturwissenschaft unter den Begriffen

---

11 Bernheim, Lehrbuch, S. 232.

| 1. Überreste | 2. Traditionen |
|---|---|
| **1.1 Überreste im engeren Sinne** | *a) Bildliche Traditionsquellen* |
| |   – Historische Gemälde |
| *a) Abstrakte Quellen* |   – Topographische Darstellungen |
|   – Sprache |   – Historische Skulpturen |
|   – Zustände und Institutionen | |
|   – Sitten, Feste, Spiele, Kulte | *b) Mündliche Traditionsquellen* |
| |   – Erzählung |
| *b) Schriftliche Quellen* |   – Sage |
|   – Geschäftsakten |   – Anekdote |
|   – Briefe |   – Sprichwörter |
|   – Reden |   – Lieder |
|   – Zeitungen | |
| | *c) Schriftliche Traditionsquellen* |
| *c) Bildliche Quellen* |   – Historische Inschriften |
|   – Wand- und Höhlenmalereien |   – Genealogien |
| |   – Kalender |
| *d) Gegenständliche Quellen* |   – Annalen |
|   – Körperliche Reste |   – Chroniken |
|   – Geräte |   – Biographien |
|   – Küchenabfälle |   – Memoiren |
| | |
| **1.2 Denkmäler** | |
| | |
|   – Inschriften | |
|   – Monumente | |
|   – Urkunden | |

*(Nach Bernheim, Ernst, Lehrbuch der historischen Methode, Leipzig 1889, S. 233)*

*Dokument* und *Monument* wieder aufgegriffen worden.[12] Ein Dokument ist ein Zeichen für etwas anderes, man muß es transparent machen, Schwierigkeiten ausräumen, um schließlich die vergangene gesellschaftliche Praxis sichtbar zu machen. Die Interpretation eines Dokumentes will Bilder, Themen, Handlungen sichtbar machen. Ein Monument dagegen will für sich genommen werden. Durch das Monument hindurch soll nicht die vergangene Wirklichkeit ausfindig gemacht werden, sondern das Monument will als eine Praxis angesehen

---

12 Assmann, Aleida; Harth, Dietrich (Hg.), Kultur als Lebenswelt und Monument, Frankfurt/M. 1991.

werden, die eigenen Regeln gehorcht. So will eine Autobiographie nicht auf die vergangene Wirklichkeit aufmerksam machen, sondern darauf, wie eine vergangene Wirklichkeit von dem Autographen gesehen wird und wie er die vergangene Wirklichkeit gesehen haben will.

Die Kulturwissenschaft bezieht sich weniger auf die geschichtswissenschaftliche Tradition als auf den philosophischen Diskurs.[13] Diese Unterscheidung in „Dokument" und „Monument" wird in ähnlicher Form auch von anderen Kulturwissenschaftlern übernommen: „Zeugnis und Zeichen"[14] und „Spuren und Botschaften".[15]

*Dokumente* sind jene Überreste, die im historischen Prozeß auf uns gekommen sind, ohne der Nachwelt Botschaften übermitteln zu wollen. Es sind stumme Zeichen, die der historische Prozeß übriggelassen hat. Sie werden erst durch einen Perspektivenwechsel, der sich zwischen Teilnehmern (der Zeit, aus der ein Überrest stammt) und Betrachter (der Gegenwart) vollzieht, als Zeichen wahrgenommen. Dokumente sind Spuren, die erst entschlüsselt werden müssen. Als Relikte erlauben sie es, etwas über eine unbekannte oder vergessene Vergangenheit herauszufinden. *Monumente* sind dagegen schon für den späteren Betrachter geschaffen; sie sind Botschaften für eine spätere Zeit. Monumente wollen „gesehen, bewahrt, erinnert"[16] werden. Sie sind konstitutiv auf einen Betrachter bezogen. Als Erinnerungszeichen ist ihnen die Bedeutung verliehen, Erinnerung an Vergangenes zu bewahren. Es sind Droysens absichtliche Quellen, die hier gemeint sind.

**Beispiel für ein Dokument** ist ein Steckbrief
aus dem Jahre 145 v.Chr.:
„Ein Sklave des Aristogenes, des Sohnes von Chrysippos, eines Gesandten aus Alabanda, ist entlaufen in Alexandria. Er heißt Hermon, wird auch Neilos genannt, ein Syrer aus Bambyke, 18 Jahre alt, mittelgroß, bartlos, mit festen Waden, Grübchen am Kinn, Muttermal längs der Nase zur Linken, Narbe über dem linken Mundwinkel, mit Sklavenbrennstempel an der rechten Handwurzel in nichtgriechischen Buchstaben. Er trägt bei sich ein Geldtäschchen mit 3 Minenstücken gemünzten Goldes, 10 Perlen, einen eisernen Ring, an dem Ölfläschchen und Schabeisen hängen. Er ist

---

13 Foucault, Michel, Archäologie des Wissens, 8. Aufl., Frankfurt/M. 1997, S. 198.
14 Kuhlenkampf, Jens, Notizen über die Begriffe „Monument" und „Lebenswelt", in: Assmann/Harth, Kultur, S. 26 ff.
15 Assmann, Jan, Gebrauch und Gedächtnis, in: Assmann/Harth, Kultur, S. 135 ff.
16 Assmann, Aleida, Kultur als Lebenswelt und Monument, in: Assmann/Harth, Kultur, S. 13.

bekleidet mit kurzem Mantel und Sklavenschurz. Wer diesen zurückbring
wird erhalten 2 Kupfertalente und 3 000 Drachmen; wer ihn nachweist be
einem geldkräftigen und schadenersatzpflichtigen Manne, 3 Talente un
5 000 Drachmen. Anzuzeigen von jedem Beliebigen ist auch Bion, Sklav
des Kallikrates, eines der Obersten der Palastdienerschaft; von Statur klein
breitschultrig, mit dicken Waden, glänzenden Augen. Auf der Flucht hatt
er bei sich ein Gewand, ein Kinderkleidchen und ein Toilettenbüchsche
im Wert von 6 Talenten, 5 000 Drachmen. Wer diesen zurückbringt, wir
ebensoviel erhalten wie für den oben Beschriebenen. Anzeige auch übe
diesen ist zu erstatten an die Untergebenen des Strategen."
*(Metzger, Hubert [Hg.], Nachrichten aus dem Wüstensand,*
*Eine Sammlung von Papyruszeugnissen, Zürich 1974, S. 50)*

**Beispiel für ein Monument** ist Plutarchs (ca. 46/48 – nach 120) Ge
schichtswerk „Die großen Griechen und Römer", in dem es über de
Sklavenaufstand unter Führung des Spartacus (73/71 v. Chr.) heißt:
„8. Der Aufstand der Gladiatoren und die Verheerung Italiens, die bei de
meisten Autoren den Namen Spartacuskrieg führt, entwickelte sich au
folgendem Anlaß. Ein gewisser Lentulus Vatia unterhielt in Capua Gladia
toren, von denen die meisten Gallier und Thraker waren, welche nich
wegen schwerer Vergehen, sondern durch die Ungerechtigkeit ihres Herrn
der sie gekauft hatte, zwangsweise eingesperrt worden waren, um als Gla
diatoren verwendet zu werden. Von ihnen beschlossen zweihundert auszu
reißen, aber da die Sache verraten wurde, gelang es nur achtundsiebzig, di
zur rechten Zeit davon erfuhren und den Augenblick ergriffen, aus eine
Küche Messer und Bratspieße an sich zu nehmen und zu entfliehe
Unterwegs begegneten sie Wagen, die Fechtwaffen nach einer anderen Stad
beförderten, rissen sie an sich und bewaffneten sich. Hierauf besetzten si
einen festen Platz und wählten sich drei Anführer, von denen der erst
Spartacus war, ein Thraker aus dem Stamme der Maider, der nicht nu
einen stolzen Sinn und große Körperkraft besaß, sondern auch durc
Verstand und Herzensgüte besser war als sein Stand und sein Schicksal un
hellenischer als seine Geburt (…)."
*(Plutarch, Crassus, in: Große Griechen und Römer.*
*Übersetzt von K. Ziegler, Zürich 1954/65, Bd. II, S. 252 ff.)*

Durch die moderne Gegenüberstellung von Mikro- und Makroge
schichte (Alltagsgeschichte versus Gesellschaftsgeschichte) bekomm
die Unterscheidung von Dokument und Monument eine vertieft
Bedeutung. Dokumente sind die Quellen, die einen Zugang zur All
tagsgeschichte, zur alltäglichen Lebenswelt erlauben; Monumente da

gegen versuchen eine Selbstauslegung der Kultur. Durch den Wandel von der Politik-, Diplomatie-, Wirtschafts- und traditionellen Kunstgeschichte hin zu einer Alltagsgeschichte und „neuen" Kulturgeschichte hat sich der Anteil der Quellen, die Dokumente sind, überproportional vermehrt. Im Vergleich zum 19. Jahrhundert und der ersten Hälfte des 20. Jahrhunderts hat sich in der zweiten Hälfte des 20. Jahrhunderts die Gesamtmenge der Quellen zu den Dokumenten verschoben. Wir entnehmen unser historisches Wissen zunehmend mehr den Dokumenten als den Monumenten. Alltagsgeschichte, Mentalitätsgeschichte, historische Anthropologie, neue Kulturgeschichte etc. sind auf Dokumente angewiesen; Monumente geben nur sehr selten Auskunft auf diese neuen Fragestellungen.

| Makrogeschichte (System-, Politik-, Diplomatiegeschichte etc.) | Alltagsgeschichte |
| --- | --- |
| *Monumente:* | *Dokumente:* |
| sie enthalten *Botschaften* an spätere Generationen | sie enthalten *Spuren* vergangener Wirklichkeiten |
| sie sind *absichtlich* überliefert | sie sind *unabsichtlich* überliefert |
| betrachterbezogen | beobachterbezogen |

In der Geschichtsdidaktik hat dieser Sichtwechsel zur Veränderung in der Quellenauswahl geführt. Die im Geschichtsunterricht genutzten Quellen verschieben sich quantitativ immer mehr von den Monumenten weg und zu den Dokumenten hin. Die Qualität neuer geschichtsdidaktischer Quellensammlungen kann daran gemessen werden, in welchem Ausmaß sie Dokumente zur Spurensuche enthalten. Manche neueren Anregungen zur Quellenarbeit im Unterricht konzentrieren sich immer noch ausschließlich auf die großen Monumente der Weltgeschichte, ohne die Spuren zu berücksichtigen.[17]

Die Verschiebung vom Monument zum Dokument hat auch Konsequenzen für die Konzepte der Quelleninterpretation. Die autorenorientierte Quelleninterpretation und ihre Methoden treten etwas in den

---

17  Zum Beispiel Koropp, Lutz u.a., Unterrichtsideen, Textarbeit im Geschichtsunterricht der Sekundarstufe I, Stuttgart 1996.

Hintergrund, da die Dokumente oft keinen expliziten Autor haben oder die Kenntnis über den Autor unwichtig ist, da er der Nachwelt keine Botschaft hinterlassen wollte. Für Alltagsorientierung ist der Autor einer Quelle oft nicht nötig. Wir müssen also auch ohne Rekurs auf Autoren lernen, diese Quelle zum Sprechen zu bringen.

## 1.3 Die äußere Form

Der einfache Begriff „Quelle" ist eine Abstraktion. Was uns jeweils vorliegt ist eine besondere und konkrete Form, die sich in verschiedene Schichten unterteilen läßt.

- Das *Manuskript* ist die erste Schicht. Die Originalquelle, so wie sie materiell von der Vergangenheit hinterlassen wurde, ist im günstigsten Falle noch heute im Archiv vorhanden. Bei manchen Quellen kommt es auf die Handschrift an, um sie zu interpretieren, bei manchen weniger. So ist es nicht unbedingt notwendig, nach dem handschriftlichen Manuskript des Kommunistischen Manifestes zu schauen, wenn man diesen Text verstehen will.
- Die zweite Schicht ist die *Druckfassung*. Sie stellt die erste Abstraktion von der Originalquelle dar. Nur ein Bruchteil der überlieferten Quellen ist ediert, Wort für Wort übertragen worden. Diese Druckfassung enthält die Originalsprache, die Originalgrammatik und die speziellen zeitgenössischen Begriffe. Die sinnliche Authentizität des ursprünglichen Manuskripts geht hier allerdings verloren.
- Die nächste Abstraktion davon ist die *Übertragung*. In ihr ist Stil und Diktion, Rechtschreibung und Wortwahl des ursprünglichen Textes der Moderne angepaßt. Eine besondere Form der Übertragung ist die *Übersetzung* aus einer fremden Sprache. Beides ist eine erkenntnismäßige Verengung bzw. bereits eine Interpretation.
- Meistens ist das, was wir im Unterricht vorliegen haben, nur ein *Auszug*, eine gekürzte Fassung, die oft die Form eines Großzitats annimmt.

Je weiter sich eine Quelle von der ursprünglichen Manuskriptform entfernt, um so mehr geht eine Verengung des ursprünglichen Sinnes einher. Nehmen wir dazu als konkretes Beispiel das Tagebuch eines Söldners aus dem Dreißigjährigen Krieg.[18] Ein einfacher Söldner, vielleicht hieß er Peter Hagendorf, hat – was äußerst selten in dieser

---

18 Ein Söldnerleben im Dreißigjährigen Krieg. Eine Quelle zur Sozialgeschichte, hg. u. bearb. v. Jan Peters, Berlin 1993.

Sozialschicht der Fall war – ein Tagebuch verfaßt. Das Original besitzt Oktavformat (11 x 8 cm). Von den ursprünglich 196 Seiten sind heute noch 176 erhalten. Am Anfang fehlen 16, am Ende drei Seiten. In dem Tagebuch wird uns die Belagerung Magdeburgs geschildert.

**Text 1: Das Original**
Das Original bzw. die faksimilierte Quelle bekommen Schüler und Schülerinnen wohl nie zu Gesicht. Geschichtsunterricht „im Archiv" ist die große Ausnahme und wird es für den schulischen Alltag wohl auch bleiben müssen.

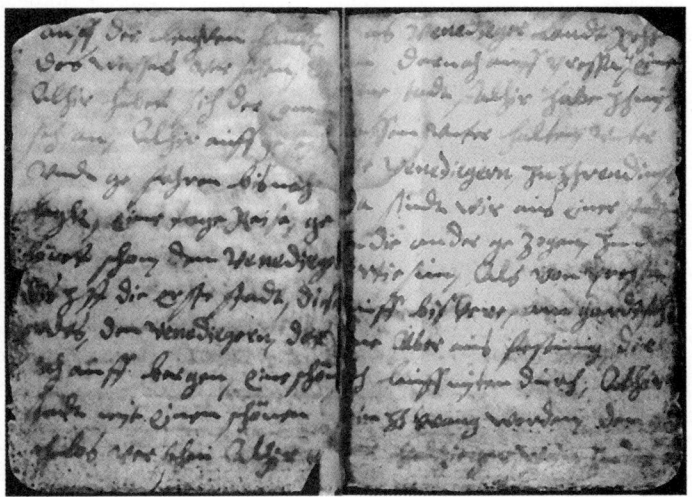

**Abb. 1:** Faksimile aus dem Tagebuch des Söldners Peter Hagendorf

**Text 2: Die Druckfassung**
Aber wie ist es mit der Widerständigkeit, die auch der transkribierte Text liefert?
„Alhir Ist mein frauw wieder mit einer Iunge tochter verehrete worden, Ist getaufft worden Eliesabedt,
Nach 20 wochen sindt wir auffgebrochen, vndt gezogen In Westvalen, vnser qartier Ist gewessen In der liebstadt, den winter sindt wir darin gelehgen, In diesen landt, sindt große stargke leute man, vndt weibesperschonen, vndt ein fruchtbar landt, vndt vil viehzucht, Auff dem landt, sindt fast, lauter einelietzliche /22/ höffe vndt haben Ihre feldtbau hols wiesewagsx alles bei den hausse,

In der liebstadt hat es gudt aldt bir, vndt hat auch böse leute darin, das Ich habe Ihrer 7 verbrennen sehen darunter Ist sogar ein schönes medelein gewesen von 18 gahren, Aber sie Ist doch verbrandt worden,

In diesem landt, tudt man brodt bagken, die so gros sein Als ein grosser schleiffstein 4 egkicht, mus 24 stunden In offen stehen, man heist es pombpernigkel, Aber gut schmaghafftieg brodt gans schwarstz

dessen 1630 gars sindt wir Alhir auffbrochen vndt gezogen auff padeborn, etc. die liebstat licht am schiffreich wasser, die liebpe genandt /23/ von padeborn, auff stadt bergen, licht auff eine hohen bergk, auff gorsler, In harstz Vndt auff Magdeborgk,

vns verlecht auff dörffern vndt geblogkiret, den ganssen windter, stilgelehgen auff dörffern, bis zum frulieng dessen 1631 gars da haben wir edtliche schanssen eingenommen, In Walde fur Magdeborgk, Alda Ist vnser haubtman, fur eine schansse todt, nehben Ihrer viel, geschossen worden, Auff einen tag haben wir 7 schanssen eingenommen, darnach sindt wir gans, dafur gezogen, vndt mit schanssen, vndt lauffgraben zugebauwet, doch hat es viel leute gekostet den 22 Martii Ist vns, Johan galgort, fur ein /24/ haubtman furgestellet worden, den 28 (i) abpril Ist er in lauffgraben wieder todt geschossen worden, den 6 Meige Ist vns tilge neibeg, wieder furgestellet worden, der hatt 10 tage vnser combpenige gehadt darnach hat er resiniret, den 20 Meige, haben wir mit ernst angesedtzet vndt gesturmet vndt auch erobert, da bin Ich mit sturmer handt ohn allen schaden, In die stadt kommen, Aber in die stadt am neistadter tohr bin Ich 2 Mal durch den leieb geschossen worden das Ist meine beute gewesen

dieses Ist geschehn den 20 Meige dessen 1631 gars fruhmorgens vmb .9. vhr

Nachher bin Ich In das leger gefuhret worden, ver/25/bunden, den einmal, bin Ich durch den bauch, forne durch geschossen, zum andern durch beide agseln, das die Kugel, Ist In das hembte gelehgen, Also hat mir der feldtscher, die hende auff den Rugken gebunden, das er hat können Meissel, einbringen, Also bin Ich In meiner hudten gebracht worden, halb todt,

Ist mir doch von herdtzen leit gewessen das die stadt so schreglich gebrunnen hat wehgen der schönen stadt, vndt das es meines vaterlandes Ist,

wie Ich nun verbunden bin, Ist mein weieb In die stadt gegangen, da sie doch vber all gebrunnen hat, vndt hatt wollen ein kussen holen, vndt tucher zu ver/26/binden, vndt wo auff Ich liegen köndte, so habe Ich auch, das kindt, allso krang, bei mir liegen gehabet, Ist nun das geschrei, Inn lehger gekommen, die heusser fallen alle vber ein Ander, das viel soldaten, vndt weiber, welche Mausen wollen, darin mussen bleiben, so hat mich das weieb mehr bekummert, wehgen des krangke kindt, als mein Schaden, doch hatt sie godt behutet, vndt kombt In Anderhalb stunde, gezogen mit einer alte frauwen, aus der stadt, die hatt sie mit sich ausgefuhret, Ist einnes seglers weieb gewesen, vndt hat Ihr helffen tragen, bedtgewandt, so hat sie mir auch gebracht eine große /27/ Kante, von 4 mas, mit wein, vndt hat benehmens auch 2 silbern gurdtel gefunden, vndt kleider, das Ich habe 12 tall gelösset zu halberstadt, auff den Abendt sindt nun meine gespan kommen, hat mir ein Ieder edtwas verehret, einen tall oder halben tall".[19]

## Text 3: Die Übertragung

„Hier ist meine Frau wieder mit einer jungen Tochter verehrt worden, ist getauft worden Elisabet.

Nach 20 Wochen sind wir aufgebrochen und gezogen nach Westfalen. Unser Quartier ist gewesen in Lippstadt, den Winter sind wir darin gelegen. In diesem Land sind große, starke Leute, Manns- und Weibspersonen, und ein fruchtbares Land und viel Viehzucht. Auf dem Lande sind fast nur Einzelgehöfte, /22/ sie haben ihren Feldbau, Holz, Wiesenwachs, alles bei dem Hause.

In Lippstadt gibt es gutes altes Bier und auch böse Leute. Ich habe ihrer 7 verbrennen gesehen. Darunter ist sogar ein schönes Mädelein gewesen von 18 Jahren, aber sie ist doch verbrannt worden.

In diesem Land tut man Brote backen, die so groß sind wie ein großer Schleifstein, viereckig. Das Brot muß 24 Stunden im Ofen stehen. Man nennt es Pumpernickel. Ist aber gutes und schmackhaftes Brot, ganz schwarz.

Im Jahr 1630 sind wir hier aufgebrochen und gezogen nach Paderborn. Lippstadt liegt am schiffreichen Wasser, die Lippe genannt. /23/ Von Paderborn nach Niedermarsberg, liegt auf einem hohen Berg. Nach Goslar im Harz und nach Magdeburg.

Haben uns verlegt auf Dörfer und die Stadt blockiert, den ganzen Winter still gelegen auf Dörfern bis zum Frühling im Jahre 1631. Da haben wir etliche Schanzen eingenommen im Wald vor Magdeburg. Da ist unser Hauptmann vor einer Schanze, neben vielen anderen, totgeschossen worden. An einem Tag haben wir 7 Schanzen eingenommen. Danach sind wir dicht davorgezogen, haben mit Schanzen und Laufgräben alles zugebaut, doch hat es viel Leute gekostet.

Den 22. März ist uns Johan Galgort als /24/ Hauptmann vorgestellt worden, den 28. April ist er im Laufgraben wieder totgeschossen worden. Den 6. Mai ist uns Tilge Neuberg wieder vorgestellt worden. Der hat 10 Tage unsere Kompanie gehabt, danach hat er resigniert.

---

19  Peters, Söldnerleben, S. 46 f.

Den 20. Mai haben wir mit Ernst angesetzt und gestürmt und auch erobert. Da bin ich mit stürmender Hand ohne allen Schaden in die Stadt gekommen. Aber in der Stadt, am Neustädter Tor, bin ich 2 mal durch den Leib geschossen worden, das ist meine Beute gewesen.

Dieses ist geschehen den 20. Mai im Jahr 1631 frühmorgens um 9 Uhr. Nachher bin ich in das Lager geführt worden, verbunden, denn einmal bin ich durch den Bauch, vorne durchgeschossen worden, zum andern durch beide Achseln, so daß die Kugel in dem Hemd gelegen. Also hat mir der Feldscher die Hände auf den Rücken gebunden, damit er hat können den Meißel einbringen. So bin ich in meine Hütte gebracht worden, halbtot. Ist mir doch von Herzen leid gewesen, daß die Stadt so schrecklich gebrannt hat, wegen der schönen Stadt und weil es meines Vaterlandes ist.

Wie ich nun verbunden bin, ist mein Weib in die Stadt gegangen, obwohl sie überall gebrannt hat, und hat wollen ein Kissen holen und Tücher zum Ver/26/binden und worauf ich liegen könnte. So habe ich auch das kranke Kind bei mir liegen gehabt. Ist nun das Geschrei in das Lager gekommen, die Häuser fallen alle übereinander, so daß viele Soldaten und Weiber, welche mausen wollen, darin müssen bleiben. So hat mich das Weib mehr bekümmert, wegen des kranken Kindes, als mein Schaden. Doch hat sie Gott behütet. Sie kommt nach anderthalb Stunden gezogen mit einer alten Frau aus der Stadt. Die hat sie mit sich hinausgeführt, ist eines Seglers Weib gewesen und hat ihr helfen tragen Bettgewand. So hat sie mir auch gebracht eine große /27/ Kanne von 4 Maß mit Wein und hat außerdem auch 2 silberne Gürtel gefunden und Kleider, so daß ich dafür 12 Taler eingelöst habe zu Halberstadt. Am Abend sind nun meine Gefährten gekommen, hat mir ein jeder etwas verehrt, einen Taler oder halben Taler".[20]

## Text 4: Die Schulbuchquelle

Was von dieser Quelle zur Alltagsgeschichte des Dreißigjährigen Krieges im Schulbuch bzw. im Unterricht übrigbleibt, wird in der Regel wohl folgende Form haben:

Ein Söldner berichtete über die Erstürmung Magdeburgs am 20. Mai 1631:

„Den 20. Mai haben wir mit Ernst angesetzt und gestürmt und auch erobert. Da bin ich mit stürmender Hand ohne allen Schaden in die Stadt gekommen. Aber in der Stadt, am Neustädter Tor, bin ich 2 mal durch den Leib geschossen worden, das ist meine Beute gewesen. (…) Also hat mir der

---

20 Peters, Söldnerleben, S. 137 ff.

Feldscher die Hände auf den Rücken gebunden, damit er hat können den Meißel einbringen. So bin ich in meine Hütte gebracht worden, halbtot". *(Peters, Jan [Hg.], Ein Söldnerleben im Dreißigjährigen Krieg, Berlin 1993, S. 137 f.)*

Eine solche Erfahrungs- und Sinnverengung ist für den Geschichtsunterricht oft unvermeidbar. Daraus ist aber nicht herzuleiten, daß eine sinnvolle Quellenarbeit, die historisches Denken lernbar machen will, nur sehr eingeschränkt möglich ist. Auch der Fachhistoriker benutzt je nach Absicht jede dieser Formen. Nur in wenigen Fällen geht er auf das Original zurück, und nicht immer benutzt er die ganze Quelle. So wird ein Historiker, der die Belagerung und Erstürmung Magdeburgs, die „Magdeburger Hochzeit", bearbeitet, nur dann auf das Manuskript zurückgreifen, wenn er der Druckfassung mißtraut. Er wird auch die gesamte Quelle nicht berücksichtigen, sondern nur jene Einträge, in denen es um die Erstürmung Magdeburgs geht. Trotz dieser Einschränkung sollten folgende Regeln berücksichtigt werden:

- Es gibt für Kürzungen bestimmte, von Fall zu Fall festzulegende Untergrenzen, die nicht unterschritten werden sollten, wenn der Sinn von Quellenarbeit gewahrt bleiben soll. Die wenigsten Schulbücher für die Sekundarstufe I erfüllen diese Kriterien.
- Interpretation als ein Schwierigkeiten ausräumendes Verfahren erfordert eine gewisse Widerständigkeit des Textes. Eine zu große Vereinfachung sollte vermieden werden, damit ein gewisser Auslegungsspielraum gewahrt bleibt. Einige Schwierigkeiten müssen zum interpretativen „Nüsseknacken" übrig bleiben.
- Ab und an sollten Schüler und Schülerinnen auch einmal eine Quelle in ihrer ursprünglichen Form in die Hand bekommen, um an den Begriff „Quelle" erinnert zu werden. Ein schulischer Geschichtsunterricht ist ohne gelegentliche Archivbesuche unvollständig.[21]

---

21 Lange, Thomas, Geschichte – selbst erforschen. Schülerarbeit im Archiv, Weinheim 1993.

# 2. Quellengattungen

Quellen an sich gibt es nicht, sondern jede Quelle liegt in einer bestimmten Gattung vor. Im folgenden werden einige Quellengattungen ohne Anspruch auf Vollständigkeit beispielhaft vorgeführt, um den Zusammenhang von Gattung, Erkenntniswert und didaktischer Funktion deutlich zu machen. Wenn es auch weit mehr Quellengattungen gibt (z.B. Chronik, Annalen, Tagebücher, Fabrikordnungen etc.), so könnten die hier vorgestellten doch diejenigen sein, die im Laufe der Schuljahre die Basis eines quellenkundlichen Curriculums darstellen. Je nach dem, um welche Quellengattung es sich handelt, variieren sowohl Erkenntniswert als auch didaktische Funktion. Aus der Kenntnis der Quellengattung lassen sich Hinweise für die Interpretation sowie auf den Überlieferungscharakter unserer Tradition entnehmen.

## 2.1 Urkunden

Obwohl Urkunden, wie sie der Historiker kennt und benutzt, in unserem heutigen Leben keine Rolle spielen, haben es Schülerinnen und Schüler doch mit Urkunden zu tun. Sie besitzen Geburtsurkunden, die Eltern Heiratsurkunden, und von den verstorbenen Großeltern liegen Sterbeurkunden vor. Der alltägliche Begriff „Urkunde" verweist auf Amtlichkeit. Jeder kann einen Brief schreiben, aber nicht jeder darf eine Urkunde ausstellen.

„Urkunden nennen wir (...) schriftliche, unter Beobachtung bestimmter, wenn auch nach der Verschiedenheit von Person, Ort, Zeit und Sache wechselnder Formen aufgezeichnete Erklärungen, die bestimmt sind, als Zeugnisse über Vorgänge rechtlicher Natur zu dienen."[1] Urkunden sind Rechtsaufzeichnungen, die selber Recht setzen. Sie „sind formengebundene Schriftstücke, die dem Beweis rechtlicher Sachverhalte dienen".[2] Sie geben einem Rechtsakt größere Dauer und

---

1  Bresslau, Harry, Handbuch der Urkundenlehre, Bd. 1, 3. Aufl., Berlin 1958, S. 1.
2  Theuerkauf, Gerhard, Einführung in die Interpretation historischer Quellen. Schwerpunkt: Mittelalter, Paderborn 1991, S. 112.

Sicherheit. Urkunden gehören zu den ältesten schriftlichen Quellen. Im Bereich der deutschen Geschichte entstanden sie im 6. Jahrhundert. Als sich das fränkische Reich ausformte, werden Rechtshandlungen und rechtliche Taten festgeschrieben. Urkunden sind anfangs der einzige Niederschlag der Verwaltung und des Rechtslebens. Die Urkunden geben in der Regel an, welche Funktion sie haben sollen. So heißt es in der Gelnhäuser Urkunde von 1180: „Weil das Gedächtnis schwach ist und nicht gewachsen dem Schwarm der Ereignisse, hat die Autorität der Kaiser und Könige, die unserem Zeitalter vorausgegangen sind, anbefohlen, alles das aufzuzeichnen, was das hohe Alter der dahinflutenden Zeiten der menschlichen Erinnerung zu entreißen pflegt."[3] Ähnliche Formulierungen findet man auch in Stadturkunden. In der Stadterhebungsurkunde von Ratingen von 1276 heißt es: „Es pflegt die Unwissenheit mit der Wahrheit zu kämpfen, und die Vergessenheit ist eine Brutstätte des Zankes, wenn nicht die Erinnerung an eine Tatsache durch das lebendige Wort der Zeugen oder durch Schrift dauernd gesichert wird."[4] Von den Urkunden besitzen wir mit *Konzept, Ausfertigung* und *Abschrift* mehrere Entwicklungsstufen. Die Mehrzahl der uns heute vorliegenden Urkunden ist in Abschriften und nicht in Ausfertigungen erhalten.

## (1) Form und Aufbau

Das Erscheinungsbild der Herrscherurkunden war „auf Repräsentation und Darstellung der Macht und Würde"[5] angelegt. Sie bestanden oft aus großen Pergamentblättern von 70 x 50 cm Größe. Vom magisch wirkenden Chrismon bis zum Ende der Siegelzeile und dem Siegel demonstrierte sie Macht und Autorität des Ausstellers. „Noch im späten Mittelalter kam dies in der deutschen Formel zum Ausdruck, die Urkunde sei an diejenigen gerichtet, welche sie ‚sehent unde horent lesen', also die sie in ihrer äußeren Gestaltung anschauen und dann zuhören sollten, wie sie verlesen wurden."[6]

---

3  Lautemann, Wolfgang (Hg.), Geschichte in Quellen. Mittelalter, 2. Aufl., München 1978, S. 444.
4  Pandel, Hans-Jürgen (Hg.), Geschichte konkret, Bd. 1, Hannover 1996, S. 173.
5  Goetting, Hans, Das Erscheinungsbild einer ottonischen Herrscherurkunde, in: Bernward von Hildesheim und das Zeitalter der Ottonen, Ausstellungskatalog, Bd. 1, Hildesheim 1993, S. 63-69; hier S. 63.
6  Goetting, Erscheinungsbild, S. 63.

Form und Bestandteile einer Urkunde unterliegen festen Regeln. Herrscherurkunden galten als „unscheltbar", d.h. sie konnten nicht angefochten werden.

- Protokoll
  - Invocatio (Anrufung Gottes)
  - Intitulatio (Aussteller)
  - Inscriptio (Empfänger)
- Kontext
  - Arenga (Begründung des Anlasses)
  - Promulgatio (Willenserklärung des Ausstellers)
  - Narratio (Schilderung des Sachverhalts)
  - Dispositio (Rechtsinhalt der Urkunde)
  - Sanctio (Bekräftigung des Rechtsinhalts, Strafandrohung für Vertragsbruch)
  - Corroboratio (Aufzählung der Beglaubigungsmittel, Nennung der Zeugen)
- Eschatokoll (Schlußprotokoll)
  - Subscriptio (Unterschrift, Monogramm)
  - Datierung
  - Apprecatio (Segenswunsch)

Es handelt sich hier um den idealtypischen Aufbau einer Urkunde. Meist fehlt der eine oder andere Teil.


## (2) Fälschungen

Urkunden wurden gern und oft gefälscht. 10 Prozent der Urkunden Barbarossas, 15 Prozent der Urkunden Ottos I., 35 Prozent der Urkunden Karls des Großen sind Fälschungen. Von den Urkunden aus der Epoche der Merowinger sind gar 60 Prozent falsch. Die Tatsache, daß Urkunden gefälscht wurden, drückt ihre Bedeutung aus. Da die Urkunde Recht setzen konnte, lag es nahe, sie für eigene Zwecke zu fälschen. Auf diese Weise ließen sich Besitz und Rechte erwerben. Urkunden übereigneten Ländereien, gewährten Steuerfreiheit und verliehen Immunität. Nicht immer waren Urkundenfälschungen Ausdruck von Betrug. Mit gefälschten Urkunden ließen sich auch berechtigte Besitztitel gegen unberechtigte Ansprüche absichern.

Eine eigentliche Analyse von Fälschungen wird im Unterricht aufgrund mangelnder Kenntnis in der Diplomatik nicht möglich sein. Aber das Wissen um die Tatsache der Fälschungen ist ein wichtiges Indiz und hilft bei der Interpretation der Quellengattung.

## (3) Didaktischer Sinn

Der didaktische Sinn, die Schüler und Schülerinnen mit der Quellengruppe Urkunde bekannt zu machen, liegt einmal darin, daß Urkunden
die vorherrschende Quellengruppe des Mittelalters sind; sie haben einen
epochentypischen Charakter. Zum anderen besitzt die Urkunde als
formengebundene Quelle einen klar gegliederten Aufbau. Da das Mittelalter – also auch die Urkunde – in den jüngeren Schuljahren behandelt
wird, bietet sich ein handlungsorientiertes Arbeiten an. Urkunden können selbst geschrieben und mit einem Siegel versehen werden.

Es müssen nicht in erster Linie Kaiser- und Papsturkunden sein, die
in den Unterricht einbezogen werden. Die meisten Städte besitzen
Gründungs- und sonstige städtische Urkunden, die sich Schülerinnen
und Schüler bei einem Archivbesuch im Original ansehen können.

## (4) Beispiel (vgl. Abb. 2, S. 28)

„H[einricus] dei gracia Misnensis et Orientalis marchio Thuringie lantgra-
vius et Saxonie comes palatinus universis hanc paginam inspecturis salutem
et omne bonum. Quoniam jura civitatis nostre et montanorum in Vriberc
volumus pocius am pliare quam aliqualiter enervare et ad hoc dare operam
efficacem, qualiter eidem civitati et montibus jura ipsorum integraliter
conserventur, notum facimus universis et presentibus protestamur, quod
talia jura burgensibus nostris et montanis de Vriberc relinquere volumus
omni parte, qualia habuerunt temporibus patris nostri et qualia illi viginti
quatuor de Vriberc suo juramento et fidelitate, qua nobis tenentur, ausi
fuerint optinere et eciam conformare.

Ut autem factum presens circa ipsos inviolabiliter observetur a nostris filiis
et a nobis, super eo ipsis presens dari jussimus instrumentu sigilli nostri
munimine roboratum. Datum in Taranto anno domini M° CC° LV°, pridie
nonas julii, XIII$^e$ indictionis. Hujus rei testes sunt H[einricus] et O[tto]
burchravii de Donin, [Johannes] burchravius de Witin, Al[bertus] dapifer
noster de Burne, Vl[ricus] de Maltiz, G[evehardus] de Haldecke, N[icolaus]
advocatus de Vriverc, magister C[hristoforus] prepositus curie nostre nota-
rius et Johannes scriptor."

*(Ermisch, Hubert, Urkundenbuch der Stadt Freiberg in Sachsen,*
*Bd. 1, Leipzig 1883, S. 14 ff.)*

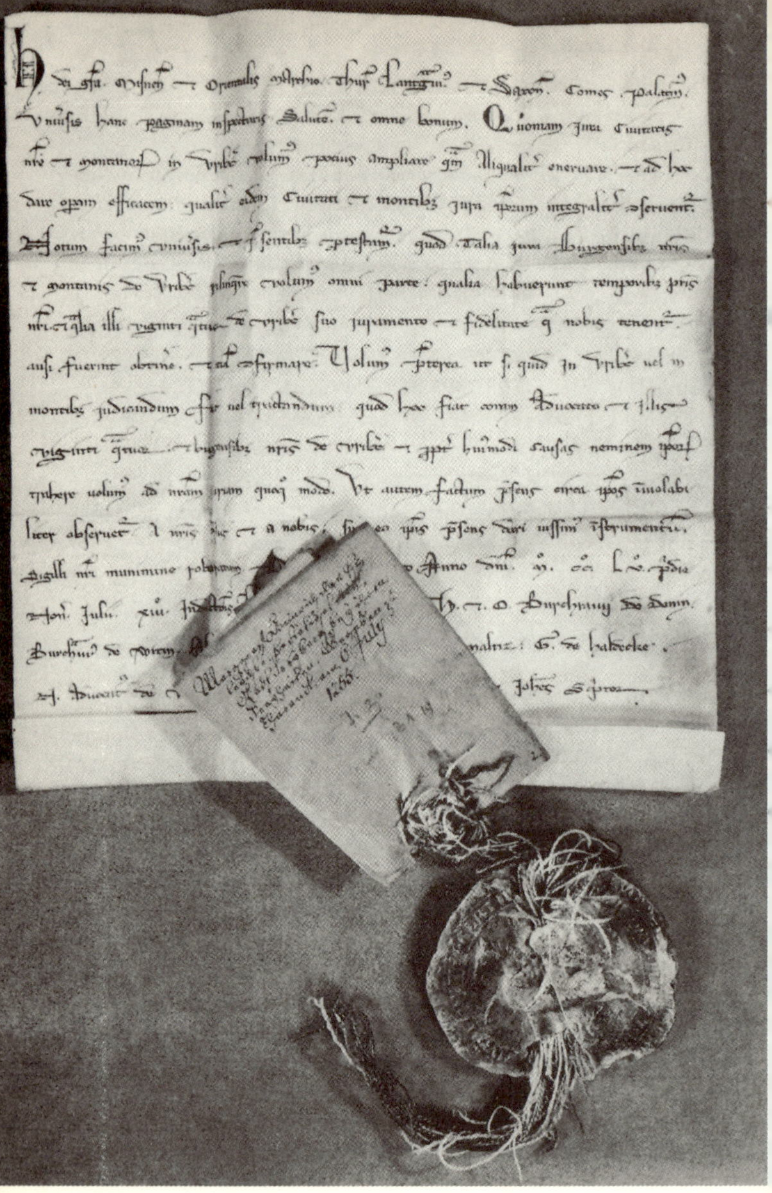

**Abb. 2:** Urkunde Markgraf Heinrich des Erlauchten von Meißen vom 6. Juli 1255 für Freiberg

## Übersetzung des lateinischen Textes[7]:

- **Protokoll**

  Intitulatio — Heinrich [der Erlauchte], von Gottes Gnaden Markgraf von Meißen und der Ostmark, Landgraf von Thüringen und Pfalzgraf von Sachsen [entbietet] allen, die diesen Brief lesen werden, Gruß und alles Gute.

- **Kontext**

  Arenga — Weil wir die Rechte unserer Stadt und der Bergwerke in Freiberg lieber mehren als irgendwie entkräften wollen und dazu wirksame Taten vollbringen wollen, und damit von derselben Stadt und den Bergwerken die eigenen Rechte vollständig bewahrt werden,

  Dispositio — machen wir allen bekannt und bezeugen mit dem gegenwärtigen Brief, daß wir unseren Bürgern und Bergwerken von Freiberg diese Rechte zum ganzen Teil überlassen wollen, wie sie einst unser Vater und wie sie jene Vierundzwanzig von Freiberg durch ihren Schwur und Treueid hatten. Diese Rechte werden von uns gehalten, um sie auch, wenn sie gewesen sein werden, zu behaupten und zu bestätigen.

  Sanctio — Damit aber die gegenwärtige Handlung um diese Dinge von unseren Söhnen und von uns unverbrüchlich befolgt werden wird, haben wir befohlen, daß darüber gegenwärtiger Brief gegeben wird, der als Beweismittel durch die Befestigung unseres Siegels bekräftigt worden ist.

- **Eschatokoll**

  Datierung — Gegeben in Tharandt im Jahre des Herrn 1255, am Tage vor den Nonen des Juli, in der 13. Indiktion [6. Juli 1255].

  Corrobatio — Zeugen dieser Angelegenheit sind Heinrich und Otto, Burggrafen von Dohna, Johannes, Burggraf von Wettin, Albert, unser Truchseß von Borna, Ulrich von Maltitz, Gerhard von Haldecke, Nikolaus, Vogt von Freiberg, Magister Christoph, Propst und unser Hofnotar, und der Schreiber Johannes.

## (5) Literatur

### a) Sekundärliteratur zur Urkunde

Beck, Friedrich; Henning, Eckart (Hg.), Die archivalischen Quellen. Eine Einführung in ihre Benutzung, Weimar 1994

---

7   Übersetzung von Prof. Dr. Andreas Ranft, Martin-Luther-Universität Halle-Wittenberg

Bresslau, Harry, Handbuch der Urkundenlehre, 2 Bde., 3. Aufl., Berlin 1958

Erben, Wilhelm, Die Kaiser- und Königsurkunden des Mittelalters, Sonderausgabe, München 1967

Fälschungen im Mittelalter. Internationaler Kongreß der Monumenta Germaniae Historica, München 1986, T. 1-5 (Monumenta Germaniae Historica. Schriften 33, 1-5), Hannover 1988

Foerster, Hans, Urkundenlehre in Abbildungen, Bern 1951

### b) Urkundensammlungen

Die Gelnhäuser Urkunde (13. April 1180), in: Lautemann, Wolfgang (Hg.), Geschichte in Quellen. Mittelalter, 2. Aufl., München 1978, S. 444-445

Die Goldene Bulle Kaiser Karls IV. 1356. Lateinischer Text mit Übersetzung, 3. Aufl., bearb. v. Konrad Müller, Bern 1970

Rück, Peter, Fotographische Sammlungen mittelalterlicher Urkunden in Europa. Geschichte, Umfang, Aufbau und Verzeichnungsmethoden der wichtigsten Urkundenfotosammlung, mit Beiträgen zur EDV-Erfassung von Urkunden und Fotodokumenten (Historische Hilfswissenschaften, 1), Sigmaringen 1989

## 2.2 Akten

„Akten sind im Zuge laufenden schriftlichen Geschäftsganges entstandene Aufzeichnungen und Verhandlungen, die auf Rechtsgeschäfte hinführen oder sie ausführen und die jeweils aus mehreren, in sich unselbständigen Schriftstücken bestehen; doch können in Akten auch Urkunden enthalten sein."[8]

Ein Aktenwesen konnte erst dann entstehen, als ein Zustand relativ allgemeiner Schriftlichkeit erreicht und somit die Voraussetzung für eine entsprechende Verwaltungsführung gegeben war.

Es lassen sich zwar schon im Hochmittelalter, etwa ab dem 13. Jahrhundert, erste Anfänge eines „Aktenwesens" feststellen, z.B. an der Kurie. Die eigentliche Zäsur liegt aber zu Beginn der Frühen Neuzeit.[9] Im Europa des 16. Jahrhunderts wurde die Akte zur dominierenden Quellengruppe innerhalb des Geschäftsschriftgutes. Man kann also feststellen, daß die Urkunde die häufigste und wichtigste Quelle zur mittelalterlichen Geschichte ist, während die Akte die wesentliche Quellengruppe der Neueren Geschichte darstellt. Eine Trennung von Mittelalter und Früher Neuzeit in „Urkundenzeitalter" und „Aktenzeitalter" erscheint in diesem Zusammenhang verständlich und durchaus vertretbar.[10]

---

8  Brandt, Ahasver von, Werkzeug des Historikers, Stuttgart 1992, S. 104.
9  Brandt, Werkzeug, S. 106 f.
10 Ebd., S. 81.

Überall, wo staatliches Verwaltungshandeln existiert, gibt es auch Akten. Insofern kann man allgemeiner formulieren: Akten sind die aus dem amtlichen Geschäftsverkehr der Behörden hervorgehenden Schriften, die zu Rechtsgeschäften hinführen oder sie ausführen und stehen in ihrer Herkunft und ihrem Zustandekommen nach den Urkunden ziemlich nahe.[11] Sie gehören genau wie die Urkunden zu den Überrestquellen, d.h. sie sind nicht für historische, sondern für Verwaltungszwecke geschaffen. Sie sind „Erzeugnisse der Verwaltung und des Rechtslebens ihrer Zeit".[12] Dies wirkt sich für den Historiker in dem Maße aus, daß er sich mit Denkformen von Recht und Verwaltung vertraut machen muß, die Regionen bzw. Zeiträumen entspringen, die ihm völlig fremd sind und die möglicherweise erheblich von seiner eigenen Denkweise abweichen. Um Fehlschlüsse zu vermeiden, ist dieser Schritt unvermeidlich. Der entscheidende Unterschied zu Urkunden ist der, daß jene für sich allein bestehen und verstanden werden können, während ein einzelner „Akt" nur im Zusammenhang mit den anderen Schriftstücken, die im Zuge des laufenden Geschäfts entstanden sind, voll ausgewertet werden kann. Jede Urkunde ist folglich eine Individualität, das Aktenschriftstück hingegen bildet einen Teil der gesamten Akte, des Aktenheftes bzw. Faszikels.[13] So stellt bei den Akten erst eine unter sachlichen oder chronologischen Gesichtspunkten zusammengefügte Mehrzahl einzelner Aktenschriftstücke eine Einheit dar.

Akten bieten den Vorteil, daß sie nicht nur das Endprodukt darstellen, sondern alle Zwischenstadien des verwaltungsmäßigen oder geschäftlichen Handelns schriftlich dokumentieren. Urkunden hingegen unterrichten nicht oder nur mangelhaft über den Ablauf der vorhergehenden oder anschließenden Vorgänge sowie der Willensbildung selbst. Aus dieser Unterscheidung folgt, daß Urkunden, welche die abschließende, rechtswirksame Dokumentation einer Handlung darstellen, wesentlich früher erscheinen als die Akten, „welche nämlich voraussetzen, daß nicht nur der Abschluß, sondern auch die Vorbereitung und die Durchführung von Maßnahmen des menschlichen Gemeinschaftslebens gewohnheitsmäßig auf schriftlichem Wege erfolgen".[14]

---

11 Bauer, Wilhelm, Einführung in das Studium der Geschichte, 2. Aufl., Frankfurt/M. 1961, S. 262.
12 Brandt, Werkzeug, S. 82.
13 Bauer, Einführung, S. 262.
14 Brandt, Werkzeug, S. 81.

## (1) Bestandteile

Für Urkunden gibt es nur die drei Abstufungen Konzept, Reinschrift oder Formular. Es ist also relativ einfach festzustellen, in welchem Stadium ihres Werdegangs sich eine Urkunde befindet. Akten weisen dagegen mehrere unterschiedliche Hauptformen mit jeweils verschiedenen Entwicklungsstadien auf, so daß es schwierig ist, ein festes Schema aufzustellen. Als grobe Rasterung, die für die Arbeit mit Akten unbedingt bekannt sein muß, kann man sie in drei Bestandteile unterteilen:

1. Der *Eingang* beinhaltet alle bei der aktenführenden Stelle eingehenden Schreiben, Berichte, Aufträge, Anfragen usw. Benötigt man die Ausfertigung eines Aktenschriftstücks, so muß man im Eingang des Empfängers suchen.

2. Im *Ausgang* findet man Konzepte oder Kopien bzw. Durchschriften von auslaufenden Schreiben, Berichten, Anweisungen, Anfragen u.ä. Ist man daran interessiert, auch das Konzept, also ein Stadium vor der Ausfertigung, zu Rate zu ziehen, muß man im Ausgang des Ausstellers suchen.

3. Beim *Innenlauf* handelt es sich um Notizen, Anfragen, Vermerke, Entwürfe, Denkschriften, Protokolle, Listen u.ä., die im Hause der aktenführenden Stelle entstanden sind. Anhand solcher Schriftstücke kann man die Entwicklung im Laufe des Geschäftsganges ablesen und ausmachen, welche Veränderungen in den einzelnen Instanzen vorgenommen wurden.

Akten können alle drei Typen in sich vereinigen, was für den sachgebundenen Zusammenhang einer Sachakte gilt. Es können aber auch nur zwei sein, z.B. wenn es sich um Eingang und Ausgang einer politischen Korrespondenz handelt, oder ein einziger, z.B. ein Band Gerichtsprotokolle oder eine Serie von Gesandtschaftsbriefen. „Dabei kann es vorkommen, daß in die Akte im Zuge des Geschäftsganges auch Urkunden, also die Endprodukte des administrativen Handelns, gelangen".[15]

Der Weg eines Einzelschriftstückes ist unterschiedlich. Er hängt davon ab, ob es sich um eine monokratisch oder eine kollegial geordnete Behörde handelt. In einer monokratisch geführten Behörde liegt die Verantwortung in den unterschiedlichen Instanzen bei jeweils nur einem Beamten. In einer kollegialisch geordneten Behörde werden die Entscheidungen stets von einer Gruppe von Beamten getroffen (z.B. im Preußischen Generaldirektorium).

---

15 Brandt, Werkzeug, S. 104.

Am Anfang einer Aktenentstehung steht der „Eingang", das Schriftstück, das bei einer Behörde ankommt. Dieses wurde lange Zeit nur vom Leiter der Behörde geöffnet, was zeigt, welche Bedeutung der Postöffnung beigemessen wurde. Besonders deutlich wird dies auch anhand des vom Kurfürsten Wilhelm von Brandenburg (1620-1688) im Jahre 1667 verfaßten Testaments, in dem er seinem Nachfolger rät, alle eingehende Post selbst zu öffnen.

Heute steht dafür eigens eine Posteingangsstelle zur Verfügung, die innerhalb des Beamtenapparats einen hohen Stellenwert einnimmt. Dort wird der Eingang mit dem Präsentationsvermerk gekennzeichnet, d.h. der Tag oder – bei wichtigen telegrafischen Stücken – die Uhrzeit des Eintreffens wird notiert.

Daraufhin erfolgt die *Aktenverfügung*, was bedeutet, daß die zuständigen Beamten den Eingang zugewiesen bekommen, wodurch grundsätzlich festgelegt wird, in welcher Reihenfolge und mit welcher Aufgabe die einzelnen Bearbeiter das Schriftstück erhalten.

Die Antwort auf den Eingang erfolgt so, daß ein Sachbearbeiter ein *„Konzept"*, einen Entwurf, selbst verfaßt oder nach seinen Anweisungen anfertigen läßt. Danach muß dieser Sachbearbeiter das Konzept „revidieren", d.h. durchlesen, in seinem Sinne korrigieren und durch seine Paraphe (abgekürzte Unterschrift) unter dem Text die Verantwortung übernehmen, womit die Revision durchgeführt ist. Sobald der letzte Verantwortliche das Konzept durch seine Paraphe gutgeheißen hat, wird eine Reinschrift angefertigt, das „Mundum".

Hat die Ausfertigung, die vollzogene und abgesandte Reinschrift, die Behörde verlassen, wird das Konzept „zu den Akten geschrieben" und kommt in die Hände des *Registrators*. Er verwaltet die bearbeiteten Schriftstücke einer Behörde oder Behördenabteilung und hält sie für mögliche Rückfragen bereit.

Für den Aufbau einer Registratur gibt es zwei verschiedene Systeme: Man kann *Sachakten* („Dossiers") oder *Serien* bilden.

Die ältere der beiden Formen ist die der Serienbildung, hier wird eine chronologische Reihung vorgenommen, wobei man „alle anfallenden Schriftstücke einfach dem Datum nach aneinanderreiht und nach Jahren oder kleineren Abschnitten zu Bänden zusammenfaßt".[16] Dabei ergibt sich meist von Anfang an die natürliche Unterscheidung in Ein- und Ausgang. Wo das Serienaktensystem bis heute beibehalten worden

---

16 Opgenoorth, Ernst, Einführung in das Studium der Geschichte, 3. Aufl., Paderborn 1989, S. 79.

ist, wird der „Innenlauf" in Form von ebenfalls chronologisch abgelegten „Anlagen" bandweise den eigentlichen Serien des Ein- und Ausgangs beigeordnet. Eine Serie unterscheidet sich also nicht nach Sachinhalten, sondern nach der chronologischen Abfolge, was dazu führt, daß man schon bei sehr kleinen Beständen nach Material zu einem bestimmten Sachverhalt unzweckmäßig lange suchen muß. Um das zu vermeiden, legte man zu den Serien oft schon bei der Entstehung buchförmige Sachregister an, die *Indices*.

Sobald aufgrund des zunehmenden schriftlichen Geschäftsbetriebes Umfang und Inhalt der Serienakten immer größer und vielgestaltiger wurden, wurde das Schriftgut nach Sachbetreffen aufgegliedert. In einer solchen *Sachakte* werden alle Aktenschriftstücke eines „Betreffs", mit möglicherweise sehr unterschiedlicher Herkunft, vereinigt und in der Regel rein chronologisch geordnet. Zur Erschließung der Akten bedarf es dann eines „Aktenplans" (Registraturplan), aus dem hervorgeht, an welcher Stelle des Gesamtbestandes die Akten über ein bestimmtes Sachgebiet zu suchen sind.

Für die modernen Verwaltungsbedürfnisse ist die Sachaktenform sehr vorteilhaft, für die Zwecke der historischen Forschung gilt dies nicht unbedingt. Gebunden an die jeweilige historische Fragestellung bieten beide Aktenformen unterschiedliche Möglichkeiten. Bei der Behandlung historischer Längsschnitte, außenpolitischer oder überhaupt politischer Zusammenhänge über größere Zeiträume hinweg bieten sich lange Serien als willkommene Quellen an. „Sie kanalisieren den Strom der Ereignisse nicht nach Ressorts von Sachbearbeitern, sondern stellen die Begebenheiten in ihrem wachsenden Zusammenhang vor uns".[17] Umgekehrt werden „Querschnitte", Zustandsschilderungen und überhaupt alle „Spezialuntersuchungen" leichter an Sachakten durchgeführt. Die Arbeitsweise des Historikers hängt stets davon ab, welche Form und Methode der Aktenordnung verwendet wurde.

Die Quellengattung „Akten" ist als Gattung nur dann von didaktischem Wert, wenn mehr als ein Aktenstück präsentiert wird. Erst dann ist es möglich, einen Verlaufsprozeß zu schildern. Es sollten mindestens zwei Akten präsentiert werden: das Konzept und die Endausfertigung, Eingabe und Ausgabe, oder der Innenlauf mit verschiedenen Randglossen.

---

17 Opgenoorth, Einführung, S. 81.

## (2) Beispiele

Eines der berühmtesten Beispiele für eine Randglosse an einem Aktenumlauf stammt aus der Feder Friedrich II. Ihm wurde vom Staatsministerium eine Aktennotiz zur Entscheidung vorgelegt:

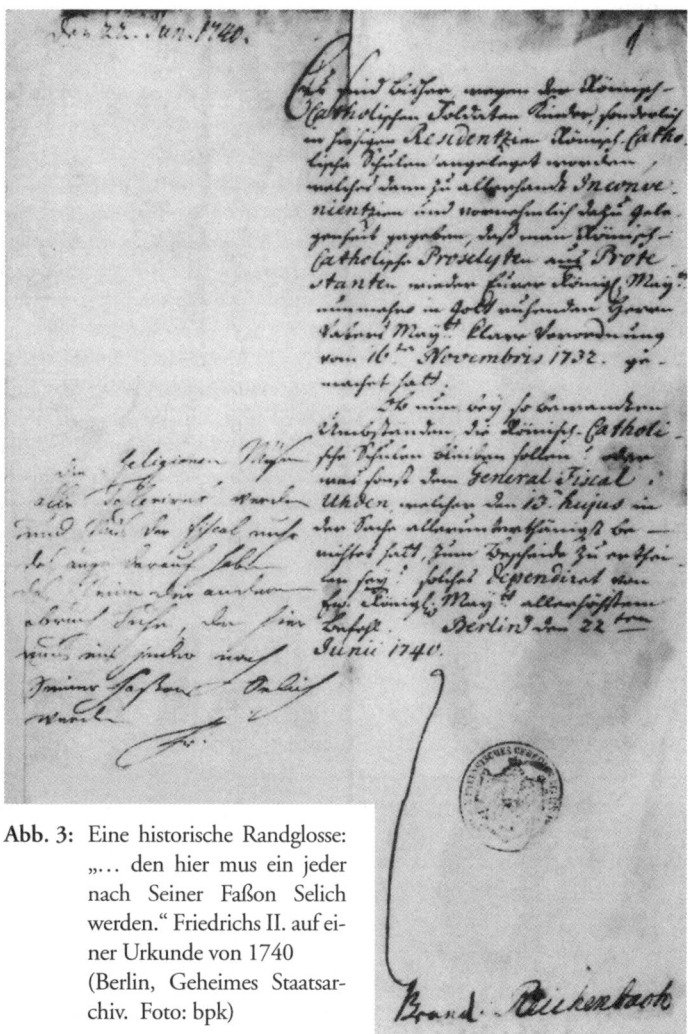

**Abb. 3:** Eine historische Randglosse: „... den hier mus ein jeder nach Seiner Faßon Selich werden." Friedrichs II. auf einer Urkunde von 1740 (Berlin, Geheimes Staatsarchiv. Foto: bpk)

Die Transkription[18] dieser Aktennotiz lautet:
„Den 22. Jun. 1740.

Es sind bisher wegen der Römisch-
Catholischen Soldaten Kinder, sonderlich
in hiesigen Residentzien Römisch-Catho-
lische Schulen angeleget worden,
welches dann zu allerhand Inconve-
nientzien und vornehmlich dazu Gelegenheit gegeben, daß man Römisch-
Catholische Proselyten aus Prote-
stanten wieder Eurer Königl. May.
nunmehr in Gott ruhenden Herrn
Vaters May. klare Verordnung
vom 16.$^{\text{te}}$ Novembris 1732. Geschichte-
machet hatt.
Ob nun bey so bewandten
Umbständen, die Römisch-Catholi-
sche Schulen bleiben sollen? oder
was sonst dem General Fiscal
Uhden, welcher den 13. hujus in
der Sache aller unterthänigst berichtet hatt, zum Bescheide zu erthei-
len sey? solches dependiret von
Ew. Königl. May. allerhöchstem
Befehl. Berlin den 22 $^{\text{ten}}$
Junii 1740.

Brand Reichenbach

Die Religionen Müsen
alle Tolleriret werden
und Mus der Fiscal nuhr
das auge darauf haben
das keine der andern
abruch Tuhe, den hier
mus ein jeder nach
Seiner Faßon Selich
werden.
Fr."

---

18  Transkription von Thorsten Heese.

Ein anderes Bespiel ist das Gesuch des Felix Auerbach.[19]

*a) Gesuch des amerikanischen Staatsbürgers Felix Auerbach, geboren*
   *1875 in Küstrin, vom 16. September 1907 an den Oberpräsidenten*
   *der Provinz Brandenburg um Aufhebung des Ausweisungsbefehls*

„Von einem Kgl. Polizeipräsidium zu Berlin habe ich als lästiger Ausländer einen Ausweisungsbefehl für mich und meine Familie, bestehend aus meiner Frau und drei kleinen Kindern im Alter von 5, 2 und 1 1/2 Jahren, erhalten und zwar dahingehend, das preuss. Staatsgebiet innerhalb 4 Wochen zu verlassen. Ich bitte nun Eure Excellenz ganz gehorsamst, diesen Ausweisungsbefehl gütigst außer Kraft setzen zu wollen und zwar aus folgenden Gründen.

Ich wurde als 14jähriger Knabe von meinen in Cüstrin wohnenden Eltern nach Hamburg in die Lehre gegeben und wollte dort bei Herrn Cohn u. Sohn das Herrengarderoben Geschäft erlernen. Ich hatte aber zu diesem Geschäft keine Lust und nahm die Interessen meiner Herren Chefs nicht wahr, so daß dieselben mich nicht weiter behalten wollten. Meine Eltern beschlossen deshalb, mich nach Amerika zu schicken in der Hoffnung, dort eine sociale Stellung einzunehmen. Ich blieb unter wechselnden Verhältnissen dort. Ich habe mich auch dort in Amerika mit einer Deutschen verheiratet. Meine wirtschaftliche Lage wollte sich aber dort auch nicht bessern, und ich bekam Sehnsucht wieder nach Deutschland und zu meinen Angehörigen. Mein Vater war inzwischen gestorben, und meine alte 74jährige Mutter sandte mir Geld zur Rückreise mit meiner Familie nach Berlin. Hier gelang es meinem Bruder, mich bei einem seiner Geschäftsfreunde, den Herren Gebr. Krakauer, als Stadtreisenden unterzubringen. Ich lebte wieder auf. Ich konnte doch meine Familie, wenn auch durch Anspannung meiner ganzen Kraft, wieder ernähren. Die Stellung bei den Herrn Gbr. Krk. ist wohl eine für mich dauernde, da der Umsatz, den ich für ihn erziele, ein stets steigender ist und dadurch sein Nutzen und in Folge dessen auch mein Einkommen ein höheres wird. Ich lebe hier sehr ruhig, widme mich nur meiner Familie und meiner geschäftlichen Thätigkeit. Jetzt kommt wie ein Blitz aus heiterem Himmel der Ausweisungsbefehl, der mich wieder in die alte Misere zurückbringen würde! Ich soll ja nur

---

19 Diesen Fall hat Gerhard Schneider im Archiv ausfindig gemacht: Schneider, Gerhard, Quellen und Materialien für den Geschichtsunterricht in der gymnasialen Oberstufe. Jahrgangsstufe 11, hg. v. Pädagogischen Landesinstitut Brandenburg, Ludwigsfelde 1993.

deshalb ausgewiesen werden, weil ich übersehen hatte, mich in Amerika beim Deutschen Consulat als Militärpflichtiger zu stellen. Ich bitte Eure Excellenz, dieses meiner Jugend und Unkenntnis der gesetzlichen Bestimmungen zu Gute halten zu wollen und nicht annehmen zu wollen, daß ich mich absichtlich der Militärpflicht entziehen wollte.

Alles, was ich in meiner obigen Bitte ausgesprochen habe, kann ich, wenn Eure Excellenz es verlangen, unter Beweis stellen. Ich habe in der kurzen Zeit des hiesigen Aufenthaltes mir noch nichts ersparen können, und wüßte ich, wenn Eure Excellenz meiner gehorsamen Bitte nicht Gehör schenkt, nicht, wie ich für mich und meine Familie das Geld zur Rückreise anschaffen sollte, ganz abgesehen von allen wirtschaftlichen Nachteilen, wie z.B. durch Zahlung der Wohnungsmiete noch auf 1 Jahr etc. etc.

Ich bitte deshalb Eure Excellenz um vollständige Aufhebung des Ausweisungsbefehls und um Gestattung des dauernden Aufenthalts in Preussen. Sollten Eure Excellenz mir den dauernden Aufenthalt nicht gestatten können, dann bitte ich um eine von Eurer Excellenz selbst zu bestimmende längere Frist zum Aufenthalt in Preussen.

In aller Hochachtung und Ergebenheit
ganz gehorsamst
(gez.) Felix Auerbach
Berlin N. Kopenhagenerstr. 31 III"

*b) Stellungnahme des Berliner Polizeipräsidenten auf Anforderung des Oberpräsidenten zur Bitte Auerbachs vom 19. Oktober 1907*

„Auerbach ist im Alter von 14 Jahren nach Amerika ausgewandert. Es ist hiernach nicht anzunehmen, daß die Auswanderung in der Absicht erfolgt ist, sich der Erfüllung der Militärpflicht zu entziehen. Da Auerbach aber keine Schritte zur Regelung seiner Militärverhältnisse bei den deutschen Behörden getan hat und wegen Verletzung der Wehrpflicht bestraft ist, war im gleichwohl (...) (folgt Nennung der entsprechenden Paragraphenwege) der Aufenthalt im Inlande zu versagen. Ich muß mich daher für die Aufrechterhaltung der Ausweisung aussprechen, habe aber gegen die Gewährung einer längeren Aufenthaltsfrist, namentlich im Hinblick darauf, daß Auerbach sich über ein Jahr unbeanstandet in Friedenau aufgehalten hat, keine Bedenken geltend zu machen."

(Am 29. Oktober 1907 erging ein entsprechender Bescheid des Oberpräsidenten an Auerbach.)

*c) Schreiben des Berliner Polizeipräsidenten an den preußischen Innen-
minister vom 12. Oktober 1908*

„Der am 29. Mai 1875 in Küstrin geborene Felix Auerbach ist im Jahr 1889, im Alter von 14 Jahren, nach Amerika ausgewandert und im Jahre 1906 als naturalisierter Bürger der Vereinigten Staaten nach Preußen zurückgekehrt, um hier, und zwar zunächst in Friedenau und dann in Berlin, seinen dauernden Wohnsitz zu nehmen. Da er zur Regelung seiner Militärverhältnisse keine Schritte bei den Deutschen Behörden getan hatte und durch Urteil des Landgerichts Hamburg vom 22. September 1907 wegen Verletzung der Wehrpflicht bestraft war, fanden die Erlasse vom 9. September 1885 – II 9463 – und 1. Februar 1901 – IIb 4835 – auf ihn Anwendung, inhaltlich deren Personen in seiner Lage, selbst wenn nach Lage der Sache nicht anzunehmen ist, daß die Auswanderung in der Absicht erfolgt ist, die Erfüllung der Wehrpflicht zu umgehen, nicht die dauernde Niederlassung, sondern nur ein vorübergehender Aufenthalt gestattet werden kann. Demgemäß habe ich ihm bei seinem Zuzuge hierselbst unter dem 13. Mai 1907 die Ausweisung für den Fall angedroht, daß er nicht binnen einigen Monaten freiwillig abgereist sein sollte, und da er diese Verfügung nicht nachkam, habe ich ihn unter dem 29. August 1907 als lästigen Ausländer aus Preußen ausgewiesen. Auf ein demnächst (gemeint: danach) von Auerbach an Eure Excellenz gerichtetes und an den Herrn Ober-Präsidenten vom 29. Oktober 1907 – O.P. 21792 – unter Aufrechterhaltung der Ausweisung eine Aufenthaltsfrist bis zum 1. April d. Js. gewährt worden, die später auf eine weitere an mich gerichtete Eingabe noch bis zum 1. Oktober verlängert wurde. In dem vorliegenden an mich gerichteten und am 29. September hier eingegangenen Gesuche bittet Auerbach wiederum, die Ausweisungsverfügung aufzuheben oder ihm eine weitere vorläufige Aufenthaltsfrist von einem Jahr zu gewähren. Wie aus dem Revierbericht vom 8. Oktober erhellt, lebt Bittsteller in geordneten Verhältnissen und hat sich persönlich bisher einwandfrei geführt.
Euere Excellenz bitte ich gehorsamst, über die vorliegende Eingabe entscheiden zu wollen.

(gez.) von Stubenrauch."

*d) Schreiben des Berliner Polizeipräsidenten an den preußischen Innen-
minister in Sachen Auerbach vom 28. Dezember 1908*

„Nach dem Revierbericht vom 16. Dezember 1908 ist der Gesundheitszustand der Frau Auerbach tatsächlich ein sehr schlechter. Mit Rücksicht hierauf sowie fernerer Berücksichtigung des Umstandes, daß Auerbach seiner Zeit nicht in böswilliger Absicht nach Amerika ausgewandert ist und daß er sich bisher persönlich nicht lästig gemacht hat, glaube ich, wenn auch seine Angabe über die Lösung seines Geschäftsvertrages mit der Firma Krakauer sich als nicht zutreffend erwiesen hat, die Gewährung seiner letzten Frist bis zum 1. April 1909 nicht widersprechen zu sollen.

(gez.) von Stubenrauch

(Brandenburg, LHA Pr. Br. Rep. 1 Nr. 1012)"

Danach findet sich der Name Auerbach nicht mehr in den Akten.

Mit diesen Aktenstücken ist folgende Arbeit möglich:
- Stellen Sie anhand der Aktenstücke die Auseinandersetzung des Felix Auerbach mit der preußischen Bürokratie dar. Rekonstruieren Sie die Grundlagen der bürokratischen Entscheidungen und die Einlassungen des Betroffenen.

  29.08.1907: Ausweisungsverfügung
  16.09.1907: Gesuch an den Oberpräsidenten
  19.10.1907: Stellungnahme des Polizeipräsidenten
  29.10.1907: Gewährung einer Aufenthaltsfrist bis April 1908, verlängert bis 1.10.1908
  12.10.1908: Polizeipräsident an Innenminister
  16.12.1908: Revierbericht
  28.12.1908: Polizeipräsident an den Innenminister
  29.05.1933: ?
- In Akten sind Lebensgeschichten versteckt. Erzählen Sie die Lebensgeschichte des Auerbach. Die Namen verweisen auf ein jüdisches Milieu.
- Nach dem 28.12.1908 ist über diesen Fall in den Akten nichts mehr zu finden. Am 29. Mai 1933 wäre Felix Auerbach 58 Jahre alt geworden. Entwerfen Sie zwei Zukunftszenarios:
  1. Auerbach kehrt nach Amerika zurück.
  2. Auerbach bleibt in Deutschland.

### (3) Literatur

#### a) Sekundärliteratur zu Akten

Brandt, Ahasver von, Werkzeug des Historikers, Stuttgart 1992

Opgenoorth, Ernst, Einführung in das Studium der Geschichte, 3. Aufl., Paderborn 1989

Bauer, Wilhelm, Einführung in das Studium der Geschichte, 2. Aufl., Frankfurt/M 1961

Stahlschmidt, Rainer, Massenhaft gleichförmige Quellen, in: Rusinek, Bernd A. u.a. (Hg.), Einführung in die Interpretation historischer Quellen, München 1992 S. 215-231

Fricke, Karl Wilhelm, Akten-Einsicht. Rekonstruktion einer politischen Verfolgung, 4. Aufl., Berlin 1997

Gauck, Joachim, Die Stasi-Akten. Das unheimliche Erbe der DDR, Reinbek 1991

Krone, Tina, Wenn wir unsere Akten lesen. Handbuch zum Umgang mit den Stasi-Akten, 2. Aufl., Berlin 1997

Linhart, H., Schreiben, Bescheide und Vorschriften in der Verwaltung, München 1981 (= Studien-Schriften für die öffentliche Verwaltung, 1)

Meisner, H. O., Das Begriffspaar Urkunden und Akten, in: Forschung aus mittel-deutschen Archiven, Festschrift für H. Kretzschmar, Berlin 1953, S. 34 ff. (=Schriften der Staatlichen Archivverwaltung, 3)

Schmid, Gerhard, Akten, in: Beck, Friedrich und Eckart, Henning (Hg.), Die archivalischen Quellen, Weimar 1994, S. 51-85

Vismann, Cornelia: Akten. Medientechnik und Recht, Frankfurt/M. 2000

## b) Aktensammlungen

Akten der deutschen Bischöfe über die Lage der Kirche 1933-1945, bearb. von Ludwig Volk, 6 Bde., Mainz 1968 ff.

Aktensammlung zur Geschichte der Zürcher Reformation in den Jahren 1519-1533, hrsg. v. Emil Egli, Zürich 1879, Reprint Nieuwkoop 1973

Aktensammlung zur Geschichte der Basler Reformation in den Jahren 1519 bis Anfang 1534, im Auftrage der Historischen und Antiquarischen Gesellschaft zu Basel hrsg. v. Emil Dürr (später von Paul Roth), 6 Bde., Basel 1921-1950

Steck, Rudolf, Tobler, Gustav (Hg.), Aktensammlung zur Geschichte der Berner Reformation 1521-1532, Bern 1923

Amtliche Sammlung der Acten aus der Zeit der helvetischen Republik 1798-1803, Bern u.a. 1886-1966, 16 Bde.

Deutsche Einheit, Sonderedition aus den Akten des Bundeskanzleramtes 1989/90, bearb. v. Hanns Jürgen Küsters und Daniel Hofmann

Stephan, Alexander, Im Visier des FBI. Deutsche Exilschriftsteller in den Akten amerikanischer Geheimdienste, Stuttgart 1995

Braubach, Max und Repgen, Konrad (Hg.), Acta Pacis Westphaliae, im Auftrag der Vereinigung zur Erforschung der Neueren Geschichte, 16 Bde., Münster 1962-1984

Mehner, Kurt (Hg.), Die geheimen Tagesberichte der Deutschen Wehrmachtsführung im Zweiten Weltkrieg 1939-1945 ..., (Veröffentlichungen deutschen Quellenmaterials zum Zweiten Weltkrieg, 3), 15 Bde., Osnabrück 1984-1995

# 2.3 Briefe

Der Begriff Brief (ahd: briaf) ist abgeleitet von dem lateinischen brevis (libellus) = kurzes Schriftstück. Diese Bedeutung hat sich bis heute in „Meisterbrief", „Frachtbrief" und „Steckbrief" erhalten. Im 12. Jahrhundert wurde „Brief" in seiner heutigen Bedeutung als persönlich adressiertes Schriftstück gebraucht. Die verbreitete Definition von Brief ist: Briefe sind schriftliche, meist ausführliche und verschlossen übersandte Mitteilungen.

Bereits im alten Ägypten wurden Briefe geschrieben, in denen ein durchgeprägter Briefstil zu erkennen ist. Das Briefeschreiben wurde anhand von Musterbriefen gelernt. Die Inhalte waren meist politisch, administrativ oder wirtschaftlich. Es wurde auf Papyrus oder auf Krug- und Kalksteinscherben geschrieben. Das klassische Altertum nahm dazu Holztäfelchen oder Papyrus. Die Briefe wurden mit einer Schnur umwickelt und gesiegelt. Es gab private und öffentliche Briefe (angesehene Männer in Rom ließen ihre Briefe in Abschriften verbreiten, um Anhänger für politische Zwecke zu gewinnen).

Im Mittelalter wurden die Briefe bis weit in das 14. Jahrhundert hinein in lateinischer Sprache abgefaßt. Das Briefeschreiben beherrschte nur eine ganz schmale Schicht: der Klerus und wenige Gebildete. Zunächst wurde in Deutschland die griechische Brieftradition aufgenommen. In Klöstern erlernte man die Briefkunst anhand von Briefsammlungen griechischer und römischer Vorbilder (Plato, Aristoteles, Cäsar, Cicero). Diese Briefe waren die Grundlage für die Entwicklung der lateinsprachigen mittelalterlichen Epistolographie. Der Briefverkehr der Klöster war theologisch-gelehrter Natur, es gab nur wenige private Briefe. Seit dem 14. Jahrhundert verbreiteten sich der Warenverkehr und der Fernhandel, was wiederum einen kaufmännischen Briefverkehr erforderte. Erst im späten Mittelalter lernten Teile des Bürgertums in den Städten zunehmend das Schreiben und Lesen. Dadurch wurde die lateinische Briefsprache allmählich von der deutschen Sprache abgelöst.

Die Briefe der Renaissance und des Humanismus sind wenig persönlich gestaltet. Es gab allerdings schon vertraute, intime Briefe, die jedoch nicht erhalten sind. Viele Kanzleischreiben, kaufmännische und geschäftliche Mitteilungen (Handelsbriefe) und gelehrt-philosophische Korrespondenzen sind überliefert. Das politische Leben gab Anstöße zum Briefeschreiben. Der Aufbau, der Stil und die formale Aufmachung blieb den lateinischen Briefen ähnlich. Um 1500 lockerten sich diese Kriterien des Briefes. Einen wichtigen Beitrag lieferten die Briefe von Martin Luther (1483-1546), der jeden seiner Briefe zum „vollkommenen Ausdruck seiner Gedanken und Empfindungen" machen wollte. Die Sendschreiben (z.B. Von der Freiheit eines Christenmenschen) sind als Vorläufer des heutigen „Offenen Briefes" zu sehen. Allgemein herrschte jedoch ein sehr formaler Briefstil. Die Humanisten legten Wert auf die antiken Kultursprachen, und damit erlebte der lateinische Briefstil eine Wiedergeburt. Zu dieser Zeit wurde auch in der Schule die lateinische Briefkunst gelehrt. Man kann sagen, daß die lateinische Sprache in den Gelehrtenbriefen bis ins 18. Jahrhundert verwende wurde. Aufgrund der politischen Veränderungen in Frankreich und in Deutschland kam im 17. Jahrhundert noch die französische Sprache hinzu. Der Sprachstil der Briefe veränderte sich, indem zunehmend französische und lateinische Fremdwörter benutzt wurden. Einige Briefe wurden ganz in einer anderen Sprache abgefaßt. Nach 1650 galt allein der französisch geschriebene Brief als gesellschaftsfähig. Schon im 17. Jahrhundert entwickelte sich ein Widerstand gegen die fremdsprachlichen Einflüsse. Es wurde eine deutsche Verwaltungssprache gefordert.

Im Fall des 18. und 19. Jahrhunderts spricht man von dem „Jahrhundert des Briefes". In dieser Zeit entfaltete sich der freigeschriebene, persönlichkeitsbestimmte Brief, dessen Entwicklung sich in Frankreich und England bereits im 17. Jahrhundert vollzog. Die bürgerliche Gesellschaft entwickelt ein erhöhtes Selbstwertgefühl. Das „bürgerliche Ich" will sich mitteilen, nicht unbedingt der Öffentlichkeit, sondern einem Freund. Dieses zeigt sich in den Briefwechseln der Aufklärung, des Sturm und Drang, der Klassik und der Romantik.

Viele Briefe dieser Zeit beinhalten Herzenswärme, große Sprachkraft und Leichtigkeit. Der Brief wird in seinem Aufbau, seiner Sprache und seinem Stil zwanglos. Er ist nicht mehr unbedingt eine literarische Gattung. Die bürgerlichen Schreibkonventionen sind überwunden. In der breiten Bevölkerung war das Briefschreiben aufgrund des Analphabetismus allerdings nicht verbreitet. Hinzu kommt, daß sich nicht alle Menschen das teure Porto leisten konnten.

Auch aus dieser Zeit stammen die sogenannten Musterbriefe. Sie waren in Musterbüchern abgedruckt, die zu allen Lebenslagen paßten und übernommen werden konnten. Ab 1848 trat eine kritisch-wissenschaftliche Versachlichung und eine Politisierung im Briefwesen ein. Die Versachlichung drückt sich in der Beschränkung der sprachlichen Mittel und der Reduktion brieflicher Mitteilungsformen (Postkarten, Telegramme) aus. Die Briefe wurden auch politisiert. Sie wurden zur Klärung und Propagierung politischer Ideen genutzt.

Durch die zunehmende Technisierung wurden weitere Kommunikationsmittel entwickelt, die in Konkurrenz zu den Briefen stehen.

### (1) Form und Funktion des Briefes

Ein Brief kann als sprachliche Kommunikation zwischen räumlich getrennten Personen angesehen werden. Seine schriftliche Rede ist also ein kommunikativer Vorgang, der zwischen konkreten, historisch kenntlich gemachten Individuen (dem Absender und dem Empfänger) realisiert wird. Der Brief hat somit einen dialogischen Charakter. Ein Absender schreibt einen Brief an einen Empfänger, und dieser kann einen Antwortbrief an den Absender zurücksenden. Der natürliche Ablauf der mündlichen Kommunikationsaktes leitet auch den formalen Briefaufbau: Bei einem Gespräch erfolgt eine Hinwendung zum Partner, Vortrag von Informationen, das Anliegen, die Bitte usw., die Abwendung vom Partner.

a) Briefeingang

mit Anrede und Grußformel (Salutatio). Datum und Ortsangabe können auch im Briefschluß vorkommen.

b) Briefinhalt

c) Briefschluß

mit Schlußformel und Unterschrift.

An der Eröffnung und der Beendigung des kommunikativen Aktes läßt sich die Beziehung des Absenders zu dem Empfänger erkennen (z.B. vertrautes, sachliches, gestörtes Verhältnis). Anreden und Titel verweisen auf soziale Stellung und auf mögliche Standesunterschiede des Absenders und des Empfängers. Nicht nur der formale Aufbau sagt etwas über die Beziehung des Absenders und des Empfängers aus, sondern auch Äußerlichkeiten wie das Schreibmaterial, das Schriftbild, der Umschlag etc.

Die schriftliche Kommunikation ist langsamer als die mündliche. Das hat folgende Gründe:

a) Die Verschriftlichung: Es dauert länger, eine Mitteilung zu notieren, als sie auszusprechen.

b) Der brieftypische Phasenverzug: Das ist die Zeit zwischen Absenden und Empfang des Briefes. Diese Zeitspanne erlaubt Rückschlüsse auf die Geschwindigkeit des Postverkehrs zwischen zwei Orten. Das, was sich zwischen Absenden und Empfangen des Brieftextes ereignet und was den Kommunikationsakt auf unvorhersehbare Weise verändern kann, ist weder vom Absender noch vom Empfänger zu beeinflussen.

Der Brief hat drei Grundfunktionen: Briefe können *informieren* (sie sind sachorientiert); sie können *appellieren* (sie sind partnerorientiert) und sie können *manifestieren* (sie sind selbstorientiert).[20]

In der Regel dominiert eine dieser Funktionen im Brief, jedoch treten auch Mischformen auf. Ein Brief kann sowohl informieren als auch appellieren.

---

20 Niekisch, Reinhard M. G., Der Brief, Stuttgart 1991.

1. Informative Funktion:

   Die Informationen können jeglicher Art sein: sachlich, geschäftlich, politisch, persönlich-intim, offiziell-amtlich, wissenschaftlich etc.

2. Appellative Funktion:

   Die appellative Funktion drückt sich in der Intension des Schreibers aus, den Empfänger zu beeinflussen, indem er wünscht, bittet, ersucht, verlangt, fordert etc.

3. Selbstäußerungsfunktion:

   Die Selbstäußerung drückt sich in subjektiven Briefen aus, in denen sich die Schreiber Gedanken und Gefühle mitteilen. „Vom Herzen direkt in die Feder" hat man diese Funktion genannt. In diesen Briefen zeigt sich die Individualität des Schreibers. Die Art dieser Briefe hat nach der Romantik abgenommen. Heute wird der Brief in dieser Funktion dann gewählt, wenn es darum geht, Angelegenheiten zu klären, die sehr unangenehm sind und nicht besprochen werden können.

## (2) Briefsorten

*Privatbriefe* geben Einblicke in Stimmungen, Meinungen und Beweggründe. Der Absender und der Empfänger sind meistens vertraut, jedoch kommt ein absolutes Vertrauensverhältnis zwischen Absender und Empfänger sehr selten vor. Briefautoren halten sich häufig zurück, da ein Brief als schriftliche Quelle später gegen ihn verwandt werden könnte. In privaten Briefen werden Absichten, Auffassungen, Erlebnisse des Autors niedergeschrieben. Der Text des Briefes hängt davon ab, wer ihn erhält (ein Freund, die Eltern, ein Geschäftspartner, ein Vorgesetzter) und was geschrieben wird (eine Bitte, eine Forderung, eine Information).

*Geschäftsbriefe* können Informationen verschiedenster Art beinhalten. Diese Briefe werden oft auch zu den Akten gerechnet.

*Offene Briefe* sind eine besondere Form des Briefes. Der Autor wendet sich an zwei unterschiedliche Adressaten: an die in der Anrede genannte Person oder Institution und eine nicht näher bezeichnete Öffentlichkeit.

Indem der Autor den Brief öffentlich macht, verletzt er die ansonsten private Sphäre brieflicher Kommunikation. Dieses Vorgehen bietet sich dann an, wenn der Briefinhalt von allgemeiner Bedeutung ist und die Öffentlichkeit ein Interesse daran hat oder haben sollte. Die Leserbriefe können den offenen Briefen zugeordnet werden. Sie sind eine beliebte Form, die Meinung zu äußern. Für einen Autoren ist der offene Brief

zudem bequemer als ein Aufsatz, ein Artikel oder ein Zeitungskom
mentar. Offene Briefe erfüllen in der Demokratie der Gegenwart ein
wichtige Funktion.

## (3) Didaktischer Wert

Briefe ermöglichen einen Einblick in die Subjektivität anderer Men
schen. Besonders Privatbriefe sind eine bevorzugte Quelle für Subjekti
vität und Individualität. Allerdings sind große sozialgeschichtliche Un
terschiede zu berücksichtigen. Die meisten Angehörigen der untere
Schichten haben vor dem 18. Jahrhundert keine Briefe geschrieben
Auch wenn ab und an Briefe vorliegen, sind sie doch selten eigenhändi
geschrieben. Sie werden von Schreibprofis verfaßt, und der Absende
hat sie entweder unterschrieben oder sein Handzeichen angebrach
Briefe – wie Quellen insgesamt – sollten nicht allein wegen ihre
Informationsfunktion untersucht werden (Beispiel Brief 1), sonder
auch wegen ihrer Selbstäußerungsfunktion, die Stimmungslagen e
kennbar macht (Beispiel Brief 2). Geschäftsbriefe, zu denen auch di
Bittbriefe gerechnet werden, machen besonders die Beziehungen zwi
schen Schreiber und Adressat deutlich. An ihnen ist die Form, in de
ein Anliegen vorgebracht wird, bemerkenswert (Beispiel Brief 3)
Schwierigkeiten müssen ausgeräumt werden: Handschriftlichkeit
Fremdsprachlichkeit, Chiffrierung. Darüber hinaus gibt es Besonder
heiten bei der Interpretation. Ein Brief ist meist nur ein Glied aus eine
längeren Kommunikationskette. Es existieren häufig ganze Briefsamm
lungen. Die Interpretation eines Einzeltextes hat diesen Kontext z
berücksichtigen. Auch die Situation, in der sich der Schreiber befinde
hilft bei der Interpretation. In totalen Institutionen (Gefängnissen etc.
und im Krieg gibt es Briefzensur. Der Schreiber kann nicht offe
ausdrücken, was er mitteilen möchte.

## (4) Beispielbriefe

*a) Privatbrief mit informativer Funktion*

„Carl Berthold

                              Bremerhaven am 23ten Merz 185

Liebe Schwestern und Schwager
Ich ergreife die Feder euch noch von hier geliebten ein paar Zeilen z
Schreiben weil die Gelegenheit jetzt bassend dazu ist. Weil wir schon 8 Tag
hier liegen und auf unser Schiff lauren welches noch nicht hier ist, Uns

46

Schiff Liverpohl genannt soll vor den Kanal liegen und wegen ungünstigen Winde nicht hierher kommen so können wier vieleicht noch einige Tagge hier Liegen ehr wier fort kommen. Sie können jetzt nicht so viel Schiffe anschaffen wie Passagiere da sind, denn es liegen hier 1 200 Menschen die auf den 15ten bestimmt waren und schon zirka 3 000 M. die schon fort sind. Mit der Auswanderung ist es ganz schrecklich, hessen Beiren u Würdenberger u Sachsen sind die mehrsten, und die überfahrts preise steigen mit jeden Tage, wir waren sehr froh das wir uns hatten einschreiben lassen, sonst hetten wir müssen 40 rT in gold Bezahlen. Wir wollen einen jeden Rathen der nach Amerika will sich zu Hause ein schreiben und am besten ist es bei den N. in Leipzig, wo Herr Kümmel Ag. denn es waren Merere hier die gedachten fr 28 rT über zu kommen und hatten auch nicht mehr also ihn nichts anters übrig blieb als wieder in die Heimath zurück zu kehren.

Vielgeliebten von meiner Reise bis hieher kann ich euch nicht viel schreiben, Sie hat mir sehr gut gefallen, doch mit vielen Beschwerden verknüpft.

C. Berthold"

*(Helbich, Wolfgang u.a. [Hg.], Briefe aus Amerika, München 1988, S. 306 f.)*

Dieser Brief liefert auf einfacher ebene Informationen über Schiffskapazität, Ausreisewillige und Reisepreise. Der Briefschreiber gibt nützliche Ratschläge für Ausreisende (Anforderungsstufe: Kenntnisse).[21]

*b) Privatbrief mit Selbstäußerungsfunktion*

„Martinsburg, Dezember 8th 1877

Lieber Großvater und Liebe Großmutter!

Es ist nun schon eine lange Zeit, seit dem ich hinausschrieb, daß ich so gefährlich krank war. Aber niemand findet es der Mühe werth, mir wieder Antwort zu schicken. Seit einem ganzen Jahre, habe ich einen einzigen Brief erhalten.

Ich habe zwar schon mehrere male hinausgeschrieben, aber niemals Antwort bekommen. Nun wende ich mich an Euch, werthe Großeltern, vielleicht denkt Ihr etwas besser von einem armen Waisen in Amerika. Alles was ich will ist blos das ich möchte wissen, wie es um Euch, Ihr Lieben steht. Ich weiß ja nicht, wie es ist, lebet Ihr noch, oder nicht. O! Könnten Euch doch die Zeilen noch gesund antreffen. O! könnte doch ich Euch noch einmal sehen. Was

---

21 Vergleiche zu den Anforderungsstufen S. 188 ff.

macht denn meine liebe, gute Mutter mein guter Bruder und werthe
Geschwister, Alles dieses schreibt mir doch; ach Ihr wisset nicht, wie es einer
ist, wenn man Jahre lang nichts von seinen Lieben hört. Ich bin hier unte
guten Leuten zwar, aber ohne Arbeit. Ich habe schon ein halbes Jahr lang kei
deutsches Wort mehr gehört. O, wenn ich die Mitteln hätte, würde ich tapfe
zu Euch kommen. Aber so geht es nicht. Oft denke ich, ich bin verlassen. Sei
doch so gut, und laßt mich nicht lange auf eine Antwort warten. O grüße
Alle und wünschet Ihnen ein zufriedenes Herz.
Lebet wohl, Gott halte Euch gesund, Eurem Euch treu liebenden Enke
Sohn u Bruder William Buerkert."
*(Helbich, Wolfgang u.a. [Hg.], Briefe aus Amerika,*
*München 1988, S. 394 f.)*

(Anforderungsstufe: Hineinversetzen)


*c) Privatbrief mit appellativer Funktion*

Bittschreiben der Maria Christina Hollenbergerin, Saarbrücken 1784

„Hochgeborner Reichsgraf, gnädigster Graf und Herr,
Ob ich gleich nur Staub, Erd und Asche bin, so unterwinde ich mich doc
noch einmal meine unterthänigste demütigste Bitte an Euch hochgräflich
Exzellenz abgehen zu lassen, O möchte lezteres gleich ersterem mit Barm
herzigkeit und Erbarmen angesehen und dieses mein dehmütigstes Bitte
gleich des canamäischen Weibleins Flehen erhört und absonderlich dabe
betrachtet werden, daß der armen verlassenen Wittwen und Waisen ih
demüthigstes Flehen zum grosen Herrn und Gerechtigkeit ein von unserr
Erlöser und Heiland an dieselben ausgestellter Wechselbrief seye, welche
dieselbe in Betracht der gewissen, ohnausbleiblichen Ewigkeit allerding
honoriren solten; in dieser zuversicht schließe ich hierbei diejenige ur
terthänigste Bittschrift, so von mir in Anno 1776 zwar unthgst. überreich
aber durch ein gdgstes Decret nicht benachrichtiget worden. Ob selbige z
höchsten Händen gekommen ist, wannenhero diese de novo beilege, un
dem darin enthaltenen petito aufs neue insaerire, und da ich nur di
Brosamen aufzulesen verlange, die von Eweer hochgräflichen Exzellen
Tische fallen, so verhoffe ich um so mehr gnädigst verhört zu werden, a
versichert ich bin, daß in jener anzuhoffenden Ewigkeit solche Allmose
einen starken Eindruck auf die gottseelige Glückseeligkeit würken, un
alda nachdrücklichst belohnt werden, welche Ewr hochgräfl. Excellenz ic
von Grund der Sache als den allergrösten Reichtum uthgst anwünsche, un
hierum den allerhöchsten stets anflehe, und da es allemal besser ist, hier i

dieser Zeitlichkeit, als in jener Ewigkeit über armen brodlos bedienten Wittwen erbärmliches Flehen red und antwort zu geben, so versehe ich mich auch einer hohen und gnädigsten Erhörung und beharre in tiefstem Respekt
Ewr hochgräfliche Exzellenz
Unterthänigst demüthigste des verstorbenen
Saarwellingischen Oberförster
Hollenbergers Wittib zu Friedrigsthal."
*(Schulze, Winfried [Hg.], Ego-Dokumente, Berlin 1996, S. 225)*

## d) Offener Brief

Im Namen des Schweizerischen Evangelischen Hilfswerks für die Bekennende Kirche in Deutschland veröffentlichte dessen Vorstand zum Kriegsende eine Erklärung, die von den drei Vorstandsmitgliedern Karl Barth, Oskar Farner und Paul Vogt ausgearbeitet und unterzeichnet worden war.

„An die Schweizer Öffentlichkeit, 1945
Die Völker aller Länder sind in diesen Wochen durch viele und nicht mehr zu beanstandende Berichte auf die Zustände und Vorgänge in den deutschen Konzentrationslagern aufmerksam gemacht worden. Wir teilen das allgemeine Entsetzen über die enthüllten Tatsachen. Wir trauern um die unzähligen Opfer des angerichteten Unheils. Wie haben Menschen so mit ihren Mitmenschen umgehen können? Wir erwarten den Vollzug strenger Gerechtigkeit gegenüber denen, die für dieses Geschehen direkt und indirekt verantwortlich sind. Und es ist uns mit allen guten Deutschen gewiß, daß sich das deutsche Volk als Ganzes einer besonderen Mitverantwortlichkeit in dieser Sache nicht entziehen kann.
Wir stellen aber fest: Der menschenfeindliche Geist des jetzt im Sturz begriffenen deutschen Regimes brauchte den Völkern Europas und der Welt nicht erst seit gestern bekannt zu sein. Es hat an unverdächtigen Zeugen für das, was dieses Regime meinte und wollte, es hat auch an klaren Berichten über das, was in den deutschen Konzentrationslagern von 1933 an vor sich ging, nicht gefehlt. Es ist aber Tatsache, daß diese Zeugnisse und Nachrichten in den anderen Ländern weithin auf Gleichgültigkeit und Mißtrauen gestoßen sind. Es ist Tatsache, daß in den vergangenen zwölf Jahren Hunderttausende von deutschen Menschen und Millionen von Juden aller Länder unbeachtete Opfer jenes Regimes gewesen sind. (...) Und es ist überdies Tatsache, daß auch die christlichen Kirchen es in dieser Zeit versäumt haben, mit ihrem Bekenntnis laut, rechtzeitig und einmütig genug auf den Plan zu treten. (...)

Wir warnen aber vor der Heuchelei, die sich heute folgendes verbergen möchte: Die jetzt vor jedermanns Auge aufgedeckten Greuel sind doch nur die Folgen und Symptome eines Geistes, für den die Welt, bevor ihr diese Folgen sichtbar wurden, nur zu viel Verständnis und Duldung hatte. Wer immer den geistigen Anfängen des Hitlertums gleichgültig oder gar sympathisch gegenüberstand, hat heute kein Recht, die Schuld an dessen greifbaren Untaten nur bei anderen zu suchen. (...)
Das alles ist keine Entschuldigung der deutschen Verbrecher und des deutschen Volkes. Wir warnen aber allen Ernstes vor den Illusionen eines der eigenen Gebrechlichkeit gegenüber blinden Hasses, Verdammens und Vergeltenwollens. Wir erklären, daß es jetzt dem deutschen Volk gegenüber nicht darum gehen kann, es solidarisch zu bestrafen, sondern nur darum, es solidarisch für die Erneuerung der zerstörten Ordnung haftbar zu machen. Wir bitten die alliierten und neutralen Regierungen und Völker, zu bedenken, daß Gott auch ihr Richter ist und daß derselbe Gott will, daß allen Menschen, auch den Deutschen, geholfen werde. Wir bitten Gott, daß er es den christlichen Kirchen in Deutschland und unter allen Völkern nach diesen Jahren tiefster Beschämung schenke, ihr Amt als Erwecker des öffentlichen Gewissens in Zukunft anders und besser, gründlicher und unverzagter als bisher zu versehen."
*(Barth, Karl, Offene Briefe 1945-1968, hg. v. Diether Koch, Zürich 1984, S. 42 ff.)*

## (5) Literatur

### a) Sekundärliteratur zum Brief

Brüggemann, Diethelm, Vom Herzen in die Feder. Die Deutschen in ihren Briefstellern, München 1968

Ettl, Susanne, Anleitungen zur schriftlichen Kommunikation. Briefsteller von 1880-1980, Tübingen 1984

Ermert, Karl, Briefsorten. Untersuchungen zu Theorie und Empirie der Textklassifikation, Tübingen 1979

Jens, Walter; Thiersch, Hans, Deutsche Lebenspläne in Autobiographien und Briefen, Frankfurt/M. 1991 [über Johann Joachim Winckelmann, Bettine von Arnim, Rahel Varnhagen, Rosa Luxemburg]

Nickisch, Reinhart M. G., Der Brief, Stuttgart 1991

Rusinek, Bernd u.a. (Hg.), Einführung in die Interpretation historischer Quellen. Schwerpunkt Neuzeit, Paderborn 1992, S. 45-60

Schlawe, Fritz, Die Briefsammlungen des 19. Jahrhunderts. Bibliographie der Briefausgaben und Gesamtregister der Briefschreiber und Briefempfänger 1815-1915, 2 Halbbde. (Repertorien zur deutschen Literaturgeschichte, 4), Stuttgart 1969

Schmid, Irmtraut, Was ist ein Brief? Zur Begriffsbestimmung des Terminus „Brief" als Bezeichnung einer quellenkundlichen Gattung, in: Editio 2 (1988), S. 1 ff.

Schmid, Irmtraut, Briefe, in: Beck, Friedrich und Henning, Eckart (Hg.), Die archivalischen Quellen, Weimar 1994, S. 99-106

Steinhausen, Georg, Geschichte des deutschen Briefes, 2 Bde., Berlin 1989/91

Weiss, Stefan, Briefe, in: Rusinek, Bernd u.a. (Hg.), Einführung in die Interpretation historischer Quellen, Paderborn 1992, S. 45-60

## b) Briefanthologien

Baumgart, Hildegard (Hg.), Briefe aus einem anderen Land. Briefe aus der DDR, Hamburg 1971

Golovschansky, A. u.a. (Hg.), Ich will raus aus diesem Wahnsinn. Deutsche Briefe von der Ostfront 1941-1945. Aus sowjetischen Archiven, hg. v. A. Golovschansky u.a., Wuppertal 1991

Helbich, Wolfgang u.a. (Hg.), Briefe aus Amerika. Deutsche Auswanderer schreiben aus der Neuen Welt 1830-1930, München 1988

Hiob, Hanne; Koller, Gerd (Hg.), „Wir verreisen(…)" – In die Vernichtung. Briefe 1937-1944, Hamburg 1993

Hoffmann, Rudolf (Hg.), Der deutsche Soldat. Briefe aus dem Weltkrieg, München 1937

Kammeier, Heinz-Ulrich, „So besint euch doch nich lange und kommt herrüber …". Briefe von Amerikaauswanderern aus den Kreisen Lübbeke aus zwei Jahrhunderten, 2. erw. und überarbeitete Auflage, o.O.u.J.

Moeller, Jürgen (Hg.), „Ich hoffe, der Himmel wird Deutschland erhalten". Das 19. Jahrhundert in Briefen, München 1990

Moeller, Jürgen (Hg.), Historische Augenblicke. Deutsche Briefe des Zwanzigsten Jahrhunderts, München 1989

Seidenfaden, Marie-Louise (Bearb.), „Wir ziehen nach Amerika". Briefe Odenwälder Auswanderer aus den Jahren 1830-1933 (Schriftenreihe des Museums Schloß Lichtenberg, 7), o.O.u.J.

Witkop, Philipp, Kriegsbriefe gefallener Studenten, München 1928

## 2.4 Zeitungen

Das Wort Zeitung bedeutete ursprünglich ein eingehendes neues Ereignis. Eine Zeitung war eine Nachricht und noch kein Medium, das Nachrichten transportierte. Erst seit der Mitte des 16. Jahrhunderts entwickelte sich das Medium Zeitung. „Die Zeitung ist ein in regelmäßiger Folge erscheinendes, grundsätzlich jedermann zugängliches Medium, aktuelle Informationen aus allen Lebensbereichen verbreitet".[22] Diese Definition umfaßt die vier Kriterien einer Zeitung:

---

22 Brand, Peter; Schulze, Volker (Hg.), Medienkundliches Handbuch – Die Zeitung, Braunschweig 1982.

- die *Aktualität*, d.h. die Neuwertigkeit und Gegenwartsbezogenheit
- die *Publizität*, d.h. die grundsätzliche Zugänglichkeit
- die *Universalität*, d.h. die grundsätzliche Offenheit gegenüber allen Lebensbereichen
- die *Periodizität*, d.h. das regelmäßige Erscheinen.[23]

Die Zeitung ist heute neben Hörfunk und Fernsehen ein unentbehrliches Mittel gesellschaftlicher Kommunikation. Sie stellt ein Mittel der Information, der Meinungsbildung sowie der Unterhaltung dar. Der Stellenwert und die Leistung einer Zeitung sind von dem politischen System, in dem sie erscheint, abhängig. So ist die Pressefreiheit konstituierend für ein demokratisches Gemeinwesen. Die Zeitung erfüllt eine wichtige Funktion als Kontrollorgan, indem sie Nachrichten verbreitet, Stellung nimmt oder Kritik übt und somit an der Meinungsbildung der Gesellschaft mitwirkt.

## (1) Geschichte des Zeitungswesens

Die Wende vom 16. zum 17. Jahrhundert gilt in der Pressegeschichte als „Geburtsstunde" der Zeitung. Die frühesten Beispiele von Druckschriften, die die klassischen Kriterien einer Zeitung erfüllen, lassen sich für das Jahr 1609 nachweisen. In diesem Jahr erscheint das Wochenblatt „AVISA: Relation oder Zeitung. Was sich begeben und zugetragen hat".

Gutenbergs Erfindung des Buchdrucks mit beweglichen Lettern (vollendet 1445) war zweifellos die entscheidende Voraussetzung für die Entstehung der Zeitung zu Beginn des 17. Jahrhunderts. Zum Aufkommen der sogenannten Massenpresse haben vor allem auch die neuentwickelten Herstellungsverfahren beigetragen, die eine rasche und auflagenstarke Produktion von Zeitungen möglich machten. So hatte die Londoner „Times" als erste Zeitung 1814 eine dampfbetriebene Schnellpresse eingeführt. Die Erfindung der Setzmaschine im Jahre 1884 verkürzte die bislang manuell betriebene Satzherstellung. Außerdem ermöglichten technische Erfindungen aus dem Bereich des Nachrichtenwesens immer aktuellere Berichterstattungen. Eine weitere Vorbedingung für den Durchbruch der Druckpublizistik war ein sich auf breiter Basis vollziehender Wandel im Kommunikationsverhalten der Bevölkerung: Neben dem gesprochenen Wort trat zunehmend auch die Schrift als Mittel der Verständigung auf.

---

23 Brand/Schulze, Handbuch, S. 13.

Bereits 1610 erschienen in Basel und Wien die ersten Wochenzeitungen. Im 17. Jahrhundert existierten in ca. 70 deutschen Städten Wochenblätter. 1650 entstand die erste deutsche Tageszeitung in Leipzig. Ursprünglich umfaßten die Ausgaben nicht mehr als vier Seiten. Sie nahmen aber bis zum Ende des 18. Jahrhunderts an Umfang beträchtlich zu. Die Auflagen überschritten zuerst kaum mehr als 150 – 200 Exemplare. Sie erreichten jedoch gegen Ende des 18. Jahrhunderts bis zu 2 000 Stück.

Im 17. und 18. Jahrhundert wurden die Zeitungen durch den absolutistischen Staat kontrolliert und gesteuert. Als der deutsche Raum gegen Ende des 18. Jahrhunderts zunehmend unter den Einfluß Frankreichs geriet, wurden von der napoleonischen Militärverwaltung zahlreiche Zeitungen verboten. Die verbleibenden Blätter paßten sich politisch an. Zum Kampf gegen Napoleon trat schließlich 1814 der „Rheinische Merkur" an, der jedoch zunächst durch die Karlsbader Beschlüsse (1819) wieder unterdrückt wurde.

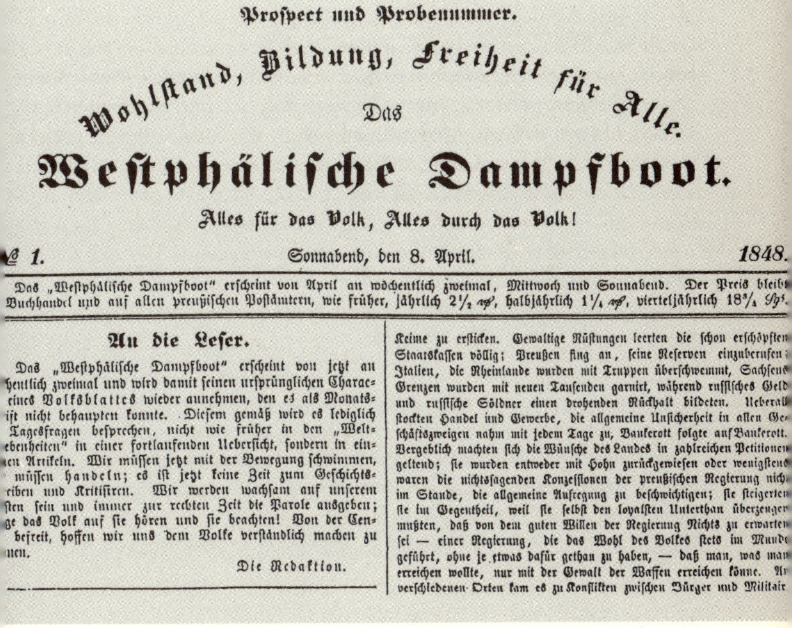

**Abb. 4:** Kopf des „Westphälischen Dampfbootes"

## (2) Politische Tendenz

Die 1840er Jahre brachten den seit 1819 stagnierenden Prozeß politischer Bewußtseinsbildung in Deutschland wieder in Gang. Zu nennenswerten Neugründungen kam es jedoch erst, als die Revolution von 1848/49 die Zensur vorübergehend abschaffte. Es entstanden einige hundert neue Tageszeitungen und Wochenblätter. Die Pressegeschichtsschreibung hat daher den Zeitraum um 1848 als die entscheidende Zäsur für das Entstehen des modernen Zeitungswesens anerkannt. Das freiheitliche Reichspressegesetz von 1874 machte schließlich den Weg frei für die Presse als Massenmedium.

Jede Zeitung hat eine „Tendenz"; sie ist im politischen und sozialen Spektrum einer Gesellschaft verortet. Insofern ist es für die Quelleninterpretation unerläßlich, den politischen, ideologischen und sozialen Standort einer Zeitung zu kennen, um den Hintergrund einer Nachricht oder eines Kommentars zu interpretieren. Zeitungen eignen sich deshalb besonders zur Ideologiekritik.

## (3) Didaktischer Wert

Die Zeitung kann politisch-weltanschauliche Richtungen veranschaulichen. Über sie lassen sich politische Vorstellungen und Mentalitätslagen sozialer Klassen erfassen. Methodisch bietet sie die Möglichkeit, Einblicke in komplizierte Vertragswerke und langatmige Reden zu nehmen, da diese von der Zeitung im Hinblick auf ihre Leserschaft reduziert werden.

## (4) Weiterführende Literatur

### a) Sekundärliteratur zur Zeitung

Brand, Peter; Schulze, Volker (Hg.), Medienkundliches Handbuch – Die Zeitung, Braunschweig 1982

Brims, Herbert, „Das Westphälische Dampfboot". Eine politische Zeitschrift des „wahren" Sozialismus in Deutschland, Augsburg 1983

Dovifat, Emil (Hg.), Handbuch der Publizistik, Bd. 3, Berlin 1969

Fischer, Heinz-Dietrich (Hg.), Deutsche Zeitungen des 17. bis 20. Jahrhunderts, München 1972

Heinen, Ernst, Die Zeitung als Quelle im Geschichtsunterricht der Volksschule, in: Pädagogische Rundschau 18 (1964) S. 993-999

Huhnhäuser, A., Die Zeitung im Geschichtsunterricht, in: Wilmanns, Ernst (Hg.), Die Quelle im Geschichtsunterricht, Berlin 1932, S. 207-218

Koszyk, Kurt, Deutsche Presse im 19. Jahrhundert – Geschichte der deutschen Presse, T. 2, Berlin 1966

Lampe, Klaus, Der Kieler Matrosenaufstand. Die Tageszeitung als Quelle im Geschichtsunterricht, in: Filser, Karl (Hg.), Theorie und Praxis des Geschichtsunterrichts, Bad Heilbrunn 1974, S. 166-183

Rusinek, Bernd-A.; Ackermann, Volker (Hg.), Die Interpretation historischer Quellen, Schwerpunkt: Neuzeit, Paderborn 1992

Schneider, F., Pressefreiheit und politische Öffentlichkeit, München 1965

Schottenloher, Karl, Flugblatt und Zeitung, Berlin 1922

## b) Zeitungsausgaben

Das Westphälische Dampfboot. Eine Monatsschrift, redigiert v. Otto Lünig [1. Jg., Bielefeld 1845, 2. Jg. Paderborn 1846, 3. Jg. Paderborn 1847, 4. Jg. Paderborn 1848 (nur Januar-März)]

Dollinger, Hans (Hg.), Facsimile-Querschnitt durch Signal, München 1969

Hartenstein, Liesel (Hg.), Facsimile-Querschnitt durch den Kladderadatsch, Köln 1965

Heiber, Helmut u.a. (Hg.), Facsimile-Querschnitt durch das Schwarze Korps, Bern 1985

Holzer, Horst (Hg.), Facsimile-Querschnitt durch die Quick, München 1968

Klüter, Heinz (Hg.), Facsimile-Querschnitt durch die Gartenlaube, Bern 1963

Kuby, Erich (Hg.), Facsimile-Querschnitt durch den Spiegel, München 1969

Lynar, Ingrid (Hg.), Facsimile-Querschnitt durch die Frankfurter Zeitung, München 1980

Noller, Sonja (Hg.), Facsimile-Querschnitt durch den Völkischen Beobachter, München 1967

Schütze, Christian (Hg.), Facsimile-Querschnitt durch den Simplicissimus, München 1963

Wachtel, Joachim (Hg.), Facsimile-Querschnitt durch frühe Automobilzeitschriften, München 1970

Wachtel, Joachim (Hg.), Facsimile-Querschnitt durch die Leipziger Illustrierte Zeitung, München 1969

Wachtel, Joachim (Hg.), Facsimile-Querschnitt durch die Leipziger Illustrierte Zeitung, München 1969

Zahn, Eva (Hg.), Facsimile-Querschnitt durch die Fliegenden Blätter, München 1966

Zahn, Eva (Hg.), Facsimile-Querschnitt durch die Jugend, Bern 1966

Zimmermann, Magdalene (Hg.), Die Gartenlaube als Dokument ihrer Zeit, München 1967

# 2.5 Autobiographien

Die Anfänge der Autobiographie liegen in der Spätantike. Das erste bekannte Beispiel stammt von Aurelius Augustinus (354-430), der während seiner Zeit als Bischof von Hippo seine „Confessiones" (Bekenntnisse) verfaßte. In ihnen beschrieb er sein bisheriges Leben und lieferte der Geschichtsforschung damit eine erste autobiographische Quelle mit Informationsgehalt über den Autor und das zeitgeschichtliche Geschehen aus dessen Sicht. Dieses Werk des ehemals als Lehrer der Rhetorik in Tagaste, Karthago und Rom tätigen abendländischen Kirchenvaters hatte einen langanhaltenden Einfluß auf viele später erscheinende Autobiographien. Dies spiegelt sich deutlich in der Wiederverwendung des Titels, die u.a. von dem französischen Moralphilosophen und Schriftsteller Jean-Jacques Rousseau (1712-1778) vorgenommen wurde. Er verfaßte seine „Confessiones" von 1764-1770.

Eine zeitliche Unterbrechung in der Genese der Autobiographie liegt im Mittelalter. Autobiographische Zeugnisse waren zwar nicht selten, jedoch wurde das Individuum durch die herrschende Vorstellung von der universalen Einheit von geistlicher und weltlicher Herrschaft in den Hintergrund gedrängt.

Erst seit dem 15. Jahrhundert, als sich im Zuge der Renaissance unsere heutigen Vorstellungen langsam durchsetzten, gewinnt die Autobiographie neue Bedeutung. Dies natürlich auch durch die einsetzende Zunahme der Alphabetisierung der Gesellschaft sowie die Entstehung nationalsprachlicher Literatur im 16. Jahrhundert. Das bedeutet, daß „eine Trennung zwischen ‚literarischen' und ‚historischen' Quellen auf diesem Gebiet weder möglich noch erstrebenswert"[24] ist.

## (1) Typologie autobiographischen Schreibens

Die Autobiographie ist eine Erzählung, die im letzten Lebensabschnitt geschrieben wird. Die einzelnen Inhaltsmomente liegen in unterschiedlichem Zeitabstand zum Entstehungszeitpunkt des Textes, und deshalb erscheinen häufig viele Eindrücke und Erlebnisse in der Erinnerung verklärt. Nicht selten schieben die Autoren unangenehme Erinnerungen beiseite und erinnern sich vorwiegend an die positiven und lustigen Dinge. Eine lückenlose Rekonstruktion der eigenen Vergangenheit ist unmöglich. Das menschliche Gehirn „funktioniert nicht wie ein Videorecorder".[25] Dennoch ist ein alter Mensch in seiner Erinnerung an ein Erlebnis frühester Jugend nicht an die direkte Erinnerung gebunden, sondern die gedankliche Rekonstruktion des Erlebten „findet (…) eine Stütze in bereits zurückliegenden Rekonstruktionen".[26]

---

24 Engelbrecht, Jörg, Autobiographien, Memoiren, in: Rusinek, Bernd (Hg.), Einführung in die Interpretation historischer Quellen. Schwerpunkt: Neuzeit, Paderborn 1992, S. 66.

25 Engelbrecht, Autobiographien, S. 62.

26 Lehmann, Albrecht, Erzählstruktur und Lebenslauf. Autobiographische Untersuchungen, Frankfurt/M. 1983, S. 23.

Allgemein wird angenommen, daß es zwei autobiographische Großformen gibt: die Memoiren und die Autobiographie. Deren Gemeinsamkeit liegt darin, daß der Schreiber sein eigenes Leben erzählt. Es empfiehlt sich, die Told-to-Autobiographie hinzuzuzählen, die für schriftunkundige soziale Gruppen oder Völker von großer Bedeutung ist. Bei dieser Gruppe wird die mündliche Erzählung eines Lebens von einer anderen Person aufgeschrieben. Eine eindeutige definitorische Trennung der beiden Großformen Memoiren und Autobiographie ist von Bernd Neumann vorgelegt worden.[27] Eine solche scharfe Unterscheidung hat sich allerdings nicht durchgesetzt, da es häufig Mischformen gibt oder Autobiographien auch eindeutig die Merkmale von Memoiren besitzen.

In der Autobiographie erzählt der Autor seine Lebensgeschichte. Sie entsteht meist gegen Ende seines Lebens und ist dadurch motiviert, daß der Autor vor sich selbst und anderen über sein Handeln Rechenschaft ablegen will. Hierbei ist er meist frei von Bindungen, Verpflichtungen und Rücksichtnahmen gegenüber anderen Personen. Der Autor braucht in der Regel beim Leser keine Kenntnisse über seine Person vorauszusetzen, sondern liefert diese selbst. Memoiren entstehen meist im Anschluß an eine Zeit, in der der Autor Gestalter war, also z.B. am Ende einer politischen Amtszeit oder am Ende einer Sportlerkarriere. Sie haben zumeist auch nur diese bestimmte Zeit zum Inhalt. Die Motivation liegt in dem Wunsch des Autors, von seinem Schreibtisch aus noch einmal Einfluß auf das aktuelle Geschehen zu nehmen oder den eigenen Anteil am historischen Geschehen herauszustellen. Anders als bei Autobiographien ist der Autor von Memoiren meist zur Rücksichtnahme auf ehemalige Amtskollegen, Parteifreunde etc. gezwungen. Beide autobiographischen Formen verbindet „ihre didaktische, zuweilen moralisierende Grundtendenz. Die Darstellung individuellen Lebens und Erlebens beansprucht in beiden Fällen, daß der Leser Nutzen und Lehren für sein eigenes Leben daraus ableiten soll".[28]

## (2) Zur Interpretation von Autobiographien

Für die Interpretation einer Autobiographie ist es wichtig, sich Eigenarten und Charakter des Autors zu nähern. Die Autobiographie macht

---

27 Neumann, Bernd, Identität und Rollenzwang, Frankfurt/M. 1970.
28 Engelbrecht, Autobiographien, S. 6.

das eigene Ich sowie die durch ihre Wahrnehmung gefilterte Welt zum Gegenstand der Erzählung. Eine Annäherung daran kann durch Fragen an die Autobiographie erreicht werden, die im direkten Bezug zum Autor stehen bzw. den Bezug zum geschilderten Geschehen herstellen.

- Welche Mentalität des Autors wird erkennbar? Hier sind erkennbare Charaktereigenschaften interessant, die Einfluß auf die Beurteilung der eigenen Person haben können, z.b. ungewöhnlich ausgeprägter Narzißmus.
- Wie ist der Autor sozial und kulturell geprägt? Zu welcher Kultur, Epoche, Sozialschicht gehört der Autor? Wie wirkt sich seine Erziehung aus?
- Wie ist die Beziehung des Autors zu dem von ihm beschriebenen Geschehen? War er Akteur oder Beobachter? War er Gestalter oder Objekt? Wieviel Zeit liegt zwischen der Niederschrift des Textes und dem beschriebenen Geschehen? Benutzt der Autor „sekundäre" Quellen (z.B. Berichte anderer), und wie zuverlässig sind diese?

Eine möglichst große Annäherung an die Person des Autors gelingt aber nicht durch die Analyse der Autobiographie allein, sei sie sprachlicher oder auch soziologischer Art. Bei der Arbeit mit der Autobiographie sind gleichzeitig verschiedene andere Quellen heranzuziehen.

## (3) Didaktischer Wert

Der didaktische Wert der Autobiographie liegt in der Wahrnehmungsform, mit der eine historische Wirklichkeit gesehen wird. Es geht nicht primär darum, historische Ereignisse aus den Texten heraus zu lesen, sondern um die Wahrnehmungsformen dieser Ereignisse. Es soll den Schülerinnen und Schülern nicht gezeigt werden, daß eine „an sich" unverzerrte Wirklichkeit durch Verzerrung und Verklärung verunstaltet wird, sondern daß Wirklichkeit immer konstruiert wird. Jede historische Epoche konstruiert ihre Wirklichkeit anders. Es geht also um die historische Wahrnehmungsform.

## (4) Literatur

### a) Sekundärliteratur zur Autobiographie

Berges, Wilhelm, Biographie und Autobiographie heute, in: Kurtze, Dietrich (Hg.), Aus Theorie und Praxis der Geschichtswissenschaft. Festschrift für Hans Herzgeld zum 80. Geburtstag, Berlin 1972, S. 27-48

Bollenbeck, Georg, Zur Theorie und Geschichte der frühen Arbeiterlebenserinnerungen, Kronberg/Ts. 1976

Buck, August (Hg.), Biographie und Autobiographie in der Renaissance, Wiesbaden 1983

Fischer, Wolfram, Arbeitermemoiren als Quelle für Geschichte und Volkskunde der industriellen Gesellschaft, in: ders., Wirtschaft und Gesellschaft der Industrialisierung, Göttingen 1972, S. 214-223

Fischer, Wolfram, Struktur und Funktion erzählter Lebensgeschichten, in: Frerich, Petra, Bürgerliche Autobiographie und proletarische Selbstdarstellung, Frankfurt/M. 1980

Fuchs, Werner, Arbeiterleben nach 1945, Frankfurt/M. 1979

Gestrich, Andreas; Knoch, Peter; Merkel, Helga (Hg.), Biographie – sozialgeschichtlich, Göttingen 1988

Grimm, Reinhold; Hermand, Jost (Hg.), Vom Anderen und vom Selbst. Beiträge zu Fragen der Biographie und Autobiographie, Frankfurt/M. 1982

Hardach-Pinke, Irene, Kinderalltag. Aspekte von Kontinuität und Wandel in der Kindheit in autobiographischen Zeugnissen, Frankfurt/M. 1981

Hubatsch, Walter, Deutsche Memoiren 1945 bis 1955. Eine kritische Übersicht deutscher Selbstdarstellungen im ersten Jahrzehnt nach der Katastrophe (Geschichte und Politik, 8), 2. neubearb. Aufl., Laupheim/Württ. 1956 (1. Aufl. 1954)

Jens, Walter; Thiersch, Hans, Deutsche Lebensläufe in Autobiographien und Briefen, Weinheim/München 1987 [über U. Bräker, Karl Philipp Moritz, Heinrich Jung-Stilling, Bismarck, August Bebel, Adelheid Popp, Franz Michael Felder, Franz Rehbein, Lilly Braun, Oskar Maria Graf, Adam Scharrer, Klaus Mann, Bernward Vesper]

Kronsbein, Joachim, Autobiographisches Erzählen. Die narrativen Strukturen der Autobiographie, München 1984

Lehmann, Albrecht, Erzählstruktur und Lebenslauf, Frankfurt/M. 1983

Lehmann, Jürgen, Bekennen – Erzählen – Berichten. Studien zur Theorie und Geschichte der Autobiographie, Tübingen 1988

Levy, René, Der Lebenslauf als Statusbiographie. Die weibliche Normalbiographie in makrosoziologischer Perspektive, Stuttgart 1977

Misch, Georg, Geschichte der Autobiographie, 4 Bde., Frankfurt/M. 1949 ff.

Neumann, Bernd, Identität und Rollenzwang, Frankfurt/M. 1971

Niggl, Gunther, Die Autobiographie. Zu Form und Geschichte einer literarischen Gattung, Darmstadt 1987

Pascal, Roy, Die Autobiographie. Gehalt und Gestalt, Stuttgart 1965

Paul, Sigrid, Begegnungen. Zur Geschichte persönlicher Dokumente in Ethnologie, Soziologie und Psychologie, 2 Bde., München 1979

Schulze, Winfried (Hg.), Ego-Dokumente. Annäherung an die Menschen in der Geschichte (Selbstzeugnisse der Neuzeit, 2), Berlin 1996

Sloterdijk, Peter, Literatur und Lebenserfahrung. Autobiographien der Zwanzigerjahre, München 1978

Vogt, Marianne, Autobiographik bürgerlicher Frauen. Zur Geschichte weiblicher Selbstbewußtwerdung, Würzburg 1981

Warncken, B. J., Populare Autobiographik, Tübingen 1985

Westphal, W., Die besten deutschen Memoiren. Lebensbiographien und Selbstbiographien aus sieben Jahrhunderten, Leipzig 1923

Wuthenow, Ralph-Rainer, Das erinnerte Ich. Europäische Autobiographie und Selbstdarstellung im 18. Jahrhundert, München 1974

## b) Exemplarische Autobiographien

Jessen, J., Bibliographie der Autobiographien, München 1987

Adenauer, Konrad, Erinnerungen 1945-1963, 4 Bde., Stuttgart 1965-1968

Braun, Lily, Memoiren einer Sozialistin, München 1926

Budde, Gunilla-Friederike (Hg.), In Träumen war ich immer wach. Das Leben des Dienstmädchens Sophia von ihr selbst erzählt, Bonn-Berlin 1989

Dahn, Felix, Erinnerungen, 4 Bde., Leipzig 1891-95

Hameln, Glückes, die Memoiren der Glückes von Hameln. Aus dem Jüdisch-Deutschen von Bertha Pappenheim, Weinheim 1994 [Eine jüdische Kauffrau im 17. Jahrhundert]

Hardach-Pinke, Irene; Hardach, Gerd (Hg.), Kinderalltag. Deutsche Kindheiten in Selbstzeugnissen 1700-1900, Reinbek 1981

Hirsch, Helmut (Hg.), Über Tische und Bänke. Erzählte Kindheit, Darmstadt 1982

Laukhard, Friedrich Christian, Leben und Schicksale, von ihm selbst geschrieben und zur Warnung für Eltern und studierende Jünglinge, 5 Teile, Halle 1792 ff.

Lewald, Fanny, Meine Lebensgeschichte, hg. v. U. Helmer, 3 Bde., Frankfurt/M. 1988-1989

Most, John, Memoiren. Erlebtes, Erforschtes und Gedachtes, 4 Bde., New York 1903-1905 (ND London 1978)

Richter, Ludwig, Lebenserinnerungen eines deutschen Malers, hg. v. Max Lehrs, Berlin 1922

Ruete, Emily, Emily Ruete, geborene Prinzessin Salma von Oman und Sansibar. Leben im Sultanspalast. Memoiren aus dem 19. Jahrhundert, hg. und mit einem Nachwort versehen v. Annegret Nippa, Frankfurt/M. 1989

Siemens, Werner von, Lebenserinnerungen, München 1985 [Exemplarische Autobiographie für die Industrialisierung aus der Sicht eines Unternehmers und Erfinders]

Schulze-Kummerfeld, Karoline, Lebenserinnerungen der Karoline Schulze-Kummerfeld, hg. v. Emil Benezé, 2 Bde., Berlin 1915 (ND Berlin 1988) [Exemplarische Frauenbiographie aus der vorbürgerlichen Schicht im 18. Jahrhundert]

Temme, Jodocus Donatus Hubertus, Erinnerungen, hg. v. Stephan Born, Leipzig 1883

Niederschrift der Lebensgeschichte Mary Jemison, welche im Alter von knapp fünfzehn Jahren 1758 von Indianern entführt wurde und fortan mit ihnen lebte bis zu ihrem Tod im Jahre 1833, in: Seneca-Reservat bei Buffalo, New York, sorgfältig aufgezeichnet nach ihren eigenen Worten von James E. Seaver am 29. November 1823, neu hg. v. Urs Lauer und Janis Osolin, 2. Aufl., Frankfurt/M. 1980 [Beispiel einer Told-to-Autobiographie]

## 2.6 Reden

Reden haben in der Geschichte nicht nur eine lange Tradition, sondern entfalteten manchmal mehr Wirksamkeit als viele andere Quellenarten.

Allerdings ist nicht alles, was uns als Rede überliefert ist, auch tatsächlich eine authentische Rede. Die Historiographie des 19. Jahrhunderts war deshalb auch skeptisch gegenüber überlieferten Reden, da sie meist fingiert waren. Selten ist ein Redemanuskript erhalten. Erst seitdem

Stenographie und technische Aufzeichnungsgeräte bekannt sind, haben wir es mit authentischen Reden zu tun. Manchmal ist in späteren Zeiten nicht mehr die ganze Rede in Erinnerung geblieben, sondern lediglich ihre Verdichtung in einem Zitat. Aus der Kennedy-Rede wird der Satz „Ich bin ein Berliner" zitiert und aus Churchills Antrittsrede als Minister-präsident die Formulierung „Blut, Schweiß, Tränen". Zu einem quellen-kundlichen Curriculum gehören nicht nur Reden allgemein, sondern auch bestimmte Reden und Rededuelle. Perikles über die gefallenen Athener, Cicero gegen Catelina und Papst Urbans Aufruf zum Kreuzzug. Die „Hunnenrede" Wilhelms II. gehört ebenso dazu wie Martin Luther Kings „Ich hab' einen Traum". Als Rededuell könnten Otto Wels' Ablehnung des Ermächtigungsgesetzes und Hitlers Antwort untersucht werden. Viele Reden der Gegenwart zur Erinnerungskultur gehören ebenfalls in diesen Kontext: Richard von Weizsäckers Rede zum 8. Mai 1945 und Philipp Jenningers zum 9. November 1938. Eine Rede ver-sucht, die Unterstützung des Publikums für ein bestimmtes Ziel zu erreichen.

## (1) Form

Reden wirken nicht allein aufgrund ihrer inhaltlichen Aussagen, son-dern aufgrund ihrer sprachlichen Gestaltung. Seit der Antike werden sechs grundlegende Abschnitte einer Rede unterschieden.

1. Exordium: Aufmerksamkeit der Zuhörer erregen.
2. Narratio: Darlegung der Tatsachen.
3. Divisio (propositio/partitio): Legt die von beiden Parteien anerkann-ten oder umstrittenen Punkte dar.
4. Confirmatio (probatio): Präsentieren der Argumente für den eigenen Standpunkt.
5. Confutatio (reprehensio): Widerlegung der gegnerischen Argumente.
6. Conclusio (peroratio): Zusammenfassung der Argumente und Ap-pell an die Gefühle der Zuhörer.

## (2) Vortrag

Reden wirken aufgrund ihres mündlichen Vortrages. Charakteristisch für diese Quellengattung ist die Verbindung von gesprochenem Wort und der gestischen und mimischen Präsentation des Redners. Infolge-dessen läßt sich aus dem gedruckten Text einer Rede nur ein Teil der Wirksamkeit erahnen, die der gesprochene Text auf die Zuhörer hatte. Wichtig ist die Art und Weise, wie der Text in die mündliche Rede übertragen wird. Dabei spielen Gesten (Gebärden, Mienenspiel, Körperhaltung), Stimme (Sprechtempo, Dialekt, Dynamik, Stimmfarbe, Sicherheit, Tempo, Pausen, Sprechrhythmus) oder auch Kleidung des Redners und Ausstattung des Saales eine Rolle. Ein guter Teil der Wirksamkeit beruht allerdings auf dem Sprachgebrauch, der Bildhaftigkeit und dem Aufbau der Rede.

Bei der Interpretation von Reden sind folgende Fragen zu stellen:
- Wie wird argumentiert?
- Welche Behauptungen werden gemacht?
- Wie werden die Behauptungen gestützt?
- Welche Gegenargumente werden vorweggenommen?
- Welche sprachlichen Mittel werden eingesetzt?

## (3) Rhetorische Analyse

Aus der Wissenschaft liegen ausgearbeitete Kataloge zur rhetorischen Analyse vor[29]:

| 1. Syntaktisch | 2. Semantisch | 3. Pragmatisch |
|---|---|---|
| *1.1 sprachlich* | *2.1 sprachlich* | *3.1 sprachlich* |
| 1.1.1 Wortanzahl: Silbigkeit/Wort mit Silbenzahl, Silben-Entropie | 2.1.1 begriffl. Inventar, Terminologie | 3.1.1 Verständlichkeit der Wörter und Sätze (vgl. 3.3.2) |
| 1.1.2 Wortmaterial: Fachsprachen, Fremdwörter, Wortbildungen | 2.1.2 Worthäufigkeit: Verhältnis innerhalb der Rede zur allgemeinen Sprache | 3.1.2 Wortwirksamkeit: Eindrucksstelle, Ausdrucksstelle, Wiederholung |
| 1.1.3 Sprachstufen: Hochsprache, Umgangssprachen, Mundart(en) | 2.1.3 funktionaler Aspekt: bevorzugte Wortbindungen, Stellenwert der Wörter, Schlüsselwörter, Anredepronomen usf. | 3.1.3 Satzwirksamkeit: Wiederholung, Verkürzung (vgl. 2.1.4) |
| 1.1.4 Satzanzahl, Wörter je Satz, m Satzlänge | 2.1.4 Stil: Denkfunktion verbal-nominal, parataktisch, hypotaktisch | 3.1.4 Satzarten: Funktionen z.B. dialogisch, befehlend, fragend, werbend usw. |
| 1.1.5 Satzarten, Setzungen, Einfachsatz, Satzgefüge | 2.1.5 Satzarten in ihrem Aussagewert: Urteile, Frage, Wunsch, Behauptung | 3.1.5 Satzarten in ihrer Intention, z.B. rationalisierend, emotionalisierend |

29 Geissner, Helmuth, Rhetorische Analytik, in: Proceedings of the Sixth International Cobgress of Phonetic Sciences, Prag 1970 (1. Aufl. 1967), S. 362.

| 1.2 sprecherisch | 2.2 sprecherisch | 3.2 sprecherisch |
|---|---|---|
| 1.2.1 Lautung: Sprechstufen (hochgelautet, umgangssprachlich, mundartlich), Deutlichkeit | 2.2.1 sinnkonstituierende Funktionen der 1.2-Elemente, z.B. Pausierung, Kadenzierung, Tonhöhenbewegung | 3.2.1 Lautung: situative Varianten der Sprechstufen (Hörerschaft) |
| 1.2.2 konstitutionelle Ausdrucksqualitäten: Stimmlage, -klang, -fülle, -fehler, Lautungsfehler | 2.2.2 Bedeutungsfunktion von 1.2.2, vor allem Tonerhöhung, Klangfarben, z.B. Ironie, Brutalität, Güte; Divergenz/Konvergenz von 2.1 und 2.2 | 3.2.2 Hörbarkeit (Raumart, -größe, -akustik) |
| 1.2.3 Verkaufsqualitäten: Tempo, -wechsel, Pausierung, Akzentuierung, Tonhöhenbewegung | 2.2.3 Intensitätsgrade: Außenspannung, Innenspannung, Intentionalität (Sache, Selbst, Hörer) | 3.2.3 situative und rollenspezifische Varianten von 1.2.2 und 1.2.3 |
| | | 3.2.4 Aktualisieren der 2.1 und 2.2 Stimmungen |
| | | 3.2.5 Hörer-Reaktionen: verbale, nicht-verbale |
| | | 3.2.6 Reaktionen auf die Hörer-Reaktionen |
| **1.3 rhetorisch** | **2.3 rhetorisch** | **3.3 rhetorisch** |
| 1.3.1 Redeaufbau: Gliederung | 2.3.1 Redeaufbau: Funktion der Glieder | 3.3.1 Redeaufbau: Wirkung |
| 1.3.2 Umfang der Glieder | 2.3.2 Funktion der rhetorischen Figuren | 3.3.2 Wirksamkeit der Argumentationsfolge |
| 1.3.3 Rhetorische Figuren | 2.3.3 Argumentationsfolge | 3.3.3 Hörerbezug |
| 1.3.4 Argumente (Zahl) | 2.3.4 Redehaltung: monologisch, dialogisch (fiktiv, virtuell, aktuell) | 3.3.4 Redesitiation: Ort, Zeit, Hörerschaft |
| 1.3.5 Gesamtumfang (-dauer) | 2.3.5 Redeart (-zeit) | 3.3.5 Rededauer: Wirkung (hörbare Handlungsimpulse der Hörerschaft usw.) |

## (4) Didaktischer Wert

Methodische Möglichkeiten, mit der Quellengattung Rede umzugehen, gibt es viele. Es lassen sich gefilmte Reden (Hitler, Bundestagsreden etc.) nach Inhalt und Vortrag analysieren. Auch die handlungsorientierten Zugänge zu dieser Quellengattung liegen auf der Hand. Reden müssen „gehalten" werden, der Text muß in einem Vortrag aktualisiert werden. Wir besitzen nur von einem kleinen Teil der Reden die Stimme des Redners. Auch Gestik und Haltung sind uns selten überliefert. Von älteren Reden ist uns die Wirkung auf die Zuhörer erhalten geblieben. Bei vielen Reden der Zeitgeschichte haben wir filmische Aufnahmen. Die Analyse der Reden kann somit vom Inhalt zum Vortrag reichen. Zur Interpretation mancher Passagen gehört, daß die Schülerinnen und Schüler sie frei vortragen. Andere Reden lassen sich über die Filmaufnahme analysieren.

**Abb. 5:** Redeposen Hitlers

# (5) Die „Hunnenrede" Wilhelms II. als Beispiel

Eine Rede, die in starkem Maße die Zeitgenossen bewegte und in ihren Nachwirkungen im angelsächsischen Sprachbereich heute noch aufzuspüren ist, war die sogenannte „Hunnenrede" Wilhelms II.

## 1. Die Rede

Der Kaiser kam zur Besichtigung der nach Ostasien abgehenden Truppen nach Bremerhaven; er verabschiedete sich am 27. Juli 1900 von den Soldaten mit einer Ansprache. Der Herausgeber der „Nordwestdeutschen Zeitung", Josef Ditzen, saß während der Rede auf dem Dach des Schuppens, der der Tribüne gegenüberlag. Er hat die Rede mitstenographiert; sie hat folgenden Wortlaut:

„Stillgestanden! Zum ersten Mal, seitdem das Deutsche Reich wiedererstanden ist, treten an dasselbe große überseeische Aufgaben heran. Dieselben sind früher und in größerer Ausdehnung an uns herangetreten, als die meisten meiner Landsleute erwartet haben. Sie sind die Folge dessen, daß das Deutsche Reich wiedererstanden ist und damit die Verpflichtung hat, für seine im Auslande lebenden Bürger einzustehen im Moment der Gefahr. Mithin sind nun die alten Aufgaben, die das alte Römische Reich deutscher Nation nicht lösen konnte, von neuem herangetreten, und das neue Deutsche Reich ist in der Lage, sie zu lösen, weil es ein Gefüge bekommen hat, das ihm die Möglichkeit giebt durch unser Heer. In dreißigjähriger harter, angestrengter Friedensarbeit sind viele Hunderttausende von Deutschen zum Kriegsdienste herangebildet worden, ausgebildet nach den Grundsätzen Meines verewigten Großvaters, bewährt in drei ruhmvollen Kriegen. So sollt Ihr nunmehr auch vor dem Feinde die Probe daraufhin ablegen, ob die Richtung, in der wir uns in militärischer Beziehung bewegt haben, die richtige gewesen.

Eure Kameraden von der Marine haben uns schon gezeigt, daß die Ausbildung und die Grundsätze, nach denen wir unsere militärischen Streitkräfte ausbilden, die richtigen sind, und an Euch wird es sein, es ihnen nachzuthun. Nicht im geringsten erfüllt uns auch mit Stolz, daß gerade aus dem Munde ausländischer Führer das höchste Lob unseren Streitern zuerkannt worden ist.

Die Aufgabe, zu der ich Euch hinaussende, ist eine große. Ihr sollt schweres Unrecht sühnen! Denn ein Fall in der Art, wie es die Chinesen gethan haben, die es gewagt, tausendjährige alte Völkerrechte umzuwerfen und der Heiligkeit des Gastrechts in so abscheulicher Weise Hohn zu sprechen, ist ein Vorfall, wie er in der Weltgeschichte noch nicht vorgekommen ist, und

**Abb. 6:** Wilhelm II. während der „Hunnenrede" am 27. Juli 1900

dies hat sich noch dazu ein Volk geleistet, welches stolz ist auf seine vieltausendjährige Cultur! Aber Ihr könnt daraus ersehen, wohin eine Cultur kommt, die nicht auf dem Boden des Christentums aufgebaut ist; jede heidnische Cultur, mag sie noch so schön und herrlich sein, wird bei der ersten Katastrophe erliegen!

So sende ich Euch aus, daß ihr bewähren möget einmal unsere alte preußische Tüchtigkeit, zum zweiten die Hingebung, Tapferkeit und freudiges Ertragen jeglichen Ungemachs, wie Ihr es gelernt habt als Christen, und zum dritten die Ehre und den Ruhm unserer Waffen und unserer

Fahnen! Ihr sollt Beispiele abgeben von Manneszucht und Disciplin, Selbstüberwindung und Selbstbeherrschung.

Ihr sollt fechten mit einem Euch ebenbürtigen, tapferen, verschlagenen Feind, gut bewaffnet und gut ausgerüstet.

Aber ihr sollt auch rächen den Tod unseres Gesandten und so vieler, nicht nur Landsleute, auch anderer Europäer! Kommt Ihr vor den Feind, so wird derselbe geschlagen! Pardon wird nicht gegeben! Gefangene werden nicht gemacht! Wer Euch in die Hände fällt, sei Euch verfallen.

Wie vor 1000 Jahren die Hunnen unter ihrem König Etzel sich einen Namen gemacht, der sie noch jetzt in Ueberlieferung und Märchen gewaltig erscheinen läßt, so möge der Name Deutscher in China auf 1000 Jahre durch Euch in einer Weise bethätigt werden, daß niemals wieder ein Chinese es wagt, einen Deutschen auch nur scheel anzusehen!

Ihr werdet mit einer Uebermacht zu fechten haben; doch dies sind wir gewohnt, unsere Kriegsgeschichte beweise es! Ihr habt es gelernt aus der Geschichte des Großen Kurfürsten und aus Eurer Regimentsgeschichte.

Heftet neuen Ruhm an Eure Fahnen; der Segen des Herrn sei mit Euch! Die Gebete der Euren, eines ganzen Volkes begleiten Euch auf allen Euren Wegen!

Meine besten Wünsche für Euch, für das Glück Eurer Waffen!

Eure Leistungen werden Euch folgen, wohin es auch sei! Und Gottes Segen möge an Eure Fahnen sich heften und dieser Krieg den Segen bringen, daß das Christentum in jenem Lande seinen Einzug hält, damit solch' traurige Fälle nicht mehr vorkommen! Dafür steht Ihr Mir mit Eurem Fahneneid!

Und nun glückliche Reise!

Adieu, Kameraden!"

*(Nordwestdeutsche Zeitung, Bremerhaven 28. Juli 1900)*

Im „Reichsanzeiger" (im nichtamtlichen Teil) wurde die Rede folgendermaßen wiedergegeben:

„Große überseeische Aufgaben sind es, die dem neu entstandenen Deutschen Reiche zugefallen sind, Aufgaben weit größer, als viele Meiner Landsleute es erwartet haben.

Das Deutsche Reich hat seinem Charakter nach die Verpflichtung, seinen Bürgern, wofern diese im Ausland bedrängt werden, beizustehen.

Die Aufgaben, welche das alte Römische Reich Deutscher Nation nicht hat lösen können, ist das neue Deutsche Reich in der Lage zu lösen. Das Mittel, das ihm dies ermöglicht, ist unser Heer.

In dreißigjähriger treuer Friedensarbeit ist es herangebildet worden nach den Grundsätzen Meines verewigten Großvaters. Auch ihr habt eure Ausbildung nach diesen Grundsätzen erhalten und sollt nun vor dem Feinde die Probe ablegen, ob sie sich bei euch bewährt haben. Eure Kameraden von der Marine haben diese Probe bereits bestanden, sie haben euch gezeigt, daß die Grundsätze unserer Ausbildung gute sind, und Ich bin stolz auf das Lob auch aus dem Munde auswärtiger Führer, das eure Kameraden draußen sich erworben haben.

Eine große Aufgabe harrt eurer; ihr sollt das schwere Unrecht, das geschehen ist, sühnen. Die Chinesen haben das Völkerrecht umgeworfen, sie haben in einer in der Weltgeschichte nicht erhörten Weise der Heiligkeit des Gesandten, den Pflichten des Gastrechts hohngesprochen. Es ist das um so empörender, als dies Verbrechen begangen worden ist von einer Nation, die auf ihre uralte Kultur stolz ist. Bewährt die alte preußische Tüchtigkeit, zeigt euch als Christen im freudigen Ertragen von Leiden, möge Ehre und Ruhm euren Fahnen und Waffen folgen, gebt an Manneszucht und Disziplin aller Welt ein Beispiel.

Ihr wißt es wohl, ihr sollt fechten gegen einen verschlagenen, tapferen, gut bewaffneten, grausamen Feind. Kommt ihr an ihn, so wißt: Pardon wird (euch) nicht gegeben, Gefangene werden nicht gemacht. Führt eure Waffen so, daß auf tausend Jahre hinaus kein Chinese mehr es wagt, einen Deutschen scheel anzusehen. Wahrt Manneszucht.

Der Segen Gottes sei mit euch, die Gebete eines ganzen Volkes. Meine Wünsche begleiten euch, jeden einzelnen. Öffnet der Kultur den Weg ein für allemal!

Nun könnt ihr reisen! Adieu Kameraden!"

*(Johann, Ernst [Hg.], Reden des Kaisers. Ansprachen, Predigten und Trinksprüche Wilhelms II., München 1966, S. 90 f.)*


## 2. Die Reaktion

*a) Der konservativ eingestellte Kulturkritiker Max Kemmerich schreibt:*

„Ich habe als einer der ganz wenigen Zivilpersonen (…) diese Rede mit eigenen Ohren gehört und kann feststellen, daß sie noch wesentlich schärfer lautete, als der spätere offizielle Text wahr haben wollte. Aber an der Tatsache, daß uns die hunnische Kriegführung und ‚Gefangene werden nicht gemacht! Pardon wird nicht gegeben!' als vorbildlich hingestellt wurde, ist von keiner Seite gerüttelt worden."

*(Kemmerich, Max, Moderne Kultur-Kuriosa, München 1926, S. 7)*

*b) Ein Freiwilliger des 1. Ostasiatischen Infanterie-Regiments schrieb darüber nach Hause:*

„Nachdem der Kaiser die Front entlanggegangen war und jedes Bataillon, jede Abteilung oder Schwadron einzeln begrüßt hatte, schilderte er in beredten Worten die jetzige Lage und wies darauf hin, daß dergleichen himmelschreiendes Unrecht in der Weltgeschichte noch nicht verzeichnet wäre, stellte aber auch die Schwierigkeit der Aufgabe, die wir uns gestellt, ins rechte Licht, und betonte, daß wir einen ebenbürtigen Gegner in der Ausrüstung und Ausbildung, in der Anzahl aber einen zehnfach überlegenen Gegner vor uns hätten. Aber, so lauteten ungefähr seine Worte, ihr werdet und müßt ihn schlagen mit Gottes Hilfe, und zwar so, daß der Chinese in Jahrtausenden noch nicht daran denken soll, die Hand gegen einen Deutschen zu erheben, und sehr erregt und gewaltig wurde seine Stimme bei den Worten: ‚Auf Berufung eures Mir geleisteten Fahneneides verlache Ich, daß ihr keinen Pardon gebt, Gefangene werden nicht gemacht, denn ihr sollt die Rache der in jüngster Zeit verübten Greuel sein.‘ Dann folgten einige Abschiedsworte, und mit den Worten ‚Adieu, Kameraden‘ endete die für mich und vielleicht für viele andere unvergeßliche Kaiserrede."
*(Johann, Ernst [Hg.], Reden des Kaisers. Ansprachen, Predigten und Trinksprüche Wilhelms II., München 1966, S. 91)*

*c) Über den politischen Eindruck schreibt Fürst Bülow, damals Staatssekretär, in seinen „Denkwürdigkeiten" (Bd. 1, S. 359 f.):*

„Die schlimmste Rede jener Zeit und vielleicht die schädlichste, die Wilhelm II. je gehalten hat, war die Rede in Bremerhaven am 27. Juli 1900. Als Hohenlohe und ich dort eintrafen, erblickten wir am Hafen, wo die für Ostasien bestimmten Truppen aufgestellt waren, ein hölzernes Gerüst. Es wurde darüber hin- und hergeredet, welchem Zweck es dienen sollte. Die einen meinten, daß sich die Feuerwehr von Bremerhaven an diesem Turm für Feuersbrünste einexerziere, andere glaubten, die Matrosen sollten hier Turnübungen anstellen. Plötzlich erschien der Kaiser und erkletterte die, wie sich jetzt herausstellte, für ihn errichtete Redekanzel. In der Rede, die er von diesem Podium mit scharfer, weithin reichender Stimme hielt, befand sich der Satz: ‚Pardon wird nicht gegeben, Gefangene werden nicht gemacht! Wie vor tausend Jahren die Hunnen unter König Etzel sich einen Namen gemacht haben, der sie noch jetzt in Überlieferung und Märchen gewaltig erscheinen läßt, so möge der Name Deutscher in China auf tausend Jahre durch euch in einer Weise betätigt werden, daß niemals wieder ein Chinese es wagt, einen Deutschen auch nur scheel anzusehen.' Noch während der Kaiser sprach, setzte ich mich mit dem Direktor des Bremer Lloyd, dem verständigen Herrn Wiegand, in Verbindung, um alle anwesenden Journalisten darauf zu verpflichten, daß sie diese Rede nicht ohne vorherige Korrektur durch mich veröffentlichen würden. Diese Zusage wurde auch von allen gegeben und loyal gehalten.

Als ich auf die ,Hohenzollern' zurückkehrte, meldete sich ein Berliner Publizist bei mir, der die Rede wörtlich nachstenographiert hatte und glücklich war, sie als erster seinem Blatt telegraphieren zu können. Auf mein Zureden erklärte er sich in anständiger Weise bereit, auf diese Primeur zu verzichten und die Kraftstellen der kaiserlichen Ansprache zu unterdrücken. Während der Kaiser gesprochen hatte, war das Gesicht des einundachtzigjährigen Fürsten Hohenlohe immer länger geworden. Er hatte mir kaum drei Monate vorher telegraphiert: ,Seien Sie versichert, daß ich, solange ich noch fähig bin, mein Amt zu verwaltetuwyüëwerde, auf Ihre Mitarbeit rechnen zu dürfen.' Jetzt meinte er, indem er sich mit resigniertem Gesicht zu mir wandte: ,Das kann ich unmöglich im Reichstag vertreten, das müssen Sie versuchen.' Bei der Abendtafel wurden die Zeitungen gebracht. Der Kaiser griff nach ihnen und war sehr verwundert, seine Rede nur in der ihr von mir gegebenen Fassung, d.h. unter Weglassung der bedenklichen Wendungen, zu finden. ,Sie haben ja gerade das Schönste weggestrichen', meinte er zu mir, der ich ihm gegenübersaß, weniger erzürnt als enttäuscht und betrübt. Da wurde ein kleines, in Wilhelmshaven erscheinendes Blatt gebracht, das die kaiserliche Rede in extenso veröffentlicht hatte. Ein Mitarbeiter dieses Blättchens hatte, auf einem Dache sitzend, die Rede nachstenographiert und sofort publiziert, ohne daß Wiegand oder ich es hatten hindern können. Er hatte auch schon die betreffende Nummer seines Blattes nach Bremen, Hamburg, Hannover, Emden und Berlin in Tausenden von Exemplaren expediert, froh über das gute Geschäft, das er machen würde. Der Kaiser war entzückt, als er nun seine Rede in ihrem vollen Wortlaut las, aber weniger erfreut, als ich, während er nachher seine Zigarre rauchte, ihn über seine Auslassungen zur Rede stellte (...) Im Reichstage bin ich einige Monate später mit den gegen den Kaiser gerichteten Angriffen in der Tat fertig geworden. Was ich aber nicht verhindern konnte, war, daß, als Kurzsichtigkeit und plumpes Ungeschick uns in den Krieg straucheln ließen, die französische und noch mehr die englische und die amerikanische Propaganda gerade mit der ,Hunnen-Rede' des deutschen Kaisers arbeitete, um die Welt gegen uns aufzuhetzen. Wenn das gute und edle deutsche Volk, das im besten Sinne humaner denkt und fühlt als irgendein anderes Volk in beiden Hemisphären von Millionen ,the huns', ,les huns', ,die Hunnen', genannt wurde, so war das eine Folge jener unseligen Rede, die Wilhelm II. in Bremerhaven gehalten hatte."

Bülows Versicherung, daß er das Unglück dieser Rede sogleich erkannt habe, muß man nicht aufs Wort glauben – legte er sie doch erst viel später ab, als es für ihn gefahrlos war. Damals, als Staatssekretär des Auswärtigen Amtes, und bald darauf, als Reichskanzler, stand er zum Kaiser.
*(Johann, Ernst [Hg.], Reden des Kaisers. Ansprachen, Predigten und Trinksprüche Wilhelms II., München 1966, S. 140 ff.)*

d) *Auch der Kriegsminister, Herr von Goßler, hatte die Rede vor dem Reichstage zu verteidigen; er ist ungeschickter vorgegangen als Bülow, und als sich seine Ausführungen zu seltsamen Entschuldigungen verstiegen, kam es zu Heiterkeitsausbrüchen – eine Komödie nach der Tragödie. Herr von Goßler sagte:*

„Das Wort Hunnen ist jetzt in die sozialdemokratischen Blätter übergegangen. Es stammt aus einer Bremerhavener Kaiserrede. Aber es ist aus dem Zusammenhang gerissen worden; man muß dem ganzen Gedankengang der Kaiserrede nachgehen, und dann kann man doch die Auffassung vertreten, daß der jetzige Feldzug gegen China ein Rachefeldzug auch wegen der Greueltaten ist, die die Mongolen vor 1500 Jahren in Deutschland und Europa begangen haben. (Stürmische Heiterkeit) Gottes Mühlen mahlen langsam, aber sicher. (Stürmische Heiterkeit) Man muß die Weltgeschichte nicht nach Einzelheiten betrachten, sondern sie nehmen, wie sie im ganzen ist. (Erneute Heiterkeit)."
*(Kemmerich, Max, Moderne Kultur-Kuriosa, München 1926, S. 8)*

Abb. 7:
Amerikanisches Plakat 1917/18

# (6) Literatur

## a) Sekundärliteratur zur Rhetorik

Kopperschmidt, Josef (Hg.), Politik und Rhetorik. Funktionsmodelle politischer Reden, Opladen 1995

Loebbert, Michael F. (Hg.), Rhetorik. Für die Sekundarstufe, Stuttgart 1991 (Texte zur Rhetorik von Isokrates bis Franz-Josef Strauß)

Ottmers, Clemens, Rhetorik, Stuttgart 1996

## b) Redesammlungen und -analysen

Barthel, Henner (Hg.), Politische Reden in der DDR. Eine kritische Dokumentation, St. Ingbert 1998 (Reden von Pieck, Grotewohl, Brecht, Schumann, Ulbricht, Lotte Ulbricht, Hoffmann, Honecker, Margot Honecker, Bettina Ullmann, Hermann Kant, Christa Wolf, Maizière)

Domarus, Max, Hitler. Reden und Proklamationen 1932-1945. Kommentiert von einem deutschen Zeitgenossen, 4 Bde., Leonberg 1988

Dörr, Margarete, Zur Quellenarbeit im Geschichtsunterricht – Interpretation zweier Reden (Truman und Shdonow 1947) und einige didaktische Schlußfolgerungen, in: Wilms, Eberhard (Hg.), Geschichte. Denk- und Arbeitsfach, Frankfurt/M., 1986, S. 154-175

EVA Reden. Herausgegeben von Sabine Groenewold, Hamburg 1992 [Reden von Thomas Mann, Gabriele d'Annunzio, Ferdinand Lassalle, Otto Wels u.a.]

Fetscher, Iring, Joseph Goebbels im Berliner Sportpalast 1943 „Wollt ihr den totalen Krieg", Hamburg 1998

Fischer, Peter (Hg.), Reden der Französischen Revolution, München 1974

Grix, Rolf und Knöll, Wilhelm, Die Rede zum 8. Mai 1945. Texte zum Erinnern, Verstehen und Weiterdenken, München 1987

Johann, Ernst (Hg.), Reden des Kaisers. Ansprachen, Predigten und Trinksprüche Wilhelms II., München 1966

Klinkmann, Claudia, Ansichten führender deutscher und italienischer Politiker über das Wesen und die Aufgaben des Staates in den Jahrzehnten vor dem Ersten Weltkrieg. Ein Vergleich von Reden Bismarcks, Crispis, Bebels und Turatis, Zürich 1996

Kotze, Hildegard von, und Krausnick, Helmut (Hg.), „Es spricht der Führer". 7 exemplarische Hitler-Reden, Gütersloh 1966

Krebs, Birgit-Nicole, Sprachhandlung und Sprachwirkung. Untersuchungen zur Rhetorik, Sprachkritik und zum Fall Jenninger, Berlin 1993

Linn, Astrid, „... noch heute ein Faszinosum". Philipp Jenninger zum 9. November 1938 und die Folgen, Münster 1991

Peter, Karl Heinrich (Hg.), Reden, die die Welt bewegten, 4. Aufl., Stuttgart 1959

Schafarschik, Walter (Hg.), Herrschaft durch Sprache. Politische Reden. Für die Sekundarstufe, Stuttgart 1993 [Reden von Perikles, Martin von Pairis, Friedrich dem Großen, Bismarck, Churchill, Goebbels, Hitler, Ulbricht, Kiesinger, Heinemann, Brandt, Nixon und verschiedene Bundestagsreden]

# 2.7 Quellengattungen und didaktischer Wert

Die Übersicht zeigt, daß Quelle nicht gleich Quelle ist. Jede Gattung hat eine gattungstypische Ausdruckskraft und sagt etwas als Gattung und nicht allein durch ihren Inhalt etwas aus.

## Didaktischer Wert der einzelnen Quellengattungen und die leitenden Hinsichten zu ihrer Interpretation

| | | | |
|---|---|---|---|
| **Urkunden** | zeigen die Formgebundenheit von Schriftstücken. Die Gültigkeit dieser Schriftstücke hängt von ihrer korrekten Form ab | Bei dieser Quellengattung steht die Frage nach der **Form** im Vordergrund | Entstehung der Quelle und die von ihr berichteten Ereignisse sind **zeitgleich** |
| **Akten** | zeigen einen Vorgang, einen Verlaufsprozess, an dessen Ende meist eine Entscheidung steht; typisch für amtliche Institutionen | Frage nach dem **Verlauf**, einem Entscheidungsprozess, der Differenz von Antrag und Entscheidung | Entstehung der Quelle und die von ihr berichteten Ereignisse sind **zeitgleich** bzw. zeitnah |
| **Briefe** | ermöglichen Einblicke in die Subjektivität anderer Menschen. Sie formulieren Gefühle, Stimmungen und definieren Beziehungen zu anderen Menschen | Frage nach der **Individualität** der Briefschreiberin bzw. des Briefschreibers | Entstehung der Quelle und die von ihr berichteten Ereignisse sind **zeitgleich** |
| **Zeitungen** | zeigen politisch-weltanschauliche Vorstellungen und Mentalitäten sozialer Schichten und politischer Gruppen. Zeitungen ermöglichen ideologiekritische Analysen | Frage nach der Denkweise der **sozialen Gruppe**, die hinter dieser Quelle steht, und deren Stellung in der Gesellschaft | Entstehung der Quelle und die von ihr berichteten Ereignissen sind **zeitgleich** |
| **Autobiographien** | zeigen die Konstruktion von Lebensgeschichten und die Präsentation der Identität der Schreiber | Frage nach der Identitätspräsentation, dem **Selbstkonzept** des Autobiographen | Entstehung der Quelle und die von ihr berichteten Ereignisse sind **zeitfern** |
| **Reden** | sind auf rhetorische Wirksamkeit bei einem Publikum angelegt | Frage nach den auf **Wirksamkeit** zielenden sprachlichen und sprecherischen Mitteln | Entstehung der Quelle und die von ihr berichteten Ereignisse sind **zeitgleich** |

# 3. Geschichte des Quelleneinsatzes

## 3.1 Das 18. Jahrhundert: Kritik und Perspektive

Das Aufkommen der Quellenarbeit im Unterricht steht im engen Zusammenhang mit der neuzeitlichen Hinwendung der Geschichtswissenschaft zu den Quellen, die in ihnen ihren zentralen Bezugspunkt sah. Zwei Tendenzen waren dafür maßgebend. Gemäß dem aufklärerischen Imperativ, selbst zu denken, begann man, an den überkommenen Autoritäten zu zweifeln. Es wurde nicht alles akzeptiert, was eine Autorität sagte, sondern man wollte die Belege für diese Aussage selbst sehen. Quellensichtung und Zugang zu den Archiven wurden gefordert. Die zweite Tendenz war der Übergang zur narrativen Darstellung. Anstelle von nach Jahreszahlen geordneten Annalen oder einer aus unverbundenen Absätzen bestehenden Chronik lieferte Geschichtsschreibung fortan eine durchgehend sinnverbundene Darstellung der historischen Ereignisse. Diese *Erzählung* war notwendigerweise abstrahierend und mußte die konkreten Details weglassen. Die jetzt aufkommende unterrichtliche Darstellung im Leitfadenstil wurde für Schüler hoch abstrakt. Es wurde nach Möglichkeiten der Rekonkretisierung gesucht. Diese boten die Quellen.

Die ersten selbständigen Schriften zur Geschichtsdidaktik entstanden am Ende des 18. Jahrhunderts. Sie nahmen bereits Quellen für den Unterricht auf. Die Forderung nach Quelleneinsatz im Schulunterricht ist 1998 200 Jahre alt geworden. *Johann Traugott Leberecht Danz* (1769-1851) forderte mit aufklärerischen Gründen den Quelleneinsatz. Danz war Hauslehrer der Söhne des Göttinger Historikers August Ludwig Schlözer gewesen und wurde 1798 Rektor der Stadt- und Ratsschule Jena. Danz wollte im Unterricht Quellen ihrer kritischen Potenz wegen einsetzen. Seiner Meinung nach förderten sie den „Skeptizismus"[1]: „Und es kann anfangs schon genug sein, wenn man seinen Schülern nur einen Wink gibt, daß historische Berichte untersucht und geprüft werden müssen, und daß man nicht gleich jede Erörterung glauben dürfe, oder alle Begebenheiten aus dem Gesichtspunkt betrachten müsse, aus wel-

---

1 Danz, Johann Traugott Leberecht, Über den methodischen Unterricht in der Geschichte auf Schulen, Leipzig 1798, S. 65.

chem sie ein anderer, von dem wir die Erzählung haben, betrachtete".[2] Quellen haben bei ihm also zwei Funktionen. Durch Rückgang auf sie soll zum einen eine kritische Haltung den Darstellungen gegenüber erzeugt werden. Zum anderen weist der Begriff „Gesichtspunkt" auf die zeitgenössische Erkenntnis von Perspektivität hin.[3]

Auch für das Prinzip der Anschauung lassen sich Beispiele bei den Aufklärungshistorikern finden. Der Göttinger Historiker *Johann Christoph Gatterer* (1727-1799) führte eine Fülle von Möglichkeiten und Medien zur Anschaulichkeit an. Ein Beispiel ist eine Schrift Gatterers: „An statt vom Katheder herab (ich rede von Anfängern, nicht von Lehrlingen der obersten Klasse, die schon Candidaten der Universität sind, und eine stärkere Speise vertragen können, wenn sie zuvor durch guten Unterricht dazu vorbereitet worden), an statt also vom Katheder herab Definitionen zu erklären, oder auswendig hersagen zu hören, an statt eins her zu demonstriren, Stammtafeln an die Tafel zu schreiben, die man wieder abschreiben und auswendig lernen muß: mache man aus Genealogie, Heraldik, Münzwissenschaft u.s.w. eine Art von Spielwerk: mit Wappen und Münzen kan man ja spielen, man kan sie abzeichnen, mahlen: die Münzen kan man in Gips, Zinn, Bley, Hausenblase[4] kopiren: man kan kleine Wappen- und Münzkabinette anlegen, Katalogos darüber verfertigen, Stammbäume wie wachsend machen, auch mahlen u.d.gl. So auch mit Mythologischen und Antiquarischen Dingen in Kupferstichen, mit Gemmen ec."[5]

## 3.2 Anschaulichkeit und Abstraktion

In der älteren Literatur zur Quellennutzung finden wir häufig Hinweise auf die fördernde Rolle der allgemeinen Pädagogik für die Quellenorientierung des Geschichtsunterrichts. Besonders *Johann Friedrich Herbart* (1776-1841) und *Johann Heinrich Pestalozzi* (1746-1827) werden genannt. Diese Aussagen lassen sich aber nicht belegen. Wo Pädagogen sich

---

2   Danz, Unterricht, S. 65.
3   Vgl. Kapitel 4.
4   Hausenblase ist eine farblose, durchsichtige Gallertmasse aus der inneren Haut der Schwimmflosse von Stör, Hausen, Wels oder Sterlett.
5   Gatterer, Johann Christoph, Vorrede von der historischen Erziehung (18. April 1771), in: Fortsetzung der Allgemeinen Welthistorie der Neuen Zeiten durch eine Gesellschaft von Gelehrten in Teutschland und England ausgefertigt, 17. Theil, Halle 1771, S. 7.

auf Quellen beziehen, haben sie die Anregungen von Historikern und Geschichtsdidaktikern, wie die Beispiele von Danz und Gatterer zeigen

Herbart glaubte aufgrund seiner Erfahrungen als Hauslehrer in der Schweiz von 1797-1800, daß die Darstellung klassischer Kulturepochen durch antike Autoren bei den Schülern besonderes Interesse hervorrufen würde. Mit starker Betonung der klassischen Autoren war er der Ansicht „der geschichtliche Unterricht müsse sich womöglich an die Lektüre klassischer Werke anschließen und aus ihnen Leben und Anschauung gewinnen".[6] Die Verwendung der klassischen Autoren sah er zunächst nur in den ersten Geschichtsklassen als notwendig und sinnvoll an, um dort das Interesse zu wecken. Doch bald darauf wurde von ihm die Vertiefung und Wiederholung durch klassische Autoren auch in höheren Klassen vorgeschlagen. Die um 1802 von ihm in Göttingen gegründete Pädagogische Gesellschaft lieferte modifizierte Vorschläge zur systematischen Quellenbenutzung im Unterricht.[7] Der Gedanke der Selbsttätigkeit, den Herbart vernachlässigte, erfuhr vor allem von Fichte eine starke Ausprägung. Während der bisherige Unterricht sich ausschließlich auf den Lehrervortrag und das bloße Auffassen durch den Schüler beschränkte sollte jetzt besonders der Geschichtsunterricht die Erziehung zur unmittelbaren Selbsttätigkeit der Schüler ermöglichen. Doch im Zuge der Restauration nach dem Wiener Kongreß 1815 zeigte sich bald, daß diese progressiven Konzepte keine Chance hatten, verwirklicht zu werden. Man erkannte sehr schnell die im Prinzip der Selbsttätigkeit liegende politische Brisanz und versuchte, ihr im Wege der Beschränkung der Lehrinhalte der Seminarausbildung der Lehrer und der Re-Klerikalisierung des Unterrichts einen Riegel vorzuschieben.[8] Auch der Grundsatz der Anschaulichkeit war den Historikern der Aufklärung nicht neu.

*Carl Peter* (1808-1893), Schulrat in Sachsen-Meiningen, stieß 1849 die Quellendiskussion erneut an.[9] Er unterschied im Anschluß an Hegel vier Arten der Geschichtsschreibung. Peter betonte die starke Selbsttätigkeit der Schüler und das Anschauungsprinzip sowie die „naive Geschichtsschreibung", d.h. Werke, die aus der zu behandelnden Zeit selbst stammen. Zur Gruppe der „naiven Geschichtswerke" zählte er zeitgenössische

---

6 Liebeskind, Hermann, Über die Benutzung von Quellen im Geschichtsunterricht der Volksschule, Jena 1891, S. 4.
7 Schneider, Gerhard (Hg.), Die Quelle im Geschichtsunterricht, Bad Heilbronn 1975, S. 26.
8 Schneider, Quelle, S. 27.
9 Peter, Carl, Der Geschichtsunterricht auf Gymnasien. Ein methodischer Versuch, Halle 1849.

Darstellungen. Er empfahl aber nicht nur die Quellen des Altertums für die Bearbeitung, sondern auch solche des Mittelalters und der Neuzeit. Doch diese Diskussion wurde nur kurzzeitig geführt. Die wenigen geschichtlichen Stücke der Lesebücher wurden weiterhin gelesen, abgeschrieben und auswendig gelernt oder vom Lehrer vorgetragen. Dieser rezitierte Verse der nationalen und geschichtlichen Poesie, oder er fertigte auf der Basis diverser Geschichtswerke eigene Vorträge an, die dann von den Schülern wiederholt werden mußten. Allerdings tauchten regelmäßig Verbote des Staates gegen die sogenannte „Selbsttätigkeit" auf, so daß vermutet werden kann, daß immer wieder Quellen im Unterricht verwendet wurden, die Entwicklung sich also verselbständigte.

## 3.3 Kulturgeschichte oder politische Geschichte

Eine weitere Verstärkung der Quellenbenutzung war die um die Mitte des 19. Jahrhunderts aufkommende „kulturgeschichtliche Methode". Anders als im herkömmlichen, auf Anekdoten aufbauenden und vom Lehrervortrag geprägten Geschichtsunterricht glaubte man nun, daß der auf Quellen basierende Geschichtsunterricht unmittelbar den geistigen Verkehr mit den geschichtlichen Personen und die Beschäftigung mit den Kulturverhältnissen ermöglichen solle. Dies bedeutete, daß der Umgang mit den Quellen zum einen eine direkte Auseinandersetzung mit der Geschichte einschloß, zum anderen aber auch das Entdecken von Personen eine Beschäftigung mit der Kulturgeschichte ermöglichte.[10] So wollte man nach 1860 „die Geschichte des Zuständlichen eines Volkes und einer Zeit"[11] mit Hilfe von Quellen verdeutlichen. Diese Bewegung konnte deshalb auch als Gegenbewegung der noch immer dominierenden politischen Geschichte verstanden werden. Dem Geschichtsschüler wurde ermöglicht, Bereiche der Kulturgeschichte, d.h. Bereiche des menschlichen Lebens, zu entdecken, die ihm vorher durch die Konzentration auf die Ereignisgeschichte verschlossen geblieben waren. Durch das Erscheinen des Quellenbuches von Ernst Blume, der sich voll und ganz der Kulturgeschichtsschreibung verpflichtete, war eine Lektüre entstanden, die versuchte, alle Seiten des Kulturlebens möglichst lückenlos abzudecken und dabei die politische Geschichte zurückzudrängen.

---

10  Schneider, Quelle, S. 18.
11  Liebeskind, Benutzung, S. 23.

## 3.4 Selbsttätigkeit

Da im traditionellen Geschichtsunterricht des 19. Jahrhunderts de
gesamte Geschichtsstoff vom Lehrer dargeboten, d.h. der Stoff erzählt
danach abgefragt und wieder nacherzählt wurde, erkannte man, daß di
Schülerinnen und Schüler nur sehr wenig davon behielten. Deshalb
glaubte man, durch die Quellendarbietung und die damit verbunden
selbsttätige Vorbereitung seitens der Schüler mehr Erfolge erzielen zu
können. Diese Gedanken der emanzipierenden *Selbsttätigkeit* der Schü
ler waren für die Diskussion um die Quellenbenutzung sehr förderlich
Denn die Regierung erkannte, daß der auf Gedächtnisdrill aufbauend
Unterricht durch die selbsttätige Quellenbenutzung interessanter, in
tensiver und somit auch erfolgreicher für die Schüler sein könne
„Möglichst selbständig denken, urteilen und schließen"[12] sollte de
Schüler dadurch erlernen. Der Gedanke der selbstfindenden und
selbstgestaltenden Tätigkeit im Unterricht spiegelte also zum einen di
Ideen der Aufklärung wider, zum anderen ließen sich hier auch Züge
der Arbeitswelt des 19. Jahrhunderts erkennen. Anstelle eines rezepti
ven und reproduktiven Schülers sollte zumindest theoretisch ein ent
scheidungsfähiger, selbständiger Schüler ausgebildet werden. Diese auf
klärerischen Ziele wurden aber im Unterricht kaum verwirklicht, denn
die teilweise manipulierende Quellenauswahl für den Schulgebrauch
und die sehr unterschiedliche Interpretation dessen, was unter Selbstän
digkeit verstanden werden konnte, verhinderten die Demokratisierung
des Lernprozesses.

Obwohl zum Beispiel durch Carl Peter mehrere Quellenbücher nich
nur für die höheren Klassen des Gymnasiums, sondern auch für di
Volksschule entwickelt wurden, dominierte gegen Ende des 19. Jahr
hunderts die Ansicht, daß im Geschichtsunterricht weniger umfangrei
che Quellen Verwendung finden sollten. Die Quellen der Volksschul
sollten nach Inhalt und Form der geistigen Reife der Schüler entspre
chen. Abänderungen in der sprachlichen Form, eine Übersetzung de
Fremdwörter, eine Ersetzung von altsprachlichen Ausdrücken, Auslas
sungen und Abänderungen des Satzbaus wurden als sehr hilfreich
angesehen und waren daher üblich. Obwohl betont wurde, daß de
Inhalt dadurch nicht verfälscht würde, veränderte sich natürlich doch
die inhaltliche Substanz der Quellen. Man könnte annehmen, daß di

---

12 Bengel, Johann, Quellenbenutzung beim Geschichtsunterricht. Ein geschichtli
   cher Abriß (Pädagogische Zeit- und Streitfragen, 53), Wiesbaden 1898, S. 78.

Überlegungen für das Gymnasium andere waren, doch war man auch dort der gleichen Ansicht, was die sprachliche Form der Quelle betraf. Der Gedanke, Originale zu verwenden, tauchte erst später auf.

Bei der Auswahl der Quellen wurden allerdings zwischen Volksschule und Gymnasium Unterschiede gemacht. Die Quellen für die Volksschule sollten aus dem Bereich der historischen Überlieferungen der Heimat genommen werden (z.B. Volkslieder oder Volksreime). Weiterhin schienen Schriftstücke von historischen Personen, Berichte von Zeitgenossen, z.B. von einfachen Bürgern, von Geschichtsschreibern sowie auch von Dichtern für die Volksschule sehr geeignet. Im Gegensatz dazu wurden an Gymnasien Urkunden, Verordnungen, Gesetze, Denkschriften, Berichte, Proklamationen, Darstellungen zeitgenössischer Geschichtsschreiber, Streitschriften, Satiren, Reden, Briefe, zeitgenössische Gedichte favorisiert. Gymnasiasten wurden demnach mit Literatur konfrontiert, die anspruchsvoller war und den klassischen und modernen Sprachunterricht umfaßte, wohingegen die Quellen der Volksschule dem Primat der Heimat- und Ereignisnähe, der Anschaulichkeit und der Kulturgeschichte unterstanden.

Die Diskussion verstärkte sich wieder, als der Leipziger Historiker *Karl Biedermann* (1812-1901) den kulturgeschichtlichen Aspekt der Quellenbenutzung in den Vordergrund stellte und den Lehrervortrag relativierte. Diese Gedanken wurden in der Zeit von 1860-1870 von der Herbart-Zillerschen Schule aufgegriffen und gelangten sogleich in den Sog der fortschreitenden ökonomischen und gesellschaftlichen Entwicklung während der Reichsgründung, was ihnen ihre Aktualität verschaffte. Man glaubte, die Regulative von 1854 lockern zu müssen, um sich so den Bedürfnissen der Zeit anpassen zu können.

## 3.5 Quellen in der Volksschule

In den Jahren nach 1872 erschienen neue Quellenbücher und methodische Schriften zur Quellenfrage. Es wurde die Hinwendung zum pragmatisch-technischen Anschauungsunterricht betont, obwohl der Geschichtsunterricht weiterhin die Aufgabe behielt, die emotionellen und intellektuellen Kräfte der Jugend in nationalem Geist zu formen. Die Quellenbücher zeigten zwar indirekt die unterschiedlichen Auswahlkriterien, wie ein Unterricht aufzubauen sei, doch kristallisierte sich dabei heraus, daß politische Richtungen sehr deutlich im Vordergrund standen. Es handelt sich zum Beispiel um Quellensammlungen, die Bismarck stützten, andere, die die kleindeutsch-preußische Staatsauffassung bestätigten; oder konfessionell eingestellte geschichtliche Quellensammlungen und auch solche, die sich gegen den Sozialismus richteten.

Der Leipziger Schuldirektor *Albert Richter* (1838-1897)[13] forderte die Quellenbenutzung auch für die Volksschule und ließ eine methodisch-didaktische Untermauerung dieser These folgen. Ihm gelang es dem Quellenbegriff zu einer gewissen Stabilität zu verhelfen, denn er setzte durch, daß zeitgenössische, unmittelbar von den Vorgängen herrührende Quellen verwendet und die nachträglichen Darstellungen sowie auch die Gedichte aus dem Unterricht verbannt wurden. Richter begründet den Quelleneinsatz mit der „Belebung des Unterrichts" und führt diese Eigenschaft auf die „epische Breite und Ausführlichkeit" der ausgewählten Quellen zurück.[14] In alltagsgeschichtlicher Weise – wie wir heute sagen – wird der Quellenbegriff ausgeweitet, so daß nicht allein politik- und reichsgeschichtliche Quellen gemeint sind, sondern insbesondere kultur- und alltagsgeschichtliche. „Wo es sich um die Volksschule handelt, da können unter Geschichtsquellen nicht nur jene Urkunden und Staatsverträge, jene Chroniken und Annalen gleichzeitiger Geschichtsschreiber, jene Aktenstücke und Briefwechsel der Diplomaten verstanden werden, aus denen der Geschichtsforscher Tatsachen und Zustände der Vergangenheit erforscht und darstellt, ja diese nicht einmal in erster Linie. Für den Geschichtsunterricht der Volksschule können das Tagebuch eines einfachen Handwerkers, der Bericht eines schlichten Bürgers oder Landsknechtes, ein Volkslied, das die Stimmung des Volkes bei einer bestimmten Gelegenheit widerspiegelt ein Brief an Familienangehörige, der von geschichtlichen Ereignissen handelt, und ähnliche Überlieferungen sehr wohl den Stoff bieten, der geeignet ist, die Schüler mitten in Zustände und Ereignisse vergangener Zeiten hineinzuversetzen, ihre Teilnahme wachzurufen und den Geist für die anzuknüpfenden geschichtlichen Belehrungen so empfänglich als möglich zu machen".[15]

Dabei wird ein durchaus strenger Quellenbegriff zugrunde gelegt Gleichzeitigkeit, Augenzeugenschaft, Unverfälschtheit und Teilhaberschaft waren die Kriterien, die zugrunde gelegt wurden. „Für den

---

13 Vgl. Voit, Hartmut, Die Bedeutung der „kulturhistorischen Methode" für die Entwicklung der Geschichtsdidaktik: Untersuchungen zum Werk Albert Richters, Bochum 1988.

14 Richter, Albert, Geschichte, in: Pädagogischer Jahresbericht 42 (1889), S. 405 f.

15 Richter, Albert, Quellen im Geschichtsunterricht, in: Bericht des Vereins Leipziger Lehrer auf die Jahre 1884 und 1885, Leipzig 1886, S. 19-41; hier S. 25.

Geschichtsunterricht sind es die ursprünglichen Geschichtsquellen, gleichzeitige Berichte von Augenzeugen, die nur dann ihre volle Wirkung auf Verstand und Gemüt ausüben können, wenn aus ihnen die unverfälschte Stimme des von den Ereignissen selbst Berührten, des an ihnen Teilhabenden, unter ihnen Leidenden vernehmen läßt".[16] Allerdings handelt es sich um bearbeitete Quellen. Zwar wurde der Inhalt nicht verändert, „aber Auslassungen, Zusammenziehungen, sprachliche Erneuerungen, ja selbst Änderungen im Satzbau waren aus pädagogischen Gründen an vielen Orten geboten".[17]

Am Ende des 19. Jahrhunderts wurde die Quelle trotz zahlreicher weiterführender didaktischer Ansätze immer noch vorwiegend als Mittel der Illustration, Dokumentation, Veranschaulichung und Vertiefung eingesetzt. Wenn der Lehrer selbst weniger vortrug und den Schüler statt dessen die Quelle lesen ließ, glaubte man schon, den Anspruch an Selbsttätigkeit verwirklicht zu haben.

Zu Beginn des 20. Jahrhunderts zeichnet sich eine weitere Diskussion um die Quellenbenutzung ab. Es kam die *Theorie der Geschichtserzählung* auf.[18] Bereits die preußische Schulkonferenz von 1900 hatte verkündet, den Geschichtsunterricht wieder mehr rezeptiv zu gestalten. In den methodischen Vorschlägen zur Geschichtserzählung wurde die Benutzung von Quellen eher noch am Rande erwähnt. Die Fürsprecher dieser Bewegung, z.B. die Nürnberger Lehrer *Alois Scheiblhuber*[19], Heinrich Falk, Hans Gerold und Karl Rother erhielten immer mehr Einfluß auf die Schulwirklichkeit. Man betonte, die Jugend wolle nicht mehr aus der Geschichte lernen, sondern sich an ihr unterhalten. Den Kindern sollten durch die Geschichtserzählung spannende, teilweise durch Phantasie ergänzte Erzählungen geboten werden. Man nahm dabei sogar historisch verfälschte Erzählungen, bewußte Harmonisierung der geschichtlichen Wahrheit, Dramatisierung der historischen Ereignisse, Zentrierung auf bestimmte Persönlichkeiten sowie Ausschmückung in Kauf, um so bei Schülerinnen und Schülern Emotionen hervorzurufen, die ihre Meinung bestimmen sollten. Die Betonung der sogenannten

---

16 Richter nach Voit, Bedeutung, S. 384.

17 Richter, Albert, Quellenbuch. Für den Unterricht in der deutschen Geschichte zusammengestellt, Leipzig 1885 (bis 1924 9 Aufl.); Vorwort zur 1. Aufl., S. IV.

18 Vgl. Jung, Michael, Die Geschichtserzählung in Geschichtsdidaktik und Geschichtsunterricht seit 1900 unter besonderer Berücksichtigung der Volksschule, in: Quandt, Siegfried; Süßmuth, Hans (Hg.), Historisches Erzählen, Göttingen 1982, S. 104-128.

19 Scheiblhuber, Alois, Kindlicher Geschichtsunterricht, Nürnberg 1905.

„Guten alten Zeit" wurde dabei in den Vordergrund gerückt, wobei di „geschichtlichen Darstellungen" auf „Darstellungen mit geschichtli chem Hintergrund" reduziert wurden.[20] Die Schule erlebte zu Begin des 20. Jahrhunderts einen „antiintellektualistischen Gegenschlag".[21]

Parallel zu dieser Konzentration auf Geschichtserzählung wurde di Geschichtsdidaktik durch die *Arbeitsschule* beeinflußt. Trotz der unter schiedlichen Richtungen von Hugo Gaudig (1860-1923), Georg Ker schensteiner (1854-1932) und dem „Bund Entschiedener Schulrefor mer" um Paul Oestreich (1878-1959) bestand die Arbeitsschule au Selbsttätigkeit. Der Arbeitsunterricht betonte die absolute Priorität de Quellenbenutzung und verlangte das selbständige Herausarbeiten de Tatbestandes seitens der Schüler. 1911 forderte *Paul Rühlmann*, de Geschichtsunterricht der gymnasialen Oberstufe durch zwei bis dre Perioden im Jahr mit Quellenarbeit zu erarbeiten. Die Quellenbenut zung wurde sogar als Möglichkeit angesehen, dem Schüler Einblick ir die Forscherarbeit zu vermitteln. Natürlich äußerten etablierte Didak tiker daran Kritik, denn sie glaubten, die Schule könne nicht mit einen Geschichtsseminar an der Universität gleichgestellt werden. Sie glaub ten, Quellen hätten nur dann einen Nutzen, wenn sie sinnvoll in der Lehrervortrag eingebaut werden würden, oder wenn sie den Unterrich belebten, ihn anschaulicher gestalteten oder ihn illustrierten. Es zeig sich also, daß die Entwicklung gegen Ende des Kaiserreichs kaun vorangeschritten war, so daß man sich immer noch in der Diskussior des 19. Jahrhunderts bewegte.

## 3.6 Quellen in der Weimarer Republik

In der Weimarer Republik wurde die Frage der Quellen weiter ir traditionalen Bahnen diskutiert. Den Geschichtsunterricht zum Bei spiel lediglich auf Quellen aufzubauen, bezeichnete man als „dilettan tischen Unverstand". Quellen wurden weiterhin nur als Ausgangspunk oder zur Verdeutlichung angewandt. Die Quellenbenutzung wurde zwar 1923 auf die gymnasiale Mittelstufe ausgedehnt, doch weitere Veränderungen zeigten sich nicht.

1925 entfaltete sich die Diskussion um „Quellen im Forschungssin ne" und „Quellen im Schulsinne". Die Benutzung von Quellen im

---

20 Schneider, Quelle, S. 32 f.
21 Ebd., S. 32.

Geschichtsunterricht erfuhr eine Ausdehnung, als den besonders begabten Schülern der preußischen Oberklassen durch die „Bestimmungen über die Mittelschulen in Preußen vom 1. Juni 1925" ermöglicht wurde, mit Hilfe von Quellen die „Lebens- und Kulturbilder" im wesentlichen selbständig herausarbeiten zu dürfen.[22] 1913 war es *Ernst Wilmanns* (1882-1960), der der Quellenbenutzung im Gymnasium eine Vertiefung und eine wissenschaftstheoretische Grundlage gab.[23] Er verdeutlichte den Quellengegnern, wie vielfältig Quellen im Unterricht zu verwenden seien. Einzeltatsachen konnten an Quellen verdeutlicht, aber auch an zahlreichen Dokumenten ein ganzer Zeitabschnitt illustriert werden. Wilmanns befürwortete dabei den Einsatz von verschiedensten Quellenarten, so zum Beispiel Überreste, ursprüngliche und abgeleitete Quellen sowie Literaturdenkmäler. Zudem sah er in der Erkenntnis früherer Zustände, der Erfassung einmaliger Vorgänge und in der Erarbeitung gedanklicher Zusammenhänge drei unterschiedliche Verwendungsmöglichkeiten der Quelle.

Damit verdeutlichte er, daß Quellen entgegen der allgemeinen Meinung nicht nur zur Illustration verwendet werden könnten, sondern auch andere Funktionen hätten. Quellen konnten jetzt also auch Anwendung finden, „um eine über den bekannten Tatbestand hinausgehende, ergänzende, ihn erläuternde, geschichtliche Erkenntnis zu gewinnen; um einen neuen Tatbestand unmittelbar aus den Quellen zu entwickeln".[24] Weniger die theoretische Begründung als vielmehr die Edition der vielbändigen „Teubnerschen Reihe"[25] brachte die Quellen in die Schule. Die theoretische Fundierung folgte nach. Der von Wilmanns besorgte Sammelband „Die Quelle im Geschichtsunterricht"[26] war zugleich als „Handbuch" für die Teubnersche Reihe gedacht. Neben Ernst Wilmanns war es *Walter Bathge*[27], der die Erfassung des Tatsächlichen und die Schulung des Wirklichkeitssinnes durch die

---

22  Haas, Paul, Wie sind die Quellen auf der Oberstufe höherer Schulen zu benutzen, um die in ihnen liegenden historisch bildenden Werte fruchtbar zu machen? in: Lehrproben und Lehrgänge 141 (1919), S. 402 f.

23  Wilmanns, Ernst, Quellenlektüre zur Geschichte des Mittelalters, in: Vergangenheit und Gegenwart 3 (1913), S. 212-224.

24  Wilmanns, Ernst, Die Verwendbarkeit der Quellen im Geschichtsunterricht, in: Vergangenheit und Gegenwart 17 (1927), S. 148-163; hier S. 163.

25  Teubners Quellensammlung für den Geschichtsunterricht, begründet v. B. Lambeck u. P. Rühlmann, hg. v. P. Rühlmann u. E. Wilmanns, Leipzig-Berlin 1910 ff.

26  Wilmanns, Ernst (Hg.), Die Quelle im Geschichtsunterricht, Leipzig 1932.

27  Vergangenheit und Gegenwart 17 (1927), S. 485-504.

Quellen betonte. Er unterschied sechs verschiedene Arten der Quellen-benutzung, wobei er der heuristischen den Vorzug gab. Die Schüler sollten dabei immer wieder die Frage der Wahrheit an die Quellen stellen, um ihnen zu kritischen Einstellungen zu verhelfen und sie für „Trübungen und Traditionen" (Bernheim), eine mögliche Einseitigkeit der Beobachtung oder leichtgläubige Nacherzählung der Berichte zu sensibilisieren. Kombinationsgabe, Kritikfähigkeit, Eigenschaften, die vor allem für das spätere Leben von entscheidender Bedeutung seien, würden gefördert.

## 3.7 Quellen im Nationalsozialismus

Die Nationalsozialisten konnten nahezu problemlos auf dem Bildungs-system der Weimarer Republik aufbauen. Ihre Geschichtsdidaktik selbst war ein Resultat der bildungspolitischen Bewegungen der Weimarer Zeit, die vor allem deutschkundlich und völkisch konzipiert waren. Auch Elemente des Arbeitsunterrichts wurden aufgenommen.

In der Unterrichtspraxis ging die Quellennutzung allerdings zurück. Statt dessen betonte man die Verwendung von nationalen Dichtungen. Es existierten regelrechte Kataloge sogenannter „volkhafter Dichtung der Zeit". Die existierenden Quellensammlungen wurden zum größten Teil aus dem Verkehr gezogen, da sie oft Quellen enthielten, die nicht in die nationalsozialistischen Konzeptionen paßten. Andererseits fehl-ten für die NS-ideologischen Inhalte geeignete Quellen. Zur „Bedeu-tung der Rasse" zum Beispiel waren wenig historische Quellen vorhan-den. Hinter der Abnahme des quellenorientierten Unterrichts scheint sich daher mehr das Problem verborgen zu haben, die ideologischen Vorgaben zu erfüllen, weniger eine generelle Quellenfeindlichkeit.

Das „Reichs- und Preußische Ministerium für Wissenschaft, Erzie-hung und Volksbildung" räumte dem Arbeitsunterricht in seinem „Ein-führungserlaß" für die „Neuordnung des höheren Schulwesens" noch 1938 einen wichtigen Platz ein: „Unterrichtsgrundsatz ist ein maßvoller, gebundener *Arbeitsunterricht*, bei dem der Lehrer das Ziel setzt und die Führung fest in der Hand behält. Alles, was die Selbsttätigkeit des Schülers fördert, ihn zu eigenem Denken und Urteilen führt, ist Arbeits-unterricht, mithin das lebendige Lehrgespräch und der zur Mitarbeit anspornende Lehrervortrag ebenso wie die richtig vorbereitete und gelei-tete Gemeinschaftsarbeit mit Arbeitsteilung und -vereinigung und die sinnvoll gestellte Hausaufgabe".[28] Wie im kulturgeschichtlichen Unter-richt des 19. Jahrhunderts wird hier die Funktion der Quelle definiert:

„Die Quelle hat für den Geschichtsunterricht eine doppelte Bedeutung. Sie dient der Veranschaulichung und ermöglicht, den Schüler der Oberstufe an geeigneten Beispielen in die Erarbeitung eines einfachen geschichtlichen Tatbestandes einzuführen".[29] Im Geschichtsunterricht „als Einführung in geschichtliches Denken"[30] sollten auch Quellen eingesetzt werden. Für die Funktion des Quelleneinsatzes wurde auf die Passage aus Hitlers „Mein Kampf" zurückgegriffen, in dem Hitler den Unterrichtsstil seines Geschichtslehrers beschrieb: „Ein alter Herr, (...) vermochte er besonders durch eine blendende Beredsamkeit uns nicht nur zu fesseln, sondern wahrhaft mitzureißen. Noch heute erinnere ich mich mit leiser Rührung an den grauen Mann, der uns im Feuer seiner Darstellung manchmal die Gegenwart vergessen ließ, uns zurückzauberte in vergangene Zeiten und aus dem Nebelschleier der Jahrtausende die trockene geschichtliche Erinnerung zur lebendigen Wirklichkeit formte. Wir saßen dann da, oft zu heller Glut begeistert, mitunter sogar zu Tränen gerührt."[31] Diese Vorgabe bedeutete aber gleichzeitig ein Zurückdrängen der Quelle. An ihre Stelle trat der mitreißende Vortrag. Aufgrund dieser Forderungen waren die meisten Texte dieser Zeit von starker Wissenschafts-, Industrie- und Städtefeindlichkeit gekennzeichnet. Zudem wurden neben den Darstellungen von gemütvollen, selbstgenügsamen, zufriedenen, arbeitsamen Menschen auch heldische, den Naturgewalten finster trotzende und dem Gesetz des Blutes gehorchende Männer in den Mittelpunkt der Erzählung gerückt, um die Schüler zur Identifikation zu animieren. Wenn Quellen verwendet wurden, so auch jetzt nur zur Illustration und zur Motivation. In den unteren Klassen sollten „einzelne Aussprüche und kurze Quellenworte" eingestreut werden, während Abschlußklassen „aus ganzen Urkunden und Quellenberichten sich selbst ein Bild der Zeit (...) erbauen" sollten. Den Volksschülern wurden zwar die Fähigkeiten abgesprochen, sich selbst aus den Quellen heraus ein geschichtliches Bild zu erschließen. Gleichwohl wurde Quellenarbeit in der Volksschule nicht generell abgelehnt. Auch

---

28  Erziehung und Unterricht in der Höheren Schule. Amtliche Ausgabe des Reichs- und Preußischen Ministeriums für Wissenschaft, Erziehung und Volksbildung, Berlin 1938, S. 19 f.

29  Erziehung und Unterricht 1938, S. 73.

30  Fikenscher, Fritz, Zum Unterricht in der Geschichte nach den Reichsrichtlinien vom 15. Dezember 1939, in: ders., Deutsche Geschichte (Der neue Weg. Praktische Handbücher für volkhaften Unterricht, 5), 4. Aufl., Ansbach 1941, S. 510.

31  Hitler, Adolf, Mein Kampf, München 1936, S. 12.

das „Handbuch für den Geschichtsunterricht an Volksschulen"[32] von Ulrich Haacke und Ernst Ziemann von 1941 lehnte Quellen nicht strikt ab, sondern nahm „Quellenstücke erzählender, anschaulicher Art" auf. Diesem Handbuch folgte dann auch ein eigenes „Quellenbuch".[33]

## 3.8 Quellen in der Bundesrepublik und der DDR

Bis 1973 (in diesem Jahr erschien die letzte Didaktik alter Art[34]) dominierte die Lehrererzählung als vorherrschende Grundform des Geschichtsunterrichts. Ein wesentliches Hindernis, das der weiteren Verbreitung der Quellennutzung entgegenstand, war das Selbstverständnis des Lehrerstandes. Der Einsatz von Quellen erfordert, daß der Lehrer seine dominierende Rolle im Unterrichtsprozeß zurücknimmt. Aber gerade diese dominierende Rolle gehörte zum Habitus der Lehrer im 19. Jahrhundert. Als wichtigster Einwand gegen die grundsätzlich akzeptierte Quellenbenutzung wird hervorgehoben, daß im Quellenunterricht an „die Stelle des lebendigen Wortes die Lectüre"[35] trete. Dieses Selbstverständnis reichte bis in die 50er Jahre unseres Jahrhunderts. Der Göttinger Pädagogikprofessor *Erich Weniger* (1894-1961), der nach 1945 versuchte, „Neue Wege" zu gehen, schrieb: „Im Bildungsgang des Jugendunterrichts handelt es sich um die Darstellung der geschichtlichen Welt und ihres Fortgangs in der Zeit durch die Persönlichkeit des Lehrers mit seiner lebendigen Stimme. Der Geschichtslehrer gibt sein Geschichtsbild und wird daher in erster Linie zu *erzählen* haben. Der Bericht ist die Urform der Geschichte und der geschichtlichen Unterweisung. (…) Quellenbenutzung und Lektüre einzelner Abschnitte aus den Werken großer Historiker dienen der Veranschaulichung. Im Mittelpunkt aber steht der lebendige Vortrag des Geschichtslehrers."[36] Gleichwohl wurden unter der Dominanz der Erzählung auch Quellen

---

32  Haacke, Ulrich; Ziemann, Ernst, Handbuch für den Geschichtsunterricht an Volksschulen, Leipzig 1941.

33  Haacke, Ulrich, Die deutsche Geschichte in Berichten, Briefen und Anekdoten der Mitlebenden. Ein erzählendes Quellenbuch für die deutsche Schule, Leipzig 1941.

34  Glöckel, Hans, Geschichtsunterricht, Bad Heilbrunn 1973.

35  Diesterweg, Georg, Geschichtsunterricht, in: Diesterweg's Wegweiser zur Bildung für deutsche Lehrer. Bd. 3: Das Besondere. 2. Abt., 5. Aufl., Essen 1877, S. 23-166; hier S. 86.

36  Weniger, Erich, Neue Wege im Geschichtsunterricht, 1. Aufl., 1949, 4. Aufl., Frankfurt/M. 1969, S. 69.

benutzt. Ihr Gebrauch war aber illustrativ und subsidiär. Die häufige Erwähnung des Begriffs Quelle in der didaktischen Literatur täuscht über den Stellenwert hinweg, den Quellenarbeit im Geschichtsunterricht hatte. Bei dem Braunschweiger Schulrat *Hans Ebeling* (1906-1967) heißt es: „So hat die Quelle in der Schule nur illustrativen Wert".[37] Bei genauerem Hinsehen fällt aber auf, daß bis Anfang der 70er Jahre kein präziser Quellenbegriff vorhanden war. Ebeling verstand unter Quellen vorwiegend „verfassungsrechtliche Urkunden oder Akten".[38] Augenzeugenberichte und Chroniken wurden durchaus akzeptiert. Noch 1973 faßt der Schulpädagoge *Hans Glöckel* Quellen unter der Überschrift „Das Medium Sprache" zusammen. In einem Unterkapitel „Sprachliche Quellen und Arbeitstexte" verwischt er weiter die grundlegenden Unterschiede.[39]

Bis in die 60er Jahre wurden in der Bundesrepublik Quellen lediglich als illustrierende Großzitate eingesetzt. Erst in den späten 60ern erfolgte ein Umschwung. Quellen wurden als zentrales Element im Geschichtsunterricht akzeptiert, und der Unterricht nahm direkt und indirekt auf sie Bezug. Den Bruch mit dem erzählenden Geschichtsunterricht kennzeichnet das Buch von Gerhard Schneider „Die Quelle im Geschichtsunterricht" von 1975 (Donauwörth). Der Band versuchte eine bildungshistorische und sozialisationstheoretische Begründung eines quellenorientierten Geschichtsunterrichts.

Drei Schulbücher markierten den Übergang vom rein darstellenden Buch zum quellenorientierten Geschichtsunterricht. Am Anfang stand das Geschichtsbuch „Menschen in ihrer Zeit" von dem Gießener Geschichtsdidaktiker *Friedrich J. Lucas* (1927-1974). Es nahm Quellen als Grundlage für eigene Urteilsbildung auf uns brach mit der illustrierenden Funktion. Die „Geschichtliche Weltkunde" von *Wolfgang Hug* (geb. 1931) enthielt zwar nur wenige kürzere Quellen, ergänzte die Schulbucharbeit aber durch drei vorzügliche begleitende Quellenbände.[40] *Heinz Dieter Schmids* (geb. 1921) „Fragen an die Geschichte" verabsolutierte die Quellenarbeit, indem dieses Buch nur aus Quellen bestand und auf Verfassertext verzichtete. Es war demnach ein bahnbrechender Versuch. Zum ersten Mal wurde gezeigt, wie Geschichtsunterricht auf Quellenbasis von der Vor- und Frühgeschichte bis zur Gegen-

---

37  Ebeling, Hans, Methodik des Geschichtsunterrichts, 5. Aufl., Berlin 1962 (1. Aufl. 1955), S. 51.

38  Ebeling, Methodik, S. 52.

39  Glöckel, Hans, Geschichtsunterricht, Bad Heilbrunn 1973, S. 190 ff. u. 202 ff.

40  Hug, Wolfgang, Geschichtliche Weltkunde. Quellenlesebuch, 3 Bde., Frankfurt/M. 1982.

wart möglich ist. Dieser Versuch offenbarte Stärken und Schwächen des Konzepts. Das Schmidsche Buch kam einer Quadratur des Kreises gleich, indem es versuchte, durchgehende arbeitsunterrichtliche Quellenarbeit mit den Erwartungen einer traditionell chronologieorientierten Lehrerschaft zu verbinden. Es erfolgte keine radikale thematische Verkürzung. Stattdessen wurden die Quellen so gekürzt, daß der traditionelle Unterricht weiterhin möglich blieb.

Quellenarbeit wurde propagiert; Quellen wurden nach wissenschaftlichen Kriterien ausgewählt. Da geeignete Quellen in den Schulbüchern kaum vorhanden und die in den Büchern abgedruckten Quellen für eine Interpretation zu kurz waren, herrschte im Unterricht der „Din-A-4-Schnee" vor. Hektographierte Quellen bestimmten den Unterricht. Das hat auch seinen Grund in der Haltung der Schulbuchverlage, die Quellenbände für Schülerinnen und Schüler bis heute nur sehr zögerlich anbieten. Das unterrichtspraktische Problem des Quelleneinsatzes liegt vor allem in dem mangelnden Angebot an Quellensammlungen für die Schülerhand. Schulbücher liefern nur einen unzureichenden Ersatz. Ihr knapper Platz zwingt zum Verkürzen.

Wie in der Bundesrepublik hatten *Quellen im DDR-Geschichtsunterricht* der späten 60er Jahre keinen konstitutiven Status im Prozeß historischen Lernens inne, sondern wurden mit anderen Textsorten unter der Gruppe „Schriftliche Darstellungen"[41] subsumiert. Die erkenntnistheoretische Differenz zwischen Quelle und Darstellung war damit ausgelöscht. Auch in der Unterrichtspraxis hatten Quellen keinen besonderen Stellenwert. „Wenn Quellen verwendet werden, so meist nur illustrativ. Seltener sind sie die Grundlage selbständiger Tätigkeit der Schüler".[42] Ihr illustrativer Charakter wurde in der Rolle gesehen, Einblick in die „historische Realität" zu verschaffen, das Konkrete in seiner Eigentümlichkeit zu zeigen und für die Schüler anziehend und überzeugend zu sein. In dieser Beziehung unterscheidet sich die Quellenorientierung im DDR-Geschichtsunterricht nicht von der westdeutschen.

Der begrenzte Stellenwert der Quellen hat darüber hinaus seine Ursache in dem ideologisch gebundenen Charakter des DDR-Geschichtsunterrichts. Der Quelle wurde die Aufgabe zugewiesen, die „Beweiskraft unserer parteilichen Aussagen"[43] zu erhöhen, wie das der führende DDR-Geschichtsmethodiker in den 60er Jahren, Bernhard Stohr, aus-

---

41  Stohr, Bernhard, Methodik des Geschichtsunterrichts, Berlin 1968, S. 263 ff.
42  Stohr, Methodik, S. 266.
43  Stohr, Methodik, S. 266.

drückte. Deshalb sei auf eine strenge Auswahl der Quellen hinsichtlich ihrer ideologischen Positionen zu achten. Die DDR-Geschichtswissenschaft und der DDR-Geschichtsunterricht gingen vom „Klassencharakter der Quellen"[44] aus. Infolgedessen eignete sich nicht jede Quelle zum „Beweis". Es gab deshalb im DDR-Unterricht keine inhaltliche Offenheit bei der Quellenauswahl, die die jeweilige Standort- und Zeitgebundenheit produktiv aufnimmt und sie explizit und diskutierbar macht. So heißt es bei Stohr: „Ein objektivistischer Einsatz von Quellen, wie es in Westdeutschland üblich ist, ist abzulehnen. So werden dort unter dem Vorwand, Geschichte in Quellen darzubieten, nazistische Schriften wie Hitlers: ‚Mein Kampf' als Quelle gelesen; damit wird direkt und vielleicht auch bewußt nazistische Propaganda getrieben".[45] Gemäß einem „marxistisch-leninistischen Quellenbegriff"[46] standen deshalb affirmative Quellen im Vordergrund, bzw. andere Quellen wurden affirmativ gebraucht. Für den Unterricht über die Novemberrevolution 1918 steht beispielsweise das Programm der Spartakusgruppe im Vordergrund, während das Programm der Volksbeauftragten nur benutzt wird, um die Überlegenheit der Spartakusgruppe zu „beweisen".

In den 70er Jahren wurde der Quellengebrauch differenzierter, ohne seinen affirmativen Charakter aufzugeben.[47] Das besondere Problem des „Klassencharakters" der Quellen zeigte sich aber bei den frühen historischen Epochen. Die Quellenlage für affirmative Zwecke war hier äußerst dürftig. Es gab deshalb eine Stufung der Quellennutzung. Für die Klassen 5 und 6 wurden Quellen der „Vertreter der herrschenden Klassen" benutzt. Ab Klasse 7 und 8 traten die „Klassiker des Marxismus-Leninismus" und „andere Arbeiterführer" in den Vordergrund. Im 9. und 10. Schuljahr sind es dann Quellen der „kommunistischen Arbeiterbewegung". Diese Stufung ist keineswegs Ergebnis didaktischer Überlegungen, sondern spiegelt die Überlieferung der Quellen wieder. Dennoch ist festzuhalten, daß Quellenarbeit in allen Altersstufen stattfinden konnte – wenn auch nicht ergebnisoffen.

---

44  Eckermann, Walther; Mohr, Hubert (Hg.), Einführung in das Studium der Geschichte, Berlin 1979.

45  Stohr, Methodik, S. 266.

46  Methodik Geschichtsunterricht. Ausgearbeitet von einem Autorenkollektiv unter der Leitung von Bruno Gentner und Reinhold Kruppa, hg. v. der Akademie der Pädagogischen Wissenschaften der Deutschen Demokratischen Republik, Berlin 1975, S. 249.

47  Methodik Geschichtsunterricht.

Im Rückblick sprach der DDR-Methodiker Horst Diere von einer „in den fast 45 Jahren der Entwicklung des DDR-Geschichtsunterrichts zunehmenden stalinistischen Pervertierung des Umgangs mit marxistischen Quellen".[48]

## 3.9 Gegenwärtige Tendenzen

Gegen die Quellenorientierung der 70er Jahre wurde und wird Kritik geäußert, die von Skepsis bis schroffer Ablehnung reicht. Diese Kritik nimmt von unleugbaren Praxisproblemen ihren Ausgang. Die Kritiker nahmen allerdings diese Unzulänglichkeiten lediglich zum Anlaß für eine Generalkritik, weil ihnen „die ganze Richtung" nicht paßte. Die theoretische Reflexion, die stets den status quo transzendiert, ist diesen Vertretern ein Dorn im Auge („Geburtenfreudigkeit in theoreticis"). Der in der bildungstheoretischen Didaktik begründete altfränkische Philologenhabitus deckt mit Lateinfloskeln die argumentative Leere zu. Die Kritik läßt sich in drei Gruppen bündeln:

*a) Zu den unbestreitbaren praktischen Problemen und Unzulänglichkeiten sind folgende zu zählen:*

- Die in den Schulbüchern abgedruckten Quellen sind meist zu kurz, um an ihnen die Operationen der Interpretation durchzuführen.
- Quellenarbeit überfordert die Schülerinnen und Schüler, wenn nicht die unterschiedliche Überlieferungslage der verschiedenen Epochen und Sachbereiche berücksichtigt wird. Sumerische und ägyptische Texte eignen sich (vor allem für jüngere Schülerinnen und Schüler!) selten zur Quellenarbeit.
- In Unterrichtspraxis wie Schulbuch ist oft eine „quellenkundliche Nachlässigkeit" zu beobachten. Genaue Quellenangaben, insbesondere die Gattungszugehörigkeit der abgedruckten Quelle, werden meist nicht mitgeteilt.[49] Sie sind herausgebermäßig zu wenig erschlossen.

---

48 Diere, Horst, Schriftliche historische Quellen in ihrer Bedeutung für das Geschichtsverständnis von Kindern und Jugendlichen im Geschichtsunterricht der ehemaligen DDR, in: Pandel, Hans-Jürgen (Hg.), Verstehen und Verständigen, Pfaffenweiler 1991, S. 73-86.
49 Schoebe, Gerhard, Quellen, Quellen, Quellen ... Polemik gegen ein verbreitetes Unterrichtskonzept, in: GWU 34 (1983), S. 305.

- Quellenarbeit benötigt einen größeren Zeitaufwand als andere Medien und Verfahrensweisen.

Mit den kurzen Quellenauszügen mancher Bücher ist ohne Frage kaum eine Quelleninterpretation durchzuführen, denn Sinnambivalenzen werden durch Kürzungen getilgt. Bei solchen kurzen Quellen wird von den Schülerinnen und Schülern weniger ein Deuten als vielmehr ein Zitieren verlangt. Auch der Versuch, in jeder Epoche und in jeder historischen Situation mit Quellen zu arbeiten, führt zu Unzulänglichkeiten. Wenn man dort, wo die Überlieferungslage schwach ist, auch mit den spärlichen Quellenfragmenten arbeiten wollte, führt das sicher zur Überforderung der Schülerinnen und Schüler. Desweiteren sorgt eine quellenkundliche Unbekümmertheit in der Praxis zu Problemen, wenn quellenkundliche Erläuterungen zur Quellengattung etc. fehlen (vgl. die Seiten 24 ff. in diesem Band). In diesen Fällen ist ein fach- und sachadäquates Arbeiten kaum möglich.

*b) Die bestreitbaren Einwände beruhen auf der unzureichenden erkenntnistheoretischen und geschichtstheoretischen Kenntnis der Kritiker:*

- Schülerinnen und Schüler könnten nicht zwischen „Wesentlichem und Unwesentlichem unterscheiden"[50];
- der Quellenunterricht führe nicht zu „endgültigen Erkenntnissen"[51];
- der primäre Gegenstand des Geschichtsunterrichts seien „historische Sachverhalte", die „res gestae".

Wesentliches und Unwesentliches ergeben sich in hermeneutischer Interpretation erst durch die jeweils gewählte Fragestellung. Keine Quelle enthält von sich aus Wesentliches oder Unwesentliches, sondern die Unterscheidung ergibt sich immer erst von einem selbstgewählten Kriterium aus. Was im Hinblick auf die Fragestellung als wesentlich oder unwesentlich gilt, ist immer eine Sinnentscheidung des Interpretierenden und steht nicht schon von vornherein fest. Deshalb sind Interpretationen stets plausibel oder unplausibel und nicht einfach richtig oder falsch. Diese Unkenntnis der Hermeneutik liegt auch der didaktischen Unsitte zugrunde, Schülerinnen und Schüler aufzufordern, die „Kernsätze" zu unterstreichen bzw. nennen zu lassen. Ohne Frage gibt es keinen Kernsatz. Der Vorwurf der Kritiker, der Quellenunterricht führe

---

50 Schoebe, Quellen, S. 304.
51 Ebd., S. 302.

nicht zu „entgültigen" Ergebnissen, offenbart die erkenntnistheoretische Unkenntnis der Kritiker. In der Geschichtswissenschaft gibt es keine endgültigen Ergebnisse. Wir haben es stets mit neuen Interpretationen zu tun. Darin besteht ja gerade die Eigenart historischen Denkens. Daß der primäre Gegenstand „historische Sachverhalte" seien, ist einfach naiv. Der primäre Sachverhalt des Historikers sind Texte – eben Quellen.

*c) Die absurden Einwände beruhen auf einer konservativen bildungspolitischen Haltung der Kritiker:*

- Quellenarbeit führe dazu, daß Schülerinnnen und Schüler ein „prinzipiell kritisches bis mißtrauisches Verhältnis"[52] zu den Quellen einnehmen. Ein solches Verhalten dürfe man jüngeren Schülern nicht zumuten. Das sei weder „entwicklungsstufengerecht" noch „entwicklungspsychologisch zu verantworten".
- Die Rolle des Lehrers werde zurückgedrängt („humanitas Frage").
- Der Forderung nach Quellenarbeit liege ein „Authentizitäts-tique" und „unpädagogische Authentizitätsfixierung" zugrunde.
- Unter der intellektuellen Gürtellinie ist folgende Behauptung: Die Schülerinnen und Schüler würden zu wenig wissen, und wer wenig wisse, habe „Angst" und „Minderwertigkeitgefühle". Auf diese Weise entstehe faschistisches Mitläufertum.[53]

Das Ideal ist hier ein Unterricht, den allein der Lehrer plant, steuert und durchführt, Ergebnisse sichert und abfragt. Das wird verbrämt als „humanitas Frage" und „sokratische Frage".[54] Es ist die Rückkehr auf den Stand des 19. Jahrhunderts. Es ist ein erzählender Unterricht, der hin und wieder Quellenformulierungen zur Illustration aufnimmt. Die Polemik gegen Authentizität zeigt, daß es diesen Vertretern nicht um historisches Denken, sondern um reproduktionsfähige Kenntnisse geht. Es gibt keine entwicklungspsychologischen Untersuchungen, die belegen, daß Quellen insgesamt nicht entwicklungsstufengerecht seien. Daß Schülerinnen und Schüler ein prinzipiell kritisches Verhalten Quellen gegenüber entwickeln, dürf-

---

52  Schoebe, Quellen, S. 304.
53  Ebd., S. 309.
54  Walz, Rainer, Geschichtsbewußtsein und Geschichtsdidaktik, in: GWU 46 (1995), S. 306-321 u. 322-329; vgl. die Replik: Pandel, Hans-Jürgen; Rüsen, Jörn, Bewegung in der Geschichtsdidaktik? In: GWU 46 (1995) S. 322-329; Walz, Rainer, Eine Fortführung der Debatte mit Jörn Rüsen und Hans-Jürgen Pandel, in: GWU 47 (1996), S. 89-92; Pandel, Hans-Jürgen; Rüsen, Jörn, Erneute Entgegnung auf Rainer Walz, in: GWU 47 (1996), S. 93-95.

te wohl eher ein Lob als ein Vorwurf sein. Es ist schon ein starkes Stück, der Quellenarbeit Beihilfe zum Faschismus zu unterstellen.

Auch wenn diese Kritik weiter verbreitet ist, als sie sich in der Literatur widerspiegelt, so handelt es sich doch um eine Minderheitsposition. In der Gegenwart herrscht der quellenorientierte Geschichtsunterricht vor, wie er in den späten 70er Jahren von Gerhard Schneider, Heinz Dieter Schmid u.a. konzipiert worden ist. Es sind allerdings drei aktuelle Trends hinzugekommen.

Der Quellenbegriff hat sich in den 80er Jahren erweitert und auch umstrukturiert, so daß er auch andere *Dimensionen historischer Wahrnehmung* aufgenommen hat. Durch Umweltgeschichte, Frauengeschichte, Mentalitätsgeschichte sind politische und ökonomische Quellen in ihrer Dominanz begrenzt worden. In den neuen Quellen geht es um Wahrnehmungsweisen und Erfahrungen „einfacher" Menschen, und nicht um maßgebliche Politiker oder Wirtschaftsbosse. Die Quellen „von unten" haben zugenommen, und in dieser Zunahme verschiebt sich der schulisch genutzte Quellenkorpus vom „Monument" zum „Dokument". Das *Archiv* als „Haus der Geschichte" bietet weitere Möglichkeiten zum quellenorientierten Arbeiten. Der Geschichtsunterricht vollzieht sich an jenem Ort, an dem die Quellen aufbewahrt werden. Auch wenn in manchen Archiven 10% der Benutzer inzwischen Schüler sind, macht Quellenarbeit im Archiv bisher nur einen Bruchteil des Geschichtsunterrichts aus. Größere, für die Benutzung von Schülergruppen entsprechende Archive gibt es viel zu wenig, und diese sind meist nur in größeren Städten zu finden.[55] Der Schülerwettbewerb um den Preis des Bundespräsidenten zeigt, daß diese Art des quellenorientierten Arbeitens durchaus zu sehr vorzeigbaren Ergebnissen führen kann und führt die Kritik an Quellenarbeit ad absurdum. Der dritte Trend im Umgang mit Quellen stellt das Verfahren der *Oral History* dar. Schüler und Schülerinnen erheben selbst Quellen, die ohne ihr Zutun verloren gehen würden. Allerdings sind die Techniken des kritischen Umgangs mit dieser Quellengruppe erst schwach entwickelt.

---

55 Lange, Thomas (Hg.), Geschichte – selbst erforschen. Schülerarbeit im Archiv, Weinheim 1993

# 4. Perspektive und Standortgebundenheit

Zum Grundinventar der Quellennutzung und Quelleninterpretation gehören die Begriffe Perspektivik und Standortgebundenheit. Sie wurden in der Mitte des 18. Jahrhunderts in das theoretische Instrumentarium der Geschichtswissenschaft integriert. Es sind Grundbegriffe historischer Erkenntnis, die sowohl auf Quellen als auch auf Darstellungen angewandt werden müssen. Die Erkenntnis, daß es Standortgebundenheit gibt, die die Aussagen der Quellen sowohl relativiert, wie ihre Erkenntnis überhaupt erst möglich macht, gibt es erst seit der Mitte des 18. Jahrhunderts. Vorher waren sich die Historiker ihrer Standortbindung noch nicht bewußt und glaubten, daß die Geschichtsschreibung nur die „reine", „unmittelbare" und „unverfälschte" Wahrheit darstellen dürfe. Mit der Entdeckung von Standort und Perspektivität begann die Diskussion um die Objektivität und Parteilichkeit in der Geschichtsschreibung.[1]

Die Historiker der Aufklärung erkannten, daß sie ihre Person bei dem Verfassen von Texten nicht völlig ausschließen konnten und daß immer subjektive Einflüsse in Quellen und Werke eingehen. Dokumente, Monumente und Geschichtsschreibung zeigen folglich nie die „ursprüngliche" Wahrheit, sondern immer nur eine Auffassung von dem zu übermittelnden Ereignis. Die Entdeckung der Standortgebundenheit ermöglichte es den Historikern, ihren Standort und ihre Perspektive bewußt zu machen und ihre Parteilichkeit zu kontrollieren.[2]

## 4.1 Die Augenzeugenschaft

Seit der Antike gilt der Grundsatz, daß der Geschichtsschreiber die Wahrheit rein und ungeschminkt darstellen müsse. Er soll so schreiben, daß der Leser den Eindruck hat, den beschriebenen Vorfall mit eigenen Augen zu sehen.[3] Das war nur dadurch zu erreichen, daß der Historiker von der eigenen Person ganz absah. Er strebte eine absolute Unparteilichkeit und Neutralität an.

---

1   Vgl. zum Folgenden: Koselleck, Reinhart, Standortbindung und Zeitlichkeit, in: ders.: Vergangene Zukunft, Frankfurt/M., 1979.
2   Koselleck, Standortbindung, S. 178.
3   Lukian, Wie man Geschichte schreiben muß, übers. v. Theodor Fischer, Bd. 2, 2. Aufl., Berlin 1906 (1. Aufl. 1855), S. 176.

Ein besonderes Merkmal dieser „realen" Geschichtsschreibung war die Forderung nach *Augenzeugenschaft*. Nur derjenige schien für die Wahrheit eines Ereignisses bürgen zu können, der es erlebt und gesehen hatte. Dafür kamen nur Zeitgenossen in Frage. Historiker mußten entweder selbst Augenzeuge sein oder durch die Befragung von Augenzeugen Informationen zu einem Ereignis einholen, diese Informationen prüfen und in ihren Werken darstellen. Dieser Rückgriff auf Augenzeugen, evtl. noch Ohrenzeugen, bedeutete, daß die Geschichtsschreibung sich auf die Gegenwart und auf die jüngste Vergangenheit bezog. Sobald keine „Zeugen" für ein Ereignis mehr lebten, begann die Vergangenheit.

Diese Auffassung spiegelt sich in Metaphern und Gleichnissen wider. Zum Beispiel heißt es in der „Spiegelmetapher" des Lukian (ca. 120 – ca. 180 n.Chr.), daß das Werk eines Historikers so sein solle, wie ein Spiegel, „der die Bilder der Gegenstände so zurückgibt, wie er sie aufgefaßt hat, ohne das Geringste an ihrer Farbe oder Gestalt zu verändern".[4] Auch ein Ausschmücken sollte unterbleiben. Leopold Ranke nannt das 1824 „nackte Wahrheit ohne allen Schmuck" – und bewies einmal mehr seine theoretische Rückständigkeit.[5] Eine weitere Metapher des Lukian stellt besonders die Aufgabe des Historikers heraus, nach der ein Geschichtsschreiber in seinen Schriften wie ein „Fremdling" auftreten solle und außerdem „als keines Staates Angehöriger und als keines Fürsten Untertan".[6] Diese Metaphern wurden bis zum 18. Jahrhundert zwar weiter entwickelt und relativiert, doch die Grundaussage, daß ein Autor keinesfalls bewußt einen Standpunkt oder eine Perspektive einnehmen dürfe, blieb bestehen. Die Stellung des Historikers wurde mit der eines Künstlers verglichen, der seine Arbeit so wahrheitsgetreu wie möglich anfertigen sollte.

Der Augenzeuge ist ein Begriff aus der Justiz. Er bezeugt, eine Tat mit eigenen Augen gesehen zu haben. Neben ihn traten aber mit Maler und Bildhauer Metaphern aus der bildenden Kunst. Ihnen gemeinsam war die Vorstellung, daß man das Objekt der Geschichtsschreibung direkt vor Augen haben konnte. Das drückt sich auch in dem Bild der Klio (Abb. 8, S. 96) aus. Klio hat die Weltgeschichte, die Historia universalis gleichermaßen dinglich vor Augen. Sie muß schnell, bevor Chronos, der Gott der Zeit, die Statue zerschlägt, ein Bild von ihr machen. Sie malt die Univer-

---

4   Lukian, Geschichte schreiben, S. 176.
5   Ranke, Leopold, Zur Kritik neuerer Geschichtsschreiber, Leipzig 1824, S. 28; Heinrich Leo spottete über diese „nackten Historiker".
6   Lukian, Geschichte schreiben, S. 172.

**Abb. 8:** Klio und Chronos und der naive Objektivismus

salgeschichte ohne Veränderung und Verfälschung als verkleinertes Abbild. Was aber in dieser Darstellung aufgrund ihrer erkenntnistheoretischen Unbekümmertheit nicht zum Ausdruck kommt, ist Standort und Perspektive. Klio kann die Historia universalis weder im Profil noch von hinten zeichnen. Ihr Bild bleibt trotz allen Bemühens unvollständig. Wenn Klio ihren Standort gewechselt hätte, hätten sich auch andere Perspektiven auf die Geschichte ergeben. Auf diese Weise wäre mit mehreren Zeichnungen der Universalgeschichte ein komplexeres Bild von ihr entstanden. Aber Klio war zu diesem Zeitpunkt noch nicht theoretisch aufgeklärt.[7]

In dem Bild der Klio fallen Quellenschriftsteller und Geschichtsschreiber noch zusammen. Je mehr aber die Personenidentität aufgehoben wurde, um so mehr verlagerte sich das Standortproblem auf den Historiker. Er mußte *zuverlässige* Zeugen finden, die „in jeder Hinsicht und unter allen Umständen in gleicher Weise glaubwürdig"[8] waren. Die gab es jedoch nicht. Daß nicht alle Augenzeugen die gleiche Qualität und Glaubwürdigkeit in ihren Aussagen besaßen, war den früheren Historikern ebenfalls bewußt, denn es wurden sicher mehrere Zeugen zu einem Ereignis befragt und so versucht, den wahren Sachverhalt zu ermitteln.[9] Diese Befragung machte die Einnahme eines Standpunktes für die Historiker bereits erforderlich, auch wenn sie glaubten, nur durch Neutralität und Unparteilichkeit die Wahrheit schreiben zu können. Aber dadurch, daß sie die Zeugenaussagen nach bestimmten Kriterien aussuchten, wurde das zu überliefernde Ereignis bereits mehrfach beurteilt und verändert und konnte eigentlich nicht mehr als wertfrei und unmittelbar angesehen werden.

## 4.2 Der „Sehepunkt"

Die Einsicht, daß das Vorhandensein von Standortbindung und Perspektivität für die Geschichtsschreibung erkenntnisnotwendig ist, hat sich erst in der zweiten Hälfte des 18. Jahrhunderts durchgesetzt, und zwar nach der Entdeckung des „Sehepunktes" durch den geschichts-

---

7 Vgl. Pandel, Hans-Jürgen, „Wer die Geschichte lies't, der sieht den Himmel offen". Das historische Denken und die Erkenntnis von Perspektivik seit dem 17. Jahrhundert, in: Raisch, Herbert; Reese, Armin (Hg.), Historica didactica. Geschichtsdidaktik heute, Idstein 1997, S. 151-168.
8 Bloch, Marc, Apologie der Geschichte, Stuttgart 1974, S. 106.
9 Koselleck, Standortbindung, S. 183.

theoretisch interessierten Erlanger Theologen *Johann Martin Chladenius* (1710-1759)[10]. Er ging von dem Grundsatz aus: „Die Geschichte ist einerlei, die Vorstellung davon ist verschieden und mannigfaltig".[11] Jeder Bericht, den wir über ein Ereignis haben, ist perspektivisch gebrochen. Diese „Sichtweisen" können sich widersprechen und doch beide für sich Wahrheit beanspruchen. Chladenius beschrieb diese unterschiedlichen Sichtweisen als „Sehepuncte" und erklärte sich das Vorhandensein dieser verschiedenen Ansichten durch „Stand, Stelle und Gemütsverfassung", die den „inneren und äußeren Zustand" eines Beobachters beeinflussen.[12] Durch diese bedingten Sichtweisen war es möglich, daß es zwei völlig entgegengesetzte Aussagen zu einer Sache geben kann, ohne daß eine Aussage falsch ist.

Chladenius begriff als einer der ersten Historiker, daß Geschichtsschreibung ohne einen Standpunkt nicht möglich ist und daß sich niemand von den bedingenden Faktoren ganz freimachen kann. Er wies darauf hin, daß diejenigen sehr irren, „die verlangt haben, daß ein Geschichtsschreiber sich wie ein Mensch ohne Religion, ohne Vaterland, ohne Familie anstellen soll, und sie haben nicht bedacht, daß sie unmögliche Dinge fordern".[13] Damit relativierte er die bereits vorhandenen Quellen, die unter dem Anspruch der Unmittelbarkeit verfaßt wurden. Man entwickelte aufgrund der Erkenntnis, daß Geschichtsschreibung ohne Standortbindung gar nicht möglich ist, eine neue Auffassung hinsichtlich der Historiographie, die bis heute noch gültig ist. Chladenius erkannte, daß Geschichte von verschiedenen „Sehepuncten" aus betrachtet und beschrieben wird. Wenn „viele Personen einerley Sache auf einer gewissen Seite ansehen, so betrachten sie dennoch dieselbe deswegen noch nicht auf einerley Art; sondern sie beweisen ferner daran eine verschiedene Einsicht".[14] Demnach ist es nicht belanglos, von wem etwas geschrieben wird, sondern es ist ein Unterschied, ob etwas von einem „Freund oder Feind" der Sache betrachtet wird.[15]

Die Erkenntnis, daß Geschichtsschreibung ohne Standpunkte nicht möglich ist, war für Chladenius offensichtlich. Er trennte allerdings auch weiterhin zwischen einem unvermeidlichen Perspektivismus und

---

10 Chladenius, Johann Martin, Allgemeine Geschichtswissenschaft, Leipzig 1752 (ND Wien 1985).
11 Chladenius, Geschichtswissenschaft, S. 99.
12 Ebd., S. 99 f.
13 Ebd., S. 151.
14 Ebd., S. 102.
15 Ebd., S. 105.

einer vorsätzlichen Parteilichkeit. „Eine bewußte Verdunkelung" und Veränderung einer Tatsache blieb weiter untersagt. Um herauszufinden, ob ein Historiker bewußt verfälscht hat, war es nötig, mehrere Zeugen zu befragen und mehrere Aussagen einander gegenüberzustellen, um die Wahrheit herauszufiltern. Chladenius hing zwar noch der Theorie der Augenzeugen-Authentizität und damit der vormodernen Geschichtsschreibung an, hat aber mit seiner Erkenntnistheorie die „Weichen für die Neuzeit" gestellt, denn von da an war es den Historikern möglich, „Geschichte zu produzieren".[16] Durch die Erkenntnis, daß die Aussagen in den Quellen immer relativ sind, wurden Methoden nötig, um die subjektiven Einflüsse des Autors herauszufiltern und dadurch eine möglichst zutreffende Beschreibung einer Sache zu erhalten. Diese subjektiven Faktoren in den Quellen gaben den Historikern allerdings auch Aufschlüsse über die Zeit und die Hintergründe, vor denen eine Quelle entstanden ist. Mit diesem Wissen konnten sie versuchen, komplexe Geschichte zu erforschen, anstatt die „bloße Addition von Kenntnissen" zu erreichen.

Da Chladenius sich auf die Geschichtsschreibung seiner Gegenwart bezog, war die vergangene Geschichte für ihn nicht mehr veränderlich, sondern abgeschlossen, da man ohne Zeugen keine neuen Erkenntnisse erhalten könne. Diese Theorie geriet nach der Entdeckung der räumlichen Perspektive allerdings ebenfalls ins Wanken, denn man erkannte, daß die Zeit ein wichtiger Faktor ist.

## 4.3 Der zeitliche Abstand

Mit der Entdeckung der zeitlichen Perspektive wurde allerdings deutlich, daß die Nähe zu einem Ereignis nicht unbedingt ein Vorteil für die Geschichtsschreibung ist. Augenzeugen, bzw. Zeitzeugen haben zwar mehr Wissen über Details und können mehr Anschaulichkeit überliefern, aber sie sind häufig auch befangen aufgrund dieser Nähe, d.h., daß ihr „Beteiligtsein ihrer Urteilsfähigkeit im Weg stehen kann".[17]

Die *zeitliche Perspektive* wurde seit Ende des 18. Jahrhunderts von einem Erkenntnishindernis zu einer Erkenntnisvoraussetzung. „Jede große Begebenheit ist immer für die Zeitgenossen, auf welche sie wirkt, in einen Nebel verhüllt, der sich nur nach und nach, oft kaum nach

---

16 Koselleck, Standortbindung, S. 187.
17 Rohlfes, Joachim, Und noch einmal: Quellen, in: GWU 34 (1983), S. 336.

einigen Menschenaltern wegzieht".[18] Diese Aussage des Göttinger Theologen *Gottlieb Jacob Planck* (1751-1833) war ein Merkmal dafür, daß die Priorität der Augenzeugenschaft in der Geschichtsschreibung abnahm und zwar infolge der Entdeckung, daß zeitlicher Abstand die Erkenntnischancen nicht verringert, sondern vergrößert. Dabei liegt die Verbesserung der Erkenntnischancen nicht an eventuell hinzugekommenem Tatsachenwissen, z.B. durch Quellenfunde, sondern vielmehr an den sich ständig ändernden Standorten, die neue Sichtweisen und Beurteilungen möglich machen.[19] Das ermöglichte den Historikern, weiter als bis über die jüngste Vergangenheit hinauszugehen und die schon lange vergangene Geschichte neu zu erfassen und zu vergegenwärtigen. Die alte Geschichte galt nicht mehr als unantastbar und unveränderlich, sondern sie wurde von neuen Standpunkten aus betrachtet, und zwar mit größerem Weitblick, als es den zeitgenössischen Historikern möglich war.

Zu der Relativierung der Quellenaussagen durch die Standortgebundenheit kam die Bedingtheit der Informationen durch die zeitliche Perspektive. Die Folge dieser Erkenntnis war die Abkehr von den Augenzeugen als Garanten für die Wahrheit und die Entdeckung der „genuin geschichtlichen Zeit". Dadurch entstehen immer neue Sichtweisen auf die Vergangenheit.

## 4.4 Die Parteilichkeit

Gegen Ende des 18. Jahrhunderts begann eine neue Diskussion um die Art, wie Geschichtsschreibung sein sollte, und zwar hinsichtlich der *Parteilichkeit* der Historiker. Den Hintergrund dieser Diskussion lieferte die Französische Revolution mit ihren Auswirkungen auf das Ständesystem. Die Verdrängung des französischen Adels von der Politik (insbesondere nach der Juli-Revolution 1830) führte in Deutschland bzw. im Deutschen Bund ebenfalls zu Unruhen. Das deutsche Bürgertum forderte die Möglichkeit der politischen Mitsprache und eine Einschränkung der Macht des Adels. Es kam zu Aufsplitterungen der Bevölkerung in verschiedene Parteien wie den Demokraten und Liberalen, die die Einheits- und Freiheitsbewegung propagierten. Für die

---

18  Planck, Gottlieb J., in: Koselleck, Standortbindung, S. 191.
19  Mommsen, Wolfgang J., Der perspektivische Charakter historischer Aussagen und das Problem von Parteilichkeit und Objektivität historischer Erkenntnis, in: Koselleck, Reinhart u.a. (Hg.), Objektivität und Parteilichkeit, München 1977, S. 444 f.

bürgerlichen Historiker stellte sich die Frage, ob und inwieweit sie einen Parteienstandpunkt in ihrer Arbeit einbringen durften. Leopold von Ranke, der allerdings ein Anhänger der Monarchie war, war der Meinung, daß Objektivität und Unparteilichkeit weiterhin die Maxime der Geschichtsschreibung bleiben müßten. Für Ranke war die Unparteilichkeit die einzige Möglichkeit für das „Herankommen an die Geschichte", „wie sie eigentlich gewesen", und zwar dadurch, daß Historiker sich von „einseitigen Auffassungen, die sich in jeder Nation, in jeder Zeit und durch die Rückwirkung der politischen Tendenzen auf dieselben mit Notwendigkeit bilden, nicht fesseln und bestimmen lassen"[20] sollen. Für Ranke war Unparteilichkeit gleichbedeutend mit Objektivität, was ihm von seinen Zeitgenossen ebenso vorgeworfen wurde wie sein konservativer Standpunkt. Viele der damaligen Historiker sind als liberal einzustufen; sie hielten es damals auch für richtig, ihren Parteienstandpunkt zu verdeutlichen, um „öffentliche Meinung" zu beeinflussen. So wollte der liberale *Georg Gottfried Gervinus* (1805-1871) ein Historiker sein, der sich von der „Stimme der Zeiten" unterstützt wisse. *Friedrich Schlegel* (1772-1829) war ebenfalls der Meinung, daß ein Historiker „seine Ansichten und Urteile, ohne welche keine Geschichte, wenigstens keine darstellende, zu schreiben möglich ist", offen darzulegen hatte. Für die liberalen Historiker galt es an der Unparteilichkeit (Unparteilichkeit im Sinne von Aufklärung über die richtige Mitte zwischen zwei Extremen) festzuhalten, aber dennoch ein „Parteimann des Schicksals" (Gervinus) zu sein. Man versuchte also, objektive Geschichte mit politischer Parteinahme zu verbinden, wobei die Quellenkritik zur „Richtigstellung der objektiven Tatsachen" dienen sollte.

Die Meinungen über die Parteilichkeit und Unparteilichkeit waren also geteilt, und viele Historiker änderten ihre Einstellung zur Parteilichkeit im Laufe der Zeit. Es wurde aber auch keine Antwort auf die Frage gefunden, wie Geschichtsschreibung beschaffen sein müsse, denn die Frage ist anscheinend immer noch aktuell.

---

20 Vierhaus, Rudolf, Rankes Begriff der historischen Objektivität, in: Koselleck, Reinhart u.a. (Hg.), Objektivität und Parteilichkeit in der Geschichtswissenschaft, München 1977, S. 65 f.

## 4.5 Die Multiperspektivität

Neben die zeitliche, räumliche, politische, soziale, religiöse, ethnische und geschlechtsbedingte Standortgebundenheit und der ihr folgenden Perspektivität trat seit den 70er Jahren die *Multiperspektivität*. Dieser ursprünglich literaturwissenschaftliche Begriff wurde von dem Gießener Geschichtsdidaktiker *Klaus Bergmann* (geb. 1938) in die Geschichtsdidaktik eingeführt.[21] Der Grundsatz der Multiperspektivität ergibt sich aus den unterschiedlichen Sicht-Weisen, aus denen uns historische Ereignisse überliefert sind. Eine einzelne Quelle zeigt uns in der Regel nur die Sichtweise einer Person, die Perspektive eines Akteurs, eines Opfers oder eines Zuschauers. Alle Aussagen, die in den einzelnen Quellen stehen, sind deshalb nicht „reine" Geschichte, sondern sie sind schon durch die Sichtweise der jeweiligen Person interpretierte und gewertete Aussagen. Auf ihrer Grundlage rekonstruiert der Geschichtsschreiber wiederum aus seiner Perspektive eine Geschichte. Der Historiker bemüht sich deshalb um die unterschiedlichen Perspektiven, „um alle Parteien oder Kräfte eines geschichtlichen Prozesses soweit aufeinander zu beziehen, daß der Prozeß insgesamt in den Blick gerückt werden kann".[22] Aus der Tatsache, daß es in der Geschichtswissenschaft keine „reine" Information gibt und zureichende Erkenntnis nur durch Berücksichtigung verschiedener Quellen möglich ist, zieht der Grundsatz der Multiperspektivität seine *methodologische* Berechtigung.

Ihre *inhaltliche* Legitimation gründet die Multiperspektivität darauf, daß sich die Perspektiven auf die Wirklichkeit vor allem aus den sozialen Standorten ergeben. Als Grundsatz verweist „Multiperspektivität" darauf, daß historische Ereignisse aus mehreren sozialen Sichtweisen zu rekonstruieren sind. Ständig muß die Sicht auf ein Ereignis gewechselt werden, damit möglichst viele der an dem Ereignis beteiligten Personen in ihren Motiven, Intentionen, Gefühlen und Absichten verstanden werden können. Der Rückgang auf diese unterschiedlichen Perspektiven wird mit Multiperspektivität als Sicht-Wechsel bezeichnet. Inhaltlich sind die Perspektiven, auf die der Grundsatz Multiperspektivität aufmerksam macht, vor allem *soziale* Perspektiven. Sie sind es in dreierlei Hinsicht.

---

21 Bergmann, Klaus, Personalisierung im Geschichtsunterricht. Erziehung zu Demokratie? 2. erw. Aufl., Stuttgart 1977 (1. Aufl. 1972).
22 Koselleck, Standortbindung, S. 181.

In einer sozialen Situation unterscheiden sich die Perspektiven dadurch, ob das Ereignis aus der Sicht eines *Handelnden* (oder eines Zuschauers, eines Betroffenen oder Verschonten) berichtet wird. Diese Perspektive, die sich aus dem sozialen Handlungsvollzug ergibt, wird durch eine andere überlagert, die sich aus der sozialen *Identität* der Handelnden ergibt. Die soziale Identität, die ein Individuum über Geschlecht, Schicht, Klasse, Amt, Stand und Rolle erworben hat, geht nicht nur in seine Sicht-, sondern auch in seine Handlungsweise ein. Menschen handeln aus ihrer sozialen Identität heraus. Diese beiden Ebenen der sozialen Perspektive werden von einer weiteren durchdrungen. In die sozialen Standorte gehen auch die unterschiedlichen *Motive,* Interessen, ideologischen Haltungen, religiösen Gefühle etc. ein. Nicht jeder Angehörige einer Klasse hat die gleichen persönlichen Motive oder religiösen Gefühle.

Diese drei Ebenen machen deutlich, daß es sich immer um Perspektiven handelt, die sich aus der sozialen Einbindung des jeweiligen Individuums heraus ergeben. Von hierher ergeben sich auch die Bezüge zur Subjektivität der Schülerinnen und Schüler. Die im Vorgang der Rekonstruktion erzeugte Darstellung muß so dargestellt werden, daß die unterschiedlichen sozialen Perspektiven der am Ereignis Beteiligten deutlich werden und die Schülerinnen und Schüler verschiedene Identifikationsvorschläge erhalten. Eine einzige Sichtweise schafft *Identifikationszwänge,* multiperspektivische Darstellungen machen *Identifikationsangebote,* ohne eine bestimmte Perspektive verbindlich zu machen – und „verbindlich" hieße dann: durch Schule als staatliche Institution erzwungen.

Wenn multiperspektivische Geschichtsbetrachtung ein methodischer Grundsatz ist, der fordert, ein Ereignis, einen Zustand, einen Zusammenhang, ein Problem aus den unterschiedlichen sozialen Perspektiven der Handelnden, Betroffenen und Zuschauenden darzustellen, gibt es demnach keine verbindliche „richtige" Darstellung eines Ereignisses. Der Wert von „Multiperspektivität" als Planungsgrundsatz ist in zwei Richtungen zu suchen. Zum einen geht es darum zu zeigen, daß es nicht eine richtige Sichtweise auf historische Ereignisse gibt, sondern daß sich die Wahrheit historischer Ereignisse nur in der Widersprüchlichkeit dieser Sichtweisen herstellen läßt.

Im Hinblick auf eine verbreitete Unterrichtspraxis muß darauf hingewiesen werden, was Multiperspektivität *nicht* ist. Sie erschöpft sich keineswegs in der Trivialität, daß man einen Sachverhalt „so oder so" sehen kann. Es ist nicht die formale Betrachtungsweise gemeint, ein Ereignis aus wirtschaftlicher, politischer, religiöser etc. Sicht zu sehen.

Der Blick von der Wirtschaft her ist nicht identisch mit der Sichtweise eines Individuums im Wirtschaftsprozeß. Die wirtschaftliche Sichtweise unterscheidet sich je nach dem sozialen Standort der Beteiligten. So bleiben die in unseren Schulbüchern beliebten „Sichtweisen" immer unterhalb des eigentlichen Problems der Perspektivität, wenn sie ein Ereignis aus politischer, wirtschaftlicher, religiöser etc. „Sicht" betrachten wollen. Multiperspektivität meint nicht die formalen Gesichtspunkte „Vielschichtigkeit", „Mehrschichtigkeit", „Mehrseitigkeit", „Multikausalität" etc., also nicht die Trivialität, ein historisches Ereignis „von allen Seiten" zu betrachten, als könne man um das Ereignis wie um einen dinglichen Gegenstand herumgehen.

Methodisch kann Multiperspektivität als „Sicht-Wechsel" nur *schrittweise eingeübt* werden.[23] In Grundschule und Orientierungsstufe wird es sich um die Einübung von „Doppelperspektiven" handeln (z.B. Römischer Bürger und Sklave, Bürgerin und Bürger, Patrizier und Plebejer, Grundherr und Höriger etc.). In späteren Altersstufen können diese Doppelperspektiven ausdifferenziert und weitere Sichtweisen hinzugenommen werden, bis sich bei den Schülerinnen und Schülern die Gewohnheit einstellt, die unterschiedlichen Perspektiven selbst zu suchen. Das bedeutet aber nicht, daß in jeder einzelnen Unterrichtsstunde, in jeder einzelnen Lernsequenz alle Perspektiven zum Tragen kommen sollten. Es kann durchaus in einer längeren Lernsequenz eine einzelne Perspektive intensiv erforscht werden. Multiperspektivität ist immer nur in bezug auf eine Einheit gemeint, die sich aus einer konkreten Fragestellung ergibt.

Probleme in der Unterrichtspraxis ergeben sich aus den unterschiedlich dichten Überlieferungslagen. Nicht jede soziale Gruppe der Vergangenheit hat Quellen, sei es als Dokument, sei es als Monument, in ausreichender Zahl hinterlassen. Oft stammt unsere Kenntnis dieser historisch stummen Gruppen von Tätern, die diese Gruppen als Opfer behandelt haben. Ein besonderes Problem von Quellen aus Täterperspektive ist, daraus die Sicht der Behandelten zu erschließen.

---

23 Klaus Bergmann hat dazu einen ausführlichen Lernzielkatalog zusammengestellt, vgl. Bergmann, Personalisierung, S. 122-128.

## 4.6  Multiperspektivität am Beispiel:
## Der Bau der Köln-Mindener Eisenbahn

Im Jahr 1847 wurde der Schienenverkehr im Kreis Herford eröffnet. In diesem Ereignis bündeln sich die Probleme, die sich bei der Einführung dieser neuen Technologie ergaben. Der Blick auf dies Ereignis erschließt sich aus verschiedenen Quellengattungen: aus Zeitung, Brief- und Aktenstücken.

### 1.  Bürgerliche Euphorie: „Berlin und Paris Konkurrenz machen"

**Zeitungsartikel aus dem Herforder Kreisblatt** über die
feierliche Eröffnung am 15.10.1847
„Der Geburtstag unsers verehrten Königs wurde durch die festliche Eröffnung der Mindener-Kölner Eisenbahn (…) gefeiert. Der Bahnhof war mit Guirlanden geschmückt und das den ganzen Tag über dort versammelte Publikum empfing die schönen Wagen bei ihrer Ankunft mit frohem Jubel und konnte zum Theil der plötzlich erwachenden Reiselust nicht widerstehen, Spazierfahrten nach Bielefeld und Minden mitzumachen. Der dritte Zug (von Minden um 3 Uhr) und der vierte, der Hauptzug (von Köln, um 4 Uhr) in dessen mit Fahnen gezierten eleganten Wagen die Direktion und viele Actionäre anlangten, wurden mit Böllerschüssen begrüßt. So ist denn glücklich das große Werk bis zu Ende gebracht. Wir sind damit in eine ganz neue Epoche eingetreten. Welch ein Schwindel erregender Gedanke, daß wir beinahe den Einwohnern von Berlin und Paris die Hand bieten und die Herforder Industrie mit der der beiden Residenzen in die Schranken treten kann! Wie angenehm, daß wir die Kölnische Zeitung am Nachmittage desselbigen Tages hier haben, an dem sie in Köln ausgegeben wird, während, ein Beispiel des Unterschiedes der Posteinrichtung, ein Brief von Bünde hierher vier Tage unterwegs ist."
*(Herforder Kreis=Blatt vom 16. Oktober 1847)*

### 2.  Bürgerlicher Pessimismus:
### „Die Lebensverhältnisse werden verteuert"

**Aus einem Reisebericht von K. J. Klement** über
„Die Kehrseite der Eisenbahnen", 1847
„Es muß einem grauen, so oft man wieder auf das Eisenbahn=Thema stößt, dieses prosaische und gedankenlose Nonplusultra unserer Tage. Das Eisen-

bahn=Vehikel ist ein wahres Monstrum, es schießt wie ein Krokodil in de Ebene hin, als führte es lauter Zerstörung im Schilde, oder wie ein Walfisc zwischen Eisfeldern wenn die Harpune ihn getroffen, es fliegt über den Bode als wollte es der ganzen Natur vorbei, ohne Zeit zum Sehen und zum Denke Seine greulichen Töne charakterisiren unser musikmachendes Jahrhundert, i welchem Alles und Jedes, was nur eben einen Ton angeben kann, hörba werden muß. (…) Die Landleute sehen mit Staunen, und das Vieh auf der Felde mit Schreck und Ahnung das kommende Ungeheuer an, welches d Aecker auseinander reißt, den Vielen das Brod aus dem Munde greift, de Wenigen die Tasche füllt, das geringe Volk verlockt, nicht mehr zu Fuß z gehen, um seine übrigen paar Groschen zu erobern, den Luxus mehrt, d Genügsamkeit zerstört, die Lebensbedürfnisse allerwärts vertheuert und de zahllos gewordenen ärmeren Klassen der Gesellschaft das Dasein schwer[e macht. (…) Die Eisenbahn gilt für ein Zeichen des bedeutenden Fortschre tens unserer Zeit. Allein ist sie das auch in den Ländern von solchen Verfa sungen, welche die gemeinsame Freiheit und den Gesammtfortschrit de Nation hemmen? So lange die Verfassung eines Landes das alte servile Lebe konservirt, wird das Eisenbahn=Monstrum diesem Lande weder Freihei noch industriellen Wohlstand bringen. Bei den Eisenbahnen unserer Länd ist schwerlich Jemand um des gesammten Volks, sondern nur um seiner selb willen betheiligt. Die Vortheile der Eisenbahnen in unfreien und verkehrlose Ländern sind keine allgemeinen Vortheile, sondern solche, welche einer verhältnißmäßig kleinen Theil der Totalbevölkerung zufließen und zwar a Kosten eines größeren Theils der geringen Klassen im Volk."
*(Reisen in Holland, Friesland und Deutschland, Kiel 1847,*
*zit. nach: Herforder Kreis=Blatt vom 23. Oktober 1847)*


### 3. Nachteile für die Anlieger

Ein Gutachten für den Landrat vom 27.10.1846 stellt die Nachtei fest, die dem Kleinbauern Richter in Löhne durch den Bau der Eiser bahn entstehen.

„1. für die Mehrerschwerung und Unbequemlichkeit der Aufsicht un Führung der Wirtschaft wegen der großen und gänzlichen Zertrennung de Besitzung für die Monate von April bis Novbr incl. 35 Wochen die Woch à 15 Sgr. macht im Jahre 17 rt. 15 Sgr.

2. für die große Beschränkung, Verlust der Annehmlichkeit der Wohnun durch die Anlage der Eisenbahn und des Parallelweges vor dem Hause he jährlich = 10 rt.

3. Für Unbequemlichkeit wegen Verlust der guten Gelegenheit zur Trocknen der Wäsche, zum Ausbreiten des Flachses, Trocknen der Flach

knoten etc. indem der Hof vom freien Felde abgeschnitten wird und nach der Rückseite an Buschwerk, Wiesen und Hecken liegt jährlich 5 rt.

4. Für die Mehr-Aufsicht auf Kinder und Vieh, wegen der nahen tief einschneidenden Eisenbahn und des öffentlichen Parallelweges jährlich 5 rt.

Recapitulation. (…) Summa: 37 rt. 15 Sgr. [p.a.]

Da aber der Herr Reg[ierungs]:Assessor Liebrecht als Vertreter für die Eisenbahn die Passion hat, gegen die Entschädigungen solcher Nachtheile, die sich doch in der Wirklichkeit finden, heftig zu opponiren und zu protestiren, so haben Gutachter sich bewogen gefühlt, um die unpassenden Rabulistereien zu vermeiden, diese Entschädigung auf den möglichst geringen Betrag von 800 rt. abzurunden, wovon sie ohne Verletzung ihres praktischen Gefühls und ihrer Erfahrung nicht abgehen können".

*(Kommunalarchiv Herford, Kreis Herford, A 1429,*
*Bau der Cöln-Mindener Eisenbahn, Bl. 787-789)*

## 4. Die Eisenbahnarbeiter

Nach der Eröffnung der Köln-Mindener Eisenbahn, die im Kreis Herford mehrere Jahre lang für Beschäftigung gesorgt hat, wird das Gros der Eisenbahnbauarbeiter entlassen.

*a) Beschwerde der Melberger Heuerlinge,* Johannsmeyer, Buchholz und Taacke und des Neubauers Rasche im Namen aller Handarbeiter zu Melbergen vom 3.5.1848 beim Bahnhofsinspektor Fischer in Melbergen:

Die Arbeiter beschweren sich, daß die auf dem Bahnhof Melbergen beschäftigten Arbeiter aus Enger, Bünde, Werste, Eidinghausen, Mennighüffen, Hiddenhausen etc. in ihre Heimat zurückgeschickt werden sollen, „weil die Handarbeiter zu Melbergen gegenwärtig ohne allen Verdienst seien und bemerkten noch, daß falls die Obrigkeit nicht hülfreiche Hand leisten möchte, sie sich fest entschlossen hätten, sämmtliche in den Verzeichniß aufgeführten Arbeiter wegzujagen, wie solches gegenwärtig an verschiedenen Orten schon geschehen sei."

*(Stadtarchiv Löhne, A 233, Die Anlage einer Eisenbahn zwischen Rhein*
*und Weser, Bl. 489)*

*b) Schreiben des Sektions-Baumeisters Hartung* an Bauinspektor Schelle vom 10.6.1848, abschriftlich an den Landrat in Herford.

„Allen Wünschen der Behörden und Vorsteher kann ebensowenig wie den der einzelnen Arbeit Suchenden nachgekommen werden, indem die Zahl der Letztern zu groß ist und die Arbeit bei der nahen Vollendung der Bahn

naturgemäß immer weniger wird. Ohne Bedürftigkeits Attest der vorgesetzten Behörde wird, Schachtmeister ausgenommen, Niemand beschäftigt."
*(Kommunalarchiv Herford, Kreis Herford, A 1431,*
*Bau der Cöln-Mindener Eisenbahn, Bl. 77)*

## 5. Die Lohnkutscher: Strukturwandel

Durch den Bau der Eisenbahn verlieren Lohnkutscher ihre Arbeit. Am 30. Dezember 1874 beantragt der Vlothoer Fuhrmann August Dörge loh eine Konzession zum Betrieb einer Gastwirtschaft. In einem Brief heißt es:

„Durch den Bau einer Eisenbahn Vlotho entlang ist mein Erwerb al Arbeitsfuhrmann jetzt schon ziemlich erloschen, und wenn das Stationsge bäude fertig, dann sind auch meine Verdienste durch Pferde verschwunden ich daher gezwungen, meine beiden letzten Pferde abzuschaffen, weil sie da Futter nicht mehr verdienen können. Mit meinem Ackerbau sieht e ebenfalls flau aus und ist derselbe so gut wie erloschen, indem mir die best Fläche Land durch die Eisenbahn weggenommen."
*(Rinne, Andreas, „Mein Erwerb als Arbeitsfuhrmann ist erloschen".*
*Ein Kapitel Eisenbahn-Geschichte: Wie zwei Vlothoer versuchten, sich eine*
*neue Existenz aufzubauen, in: HF. Heimatkundliche Beiträge aus dem*
*Kreis Herford 15, 1995, S. 3)*

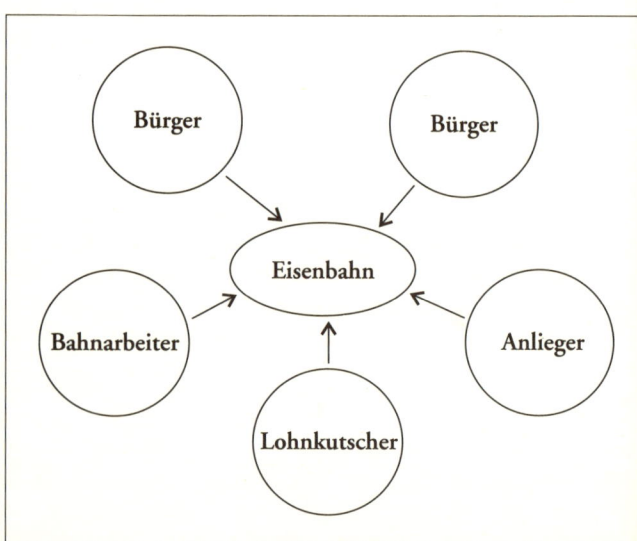

Abb. 9: Eisenbahnbau multiperspektivisch

Diese fünf Perspektiven machen deutlich, daß es „die" Perspektive auf den Eisenbahnbau nicht gibt. Erst die verschiedenen Sichtweisen zusammen ergeben eine zureichende Darstellung des Eisenbahnbaus.

Die Aufgabe an die Schüler könnte sein:

1. Benennt die einzelnen Gruppen der Beteiligten und Betroffenen anhand der Quellen genauer (z.B. Q1 ist die Perspektive des Wirtschaftsbürgertums: Eisenbahnbau war ein privatwirtschaftliches Unternehmen deshalb „Direktion" und „Aktionäre").
2. Schreibt in jeden Kreis, was die einzelnen Gruppen von dem Eisenbahnbau halten. Hoffnungen und Befürchtungen, Vorteile und Nachteile.
3. Versucht jetzt einen neuen Text für euer Schulbuch zu verfassen.

# 5. Hermeneutik

Der Begriff „Hermeneutik" stammt von dem Götterboten „Hermes", der den Sterblichen die Botschaften der Götter ausrichtete. Sein Verkünden beschränkte sich jedoch nicht nur auf das Mitteilen der göttlichen Befehle, sondern beinhaltete auch deren Erklären, und zwar so, daß er diese in die Sprache der Sterblichen und ihr Verständnis übersetzte.

Der Begriff „Hermeneutik" meint daher zunächst einmal die Praxis des Auslegens, die zum Verstehen führt. Ihre Leistung besteht grundsätzlich darin, einen Sinnzusammenhang aus einer (Lebens-)Welt in eine andere zu übertragen. Dabei gibt es ein Objekt („hermeneutisches Objekt"), das auf ein Subjekt einwirkt und von diesem interpretiert werden will. Beschäftigen wir („Subjekt") uns beispielsweise mit einem Text („Objekt") und versuchen, diesen auszulegen, betreiben wir Texthermeneutik. Gegenstand der Auslegung können prinzipiell alle Lebensäußerungen sein: Schriften, verbale Äußerungen, Gesten, Kunstwerke etc. Anfangs bezogen sich hermeneutische Bemühungen hauptsächlich auf Textbereiche wie Gesetzestexte, Worte der Kirchenväter oder die Heilige Schrift, also Texte, die stark einer Auslegung bedürfen. Hermeneutik, so könnte man sagen, ist Reaktion auf Verständnis- und Verständigungsschwierigkeiten. Denn dort, wo alles selbstverständlich ist, müssen keine Verständnisschwierigkeiten beseitigt werden.[1]

Geht man vom Götterboten Hermes aus, dann ist Hermeneutik ursprünglich auch mit der Entdeckung eines normativen Sinnes (hier: des Willens der Götter) verbunden. Sie beruhte auf der Notwendigkeit, etwas im „richtigen Sinn" zu verstehen. Dieser normative Sinn tritt jedoch spätestens seit dem 19. Jahrhundert immer mehr zurück. Der Schwerpunkt liegt nun auf dem Verstehen eines sprachlichen Sachverhaltes. Dabei unterscheiden wir zwischen Hermeneutik als einer im Alltag erlernbaren „Kunstlehre" der Verstehens und einer (philosophischen) Hermeneutik. Sie ist eine theoretische Disziplin, die das Phänomen „Verstehen", seine Elemente, Strukturen, Typen, usw. untersucht. Die Hermeneutik wird damit zu einer eigenständigen Wissenschaft.

---

1 Vgl. zum folgenden: Pandel, Hans-Jürgen, Verstehen und Verständigen. Hermeneutische Konsequenzen aus einer erzähltheoretischen Historik, in: ders. (Hg.), Verstehen und Verständigen, Pfaffenweiler 1991, S. 11-23.

# 5.1 Zur Geschichte der Hermeneutik

Vollzug wie Theorie der Auslegung lassen sich auf zwei Traditionsstränge zurückführen: Die griechische Sprachwissenschaft und Sprachphilosophie begründet die *allegorische Deutung* von Texten. Das Gegebene wurde nicht als solches akzeptiert, sondern als verhüllte Darstellung eines höheren Sinnes aufgefaßt. Diese Art der Interpretation wurde speziell in der griechischen Stoa angewendet, insbesondere bei Texten Homers und Hesiods. Herodot lieferte in seinen „Historien" viele Beispiele dafür.

Herodot befragte z.B. die Priesterinnen der Orakelstätte in Dodona nach dem Ursprung des Heiligtums. Sie berichteten folgendes: „Danach flogen zwei schwarze Tauben aus Theben in Ägypten fort, die eine nach Libyen und die andere zu ihnen nach Dodona und diese ließ sich auf der Eiche nieder und verkündete in menschlicher Stimme, hier müsse eine Orakelstätte des Zeus entstehen". Diesen Tatbestand versucht Herodot zu deuten und fährt fort: „Ich habe darüber folgende Meinung: (...) Tauben werden die Frauen von den Bewohnern von Dodona deshalb genannt, weil sie Barbarinnen waren und ihre Sprache wie Vogelstimmen klang. Wenn sie sagen, daß dann die Taube nach einiger Zeit mit menschlicher Stimme sprach, so war dies dann der Fall, als die Frauen für sie verständlich sprachen" (Herodot, Historien II 55 ff.).

Eine andere Art der Auslegung ist die vorwiegend am *wortwörtlichen Schriftsinn* orientierte Bibelauslegung des Judentums. Im Mittelalter kommt es zu einer Verbindung beider Stränge. Allerdings tritt der buchstäbliche Sinn hinter den geistlichen zurück, da er zu Häresien führen kann. Jede Auslegung hat als Kriterium ihrer Zulässigkeit die durch das kirchliche Lehramt bestimmte Orthodoxie. In Analogie zum Aufbau des Menschen aus Körper, Seele und Geist unterscheiden die mittelalterlichen Theoretiker:

- einen buchstäblichen Sinn,
- einen allegorischen Sinn,
- einen moralischen Sinn,
- einen pneumatischen (allegorisch-mystischen) Sinn, der die „höhere Wahrheit" enthält.

So kann beispielsweise das Wort „Jerusalem" die Stadt auf Erden, die Kirche Christi, die Seele des Gläubigen oder die Gottesstadt (das „himmlische Jerusalem") meinen.

Als wesentlich gilt: „Durch das Wort spricht der Mensch zu den Menschen, durch das Ding spricht Gott zu dem Menschen, und das Wort Gottes in den Dingen gilt es zu verstehen". Durch diesen Versuch, jeden Baustein der Natur zu interpretieren, eine höhere Wahrheit in ihm zu finden, entstehen die modernen Naturwissenschaften.

Hier haben Absolutheitstheorien ihren historischen Stellenwert. Diese Theorien setzen ein Absolutes voraus, beispielsweise „das Sein", „Gott", „den Weltgeist", „das Leben", „die Vernunft". Die älteste Absolutvorgabe ist dabei die von Gott. Das hermeneutische Geschehen vollzieht sich hier als Manifestation, als „Offenlegung" des Absoluten. Diese Gruppe repräsentiert wohl noch am stärksten den normativen Charakter der Hermeneutik, da als Norm immer schon das Absolute vorgegeben ist.

In der *Reformation* tritt an die Stelle des vierfachen Schriftsinns Martin Luthers „Schriftprinzip", wonach sich die Heilige Schrift selbst auslegt. Luthers Hermeneutik beruht auf der Idee der „hermeneutischen Kompetenz", nach der jeder die Fähigkeit besitzt, das Wort Gottes aus eigenem Können zu lesen, zu verstehen und auszulegen. Diese Idee wird ergänzt durch die hermeneutische Autonomie der Schriften („sola-scriptura-Prinzip"). Allgemein geht es zu Beginn der Neuzeit darum, das „eigentlich Maßgebliche" zurückzugewinnen, das durch „Verzerrung", „Entstellung" oder „Mißbrauch" verdorben war: die Bibel durch die Lehrtradition der Kirche und die Klassiker durch das „barbarische" Latein der Scholastiker.

Durch den *Rationalismus* gewinnt die Vernunft als Wirklichkeit und somit auch als hermeneutisches Prinzip an Bedeutung. Die Vernunft ist es, die sich im Willen des Autors in seinen Schriften zum Ausdruck bringt. Hermeneutik wird als Disziplin in die Logik mit einbezogen. Sie interpretiert die Worte, die Logik überprüft den Wahrheitsgehalt. Diese Entwicklung setzt sich während der Aufklärung fort. Zwischen 1720 und 1820 erscheint fast jedes Jahr eine neue Hermeneutik. In der deutschen Sprache wird Hermeneutik nun allgemein als „Auslegungs-Kunst" bezeichnet.

Im *19. Jahrhundert* löst der Theologe Friedrich Schleiermacher (1768-1834) die Hermeneutik als „universale Lehre des Verstehens und Auslegens" von allen dogmatischen Gesichtspunkten.[2] Verstehen ist nun reproduktive Wiederholung der ursprünglich gedanklichen Produktion des Autors. Jeder „Akt der Verstehens" ist „die Umkehrung des Aktes des Redens".[3] Der Interpret kann sich in den Autor hineinversetzen und damit die Distanz zwischen Vergangenheit und Gegenwart aufheben.

---

2  Schleiermacher, Friedrich, Hermeneutik und Kritik, hg. u. eingel. v. Manfred Frank, Frankfurt/M. 1977.

3  Schleiermacher, Hermeneutik, S. 76.

Die dabei entstehende Reproduktion ist bei Schleiermacher sowohl „psychologisch" als auch „grammatisch", es geht um Autor und Text. Das Verhältnis von Redner und Hörer, Autor und Interpret wird von ihm durchaus historisch gesehen: „Jede Rede kann nur verstanden werden durch die Kenntnis des geschichtlichen Gesamtlebens, wozu sie gehört, oder durch die Kenntnis der sie angehenden Geschichte".[4]

Schleiermachers Hermeneutik bildet eine gute Grundlage für autor-orientierte Theorien. Hier sind zwei unterschiedliche Blickwinkel möglich. Entweder der Rezipient sieht den Autor als „Menschen in seiner eigenen Lebens- und Erfahrungswelt". Das Werk wird dann als Manifestation des Autors einschließlich seines Horizonts vorverstanden und entsprechend interpretiert. Die direkte Interpretation des Autors als Mensch steht im Vordergrund, das Werk ist hier lediglich Mittel zum Zweck. Oder man interpretiert primär die Intention dieses Menschen. Dabei geht es darum herauszufinden, was das interpretierte Werk an Meinungen und Ideen enthält. Solche Interpretationstheorien eignen sich für autobiographische Aufzeichnungen bedeutender Persönlichkeiten (z.B. Bismarck). Die Sprache als „Verständnis-Medium" tritt dadurch in den Vordergrund. Mit Schleiermachers Definition von der „Kunstlehre des Verstehens" beginnt eine umfassende Verstehenstheorie. Die Hermeneutik wird dadurch zur Grundlage für alle Geisteswissenschaften.

## 5.2 Didaktische Konsequenzen

Die didaktischen Konsequenzen lassen sich in vier Punkten zusammenfassen:

- Dialogischer Charakter
- Traditionszusammenhang
- Ideologiekritik
- Hermeneutischer Zirkel

Mit Schleiermacher nimmt die Hermeneutik eine dialogische Wende, die von unmittelbarer didaktischer Relevanz ist. So wie zwei Gesprächsteilnehmer sich im Gespräch verständigen und ihre Aussagen wechselweise verstehen, so versteht der Interpret einen Text. Indem Schleiermacher den *Dialog* zum Modell der Hermeneutik macht, wird ein professioneller Ausleger als dritte Person im Interpretationsprozeß überflüssig. Es ist kein professioneller Ausleger notwendig, um einen Text zu verste-

---

4   Schleiermacher, Hermeneutik, S. 77.

hen. Das Verfahren des Verstehens kann nicht delegiert werden, und niemand kann für sich in Anspruch nehmen, für andere die Deutungsarbeit zu übernehmen. Theologen und Lehrer können der Gemeinde und der nachwachsenden Generation die Arbeit des Verstehens nicht abnehmen, sondern sie lediglich in die Technik des Verstehens, die Kunstlehre der Interpretation einführen. Weder kann jemand einem anderen die Sinnbildungsarbeit abnehmen, noch kann jemand zum Verstehen gezwungen werden. Sinnverstehen erfolgt zwar mit anderen, bleibt aber stets ein individueller Akt. Jedes Ansinnen an Schülerinnen und Schüler, daß sie einen bestimmten Sinn verstehen „sollen", ist tendenziell totalitär. Das gilt auch schon für den üblichen Referendariatsjargon, die Schülerinnen und Schüler „sollen verstehen" ...

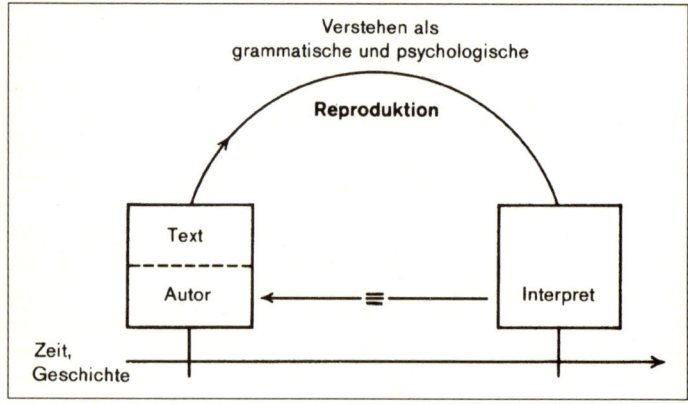

**Abb. 10:** Verstehen nach Schleiermacher

Einen wichtigen Schritt für didaktisch bedeutsame Überlegungen nahm der Heidelberger Philosoph *Hans-Georg Gadamer* (geb. 1900) vor, indem er darauf hinwies, daß Autor und Interpret in einem gemeinsamen Traditionszusammenhang stehen.[5] Autor und Interpret sprechen (meist) die gleiche Sprache und denken die gleichen Gedanken. Ein einfaches Hineinversetzen in den Autor ist aber doch nicht möglich, da die hermeneutische Situation aufgrund der Produktivität

---

5  Gadamer, Hans Georg, Wahrheit und Methode. Grundzüge einer philosophischen Hermeneutik, Tübingen 1960.

der Zeit von der des Autors verschieden ist. Jede Interpretation wird aus einem späteren Blickwinkel vorgenommen, und dadurch ergeben sich ständig neue Perspektiven. Es kommt auf die „Vermittlung" von Vergangenheit und Gegenwart durch die Interpretation an.

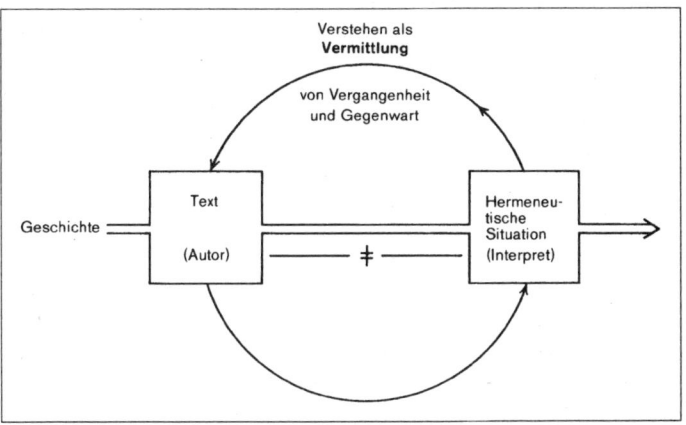

**Abb. 11:** Verstehen nach Gadamer[6]

Geschichtliches Lernen bzw. geschichtliche Sozialisation ist somit eine Einübung in gemeinsame Traditionszusammenhänge. Diese Traditionszusammenhänge sind aber ihrerseits Vorverständigungen für Verstehen. Das bedeutet zugleich, „daß der Überlieferungszusammenhang als der Ort möglicher Wahrheit und praktischen Verständigtseins zugleich auch der Ort faktischer Unwahrheit und fortdauernder Gewalt ist."[7] Damit Interpretation nicht zu einer schweigenden Komplizenschaft zwischen Autor und Interpret wird, ist *Kritik* nötig. Wenn Autor und Interpret dem gleichen Traditionszusammenhang angehören, sprechen sie aber nicht nur die gleiche Sprache, sondern besitzen auch die gleichen Vorurteile. Die Interpretation würde für den Interpretierenden zu einer Horizontverschmelzung, nicht jedoch zu einer „Horizonterweiterung" führen. Es entsteht kein neuer Sinn, wenn der Interpret nur seine Vorurteile bestätigt sieht.

---

6 Die Schemazeichnungen „Schleiermacher", „Gadamer" und „Hermeneutischer Zirkel" stammen aus folgendem Band: Danner, Helmut, Methoden der geisteswissenschaftlichen Pädagogik, 4. Aufl., München 1998, S. 57, 86 und 88.
7 Wellmer, Albrecht, Kritische Gesellschaftstheorie und Positivismus, Frankfurt/M. 1969, S. 48 f.

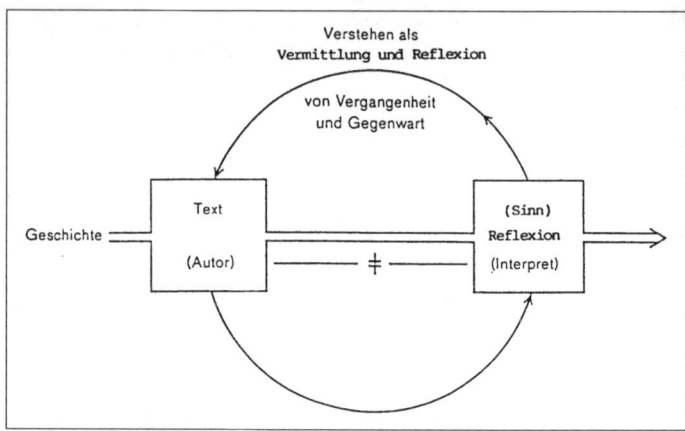

**Abb. 12:** Verstehen als Reflexion und Kritik

Der didaktisch bedeutsame Gedanke, der in der von Habermas an Gadamer gerichteten Kritik liegt, besteht auf der Einsicht, daß das Verstehen von Vergangenheit nicht von (Selbst-)Reflexion zu trennen ist. Das unmittelbare Hineinspringen in die Vergangenheit und die direkte Konfrontation mit Quellen erzeugen Mißverständnisse, wenn der Geschichtsunterricht nicht auch eine Anleitung zur Selbstreflexion darstellt. Der Grundsatz der Gegenwartsbezogenheit bezieht sich somit nicht nur auf historische Sachverhalte, sondern auch auf die Denkoperationen.

## 5.3 Hermeneutischer Zirkel

Im Verlauf des hermeneutischen Vorganges begegnen sich zwei unterschiedliche Lebens- und Erfahrungswelten. Die Welt des Autors offenbart sich durch seinen Text dem Adressaten, der seinerseits in seiner eigenen Welt steht. Zwischen diesen beiden „Horizonten" (z.B. Sozialbereiche, historisch-geschichtliche Situationen, etc.) muß es Gemeinsamkeiten geben (sei es z.B. die gemeinsame Sprache), sonst ist eine Verständigung nicht möglich. Die Horizonte besitzen also untereinander Verbindungen und setzen sich gegenseitig voraus. Sie gehen wie in einem Kreis ineinander über.

Dies ist daher auch ein Beispiel für einen hermeneutischen Zirkel. Verstehensprozesse sind immer Zirkelprozesse (Beispiele: Totalitätszirkel, Subjekt – Objekt – Zirkel, Horizontzirkel, etc.[8]). Gerade für Kinder und Jugendliche ist das Konzept des hermeneutischen Zirkels bzw. der hermeneutischen Spirale von Wichtigkeit. Es ist deshalb verwunderlich, daß wir so wenig über Genese der Interpretationsfähigkeit bei Schülerinnen und Schülern wissen. Das Vorverständnis von einem Sachverhalt sollte von den Schülerinnen und Schülern artikuliert werden, ehe sie sich genauer mit dem Text beschäftigen. Am Ende der Quellenarbeit sollte dann nochmals auf das Vorverständnis zurückgegriffen werden. Bevor der Rezipient überhaupt erst anfängt, sein Objekt näher zu untersuchen, hat er es bereits in sein Weltbild eingeordnet und damit auch schon bestimmte Erwartungen, Methoden der Interpretation usw. in sich geweckt. Man könnte sagen, er hat das Objekt schon „vorverstanden". Wenn beispielsweise ein Rezipient beginnt, einen Text zu lesen, dann hat er eventuell zuvor schon etwas über den Inhalt erfahren, er kennt vielleicht den Autor, die von ihm vertretene Meinung etc.

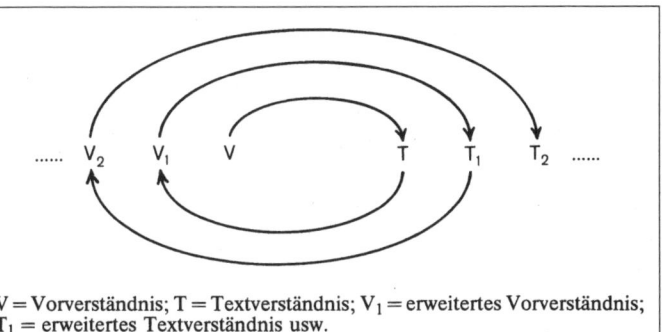

$V$ = Vorverständnis; $T$ = Textverständnis; $V_1$ = erweitertes Vorverständnis; $T_1$ = erweitertes Textverständnis usw.

**Abb. 13:** Hermeneutischer Zirkel

Das alltägliche Geschichtsbewußtsein der Schülerinnen und Schüler geht als Voraussetzung wie als Widerstand in den Interpretationsprozeß mit ein. Die im didaktischen Modell der Berliner Schule genannten „anthropogenen" und „sozio-kulturellen" Voraussetzungen hat die Geschichtsdidaktik in den letzten Jahren für historisches Lernen spezifiziert. Es handelt sich um „Geschichtsbewußtsein" und „Geschichtskultur".

---

8 Vgl. Diemer, Alwin, Elementarkurs Philosophie: Hermeneutik, Düsseldorf 1977, S. 143.

Es lassen sich eine Fülle von Vorkenntnissen zusammentragen, die sich auf schulische Themen beziehen, die die Schülerinnen und Schüler aber nicht aus dem Unterricht bezogen haben. Sie bringen lebensweltlich erworbene Vorkenntnisse mit, die sich auf spezielle historische Sachverhalte beziehen (Kenntnisse von historischen Personen, Ereignissen und Situationen). Diese Vorkenntnisse können den Interpretationsprozeß intensivieren und den Lernfortschritt beschleunigen oder auch behindern. Vorkenntnisse können nämlich auch hemmende Faktoren sein. Für den hermeneutischen Prozeß ist weniger das fehlende als das falsche Wissen von Bedeutung. Positives wie fehlendes Wissen ist immer noch eine Lernvoraussetzung, falsches Wissen dagegen ein Lernwiderstand. Von den Vorkenntnissen *allgemeiner Art* (anthropologisches, technisches, ökonomisches etc. Wissen) sind die *Einstellungen* zu unterscheiden, die jemand zu einem Sachverhalt erworben hat. Einstellungen sind Komplexe von Meinungen, Werthaltungen und Verhaltenstendenzen, die im Sozialisationsprozeß aufgebaut und durch Kommunikation bestätigt, verfestigt oder auch verunsichert werden. Solche Einstellungen sind weniger altersgebunden als vielmehr von der jeweiligen Gegenwart historisch abhängig. Wir können deshalb nicht davon ausgehen, daß die Einstellungen von Schülerinnen und Schülern stabil bleiben. So haben im Jahre 1973 65% der Jugendlichen der Aussage zugestimmt, „Unternehmer haben einen großen Anteil am Wirtschaftsaufschwung nach dem Krieg [gemeint nach 1945]". Im Jahre 1979 stimmten aber nur 48% diesem Statement zu. Die Gründe für einen solchen Wandel liegen in den Veränderungen der historisch-politischen Situation – der hermeneutischen Situation. Ab und an sollte vor einem Interpretationsprozeß eine *Voreinstellungsbefragung* vorgenommen werden. Eine solche Reflexion zeigt auf, daß die Begriffe, die wir benutzen, für uns eine bestimmte Konnotation besitzen, affektiv und emotional aufgeladen sind. Es lassen sich eine Reihe von *Befragungsmethoden* unterscheiden:

**Methode 1:** Erhebung des Vorwissens
In der Vorbefragung wird das bereits vorhandene *Wissen* ermittelt. Das Vorwissen kann sowohl durch eine allgemeine *Einstiegsdiskussion* zu Beginn des Unterrichts oder durch schriftliche Verfahren vorgenommen werden. In der allgemeinen Einstiegsdiskussion wird eine allgemeine und weitgefaßte Frage diskutiert, die sich auf das gesamte Thema der Unterrichtseinheit bezieht: „Was ich über den Nationalsozialismus weiß"; „Wie Kranke im Mittelalter behandelt wurden"; „Wie die Römer lebten" etc. Wenn in der Einstiegsdiskussion spezielle Fragen gestellt werden, so müssen sich Schülerinnen und Schüler darüber klar

sein, daß ihre Fragen bereits eine bestimmte Relevanzvorstellung zum Thema enthalten.[9]

**Methode 2:** Einstellungsdiskussion – Brainstorming

Einstellungen können als „Neigungen eines Menschen" verstanden werden, „bestimmten sozialen Objekten oder Aktionen gegenüber gewogen oder nicht gewogen zu sein".[10] Eine Simplifizierung komplexer gesellschaftlicher Sachverhalte oder die Erklärung von gesellschaftlichen Naturkategorien darf nicht als Ausdruck kindlichen Bewußtseins mißverstanden werden. Es handelt sich vielmehr um ideologische Bewußtseinsformen, die der Alltagswelt der Erwachsenen entnommen sind. So gesehen erhebt eine Einstellungsbefragung der Schülerinnen und Schüler auch Teile der apokryphen öffentlichen Meinung. Im Verfahren des Brainstorming setzt sich die Lerngruppe zusammen, und jeder sagt, was ihm gerade zu einem Stichwort einfällt: „Was ich über Adolf Hitler weiß"; „Ritter"; „Bolschewismus"; „Vaterland" etc. Hier geht es nicht darum, das vorhandene Wissen oder Nichtwissen zu erheben, sondern herauszufinden, welche affektive Besetzung diese Begriffe bzw. historischen Sachverhalte haben. Zugelassen sind auch solche Aussagen, die die Schülerinnen und Schüler sich nicht zueigen machen, sondern die nur Gehörtes berichten: „Was ich über Adolf Hitler gehört habe"; „Was die Leute über Fremde sagen" etc. Eine dritte Möglichkeit zielt auf Fragen und Interessen der Schülerinnen und Schüler: „Was ich gern wissen möchte" etc.

**Methode 3:** Einstellungserhebung

Die Fragemethode, um Einstellungen zu erheben, erfordert einen gewissen Arbeitsaufwand (vgl. Tab. S. 120 oben).

---

9   Zu diesem Thema heute immer noch lesbar: Haller, Ingrid; Wolf, Hartmut, Selbstreflexion der Lerngruppe auf ihr eigenes Verhalten als didaktische Kategorie der politischen Bildung, in: Fackiner, Kurt (Hg.), Handbuch des politischen Unterrichts, Frankfurt/M. 1972, S. 239-289.

10  Guilford, Joy Paul, Persönlichkeit, Weinheim 1964, S. 211.

| Erhebung von Voreinstellungen | | |
|---|---|---|
| **Beispiel:**<br>**Welche Eigenschaften hat das Fließband?**<br>**Kreuze an, was zutrifft!** | | |
| **ja** | **nein** | |
| ❑ | ❑ | erleichtert die körperliche Arbeit |
| ❑ | ❑ | schafft einen gleichmäßigen Arbeitsrhythmus |
| ❑ | ❑ | verringert die Herstellungskosten der Waren |
| ❑ | ❑ | senkt die Preise |
| ❑ | ❑ | verbilligt die Waren |
| ❑ | ❑ | ist abwechslungsreich |
| ❑ | ❑ | ist monoton |
| ❑ | ❑ | produziert billig große Warenmengen |
| ❑ | ❑ | produziert billig kleine Serien |
| ❑ | ❑ | beansprucht den menschlichen Körper einseitig |

**Methode 4:** Assoziationen herstellen

Eine weitere Methode, um Einstellungen zu erheben, ist die Assoziat on. Zu einem vorgegebenen historischen Begriff oder Sachverhalt solle die Schülerinnen und Schüler der Lerngruppe spontan zwei Eiger schaften (oder sonstige Begriffe) finden. Es müssen nicht unbeding ähnliche, sondern es können durchaus auch entgegengesetzte Eiger schaften sein.

| **Beispiel:** | |
|---|---|
| **Autobahn:** | schnell – schön |
| **Fließband:** | schmutzig – laut |
| **Arbeitslosigkeit:** | arm – schlimm |

**Methode 5:** Polaritätsprofil erstellen

Das Polaritätsprofil ist ein Verfahren, bei dem die Schülerinnen und Schüler auf einer Skala von polaren Adjektiven die Nähe bzw. Entfernung zu einem Stimuluswort angeben. Es werden konnotative Bedeutungen deutlich, die der Begriff bei den Lernenden hat. Das Polaritätsprofil weist eine Skala meist gegensätzlicher Eigenschaften auf, und die Schülerinnen und Schüler sollen ihre Einstellung zu einem Sachverhalt angeben. Hier geht es vorwiegend um die aktive Besetzung bestimmter Sachverhalte, nicht so sehr um ein Wissen über diesen Sachverhalt selbst.

---

**Beispiel (aus einer Einheit „Rationalisierung und Fließfertigung in der Weimarer Republik"):**

**Polaritäten dichotomisch anordnen:**

| | |
|---|---|
| ❏ eintönig | ❏ abwechslungsreich |
| ❏ anstrengend | ❏ nicht anstrengend |
| ❏ gesundheitsschädlich | ❏ unschädlich |
| ❏ unverzichtbar | ❏ überflüssig |

---

**Methode 6:** Bewertung von Statements

Die Bewertung von wertenden Aussagen (auch Statements) ist eine weitere Methode, sich die eigenen Voreinstellungen bewußt zu machen. Schülerinnen und Schüler beziehen zu Aussagen differenziert Stellung. Solche Aussagen können entweder von Lehrerinnen und Lehrern selbst formuliert werden oder auch der vorhandenen sozialwissenschaftlichen Literatur über Schülerbewußtsein bzw. über die Bewußtseinslagen der erwachsenen Bevölkerung entnommen werden. So lassen sich z.B. aus den Untersuchungen über rechtsextreme Einstellungen folgende Statements entnehmen:

● „Ein Mann wie Hitler würde mit den heutigen Problemen besser fertigwerden als unsere Politiker."
● „Der Kampf ist ein natürlicher Prozeß, der immer nur den Stärksten und Fähigsten eine Überlebenschance bietet".
● „Der Verrat des deutschen Widerstandes war schuld an unserer militärischen Niederlage im Zweiten Weltkrieg" etc.

Die Stellungnahme zu diesen Aussagen kann auf einer Skala, die von völliger Zustimmung bis zu völliger Ablehnung reicht, gewichtet werden.

**Bewertung des Statements**

| | |
|---|---|
| *Beispiel I:*<br>„Ein Mann wie Hitler würde mit den Problemen besser fertig werden als unsere Politiker." | ❏ völlig richtig<br>❏ teilweise richtig<br>❏ unentschieden, keine Meinung<br>❏ eher falsch<br>❏ völlig falsch |
| *Beispiel II:*<br>„Die Arbeitslosen haben Hitler an die Macht gebracht." | ❏ stimmt<br>❏ stimmt nicht<br>❏ weiß ich nicht |

**Methode 7:** Betroffenheitsanalyse

Quellen lösen beim Leser *Gefühle* aus, die von Freude bis zu Ek reichen. Sie stellen sich bereits beim ersten Lesen ein, ehe der eigentlich Interpretationsprozeß begonnen hat. Diese Gefühle können das Verst hen sowohl fördern als auch blockieren. Eine Methode, um sich d Gefühlsqualitäten von Quellen bewußt zu werden, ist die Betroffen heitsanalyse.[11] Sie ist keine Interpretationsmethode, keine Method um eine Quelle zu erschließen, sondern dem Interpretierenden Klarhe über die eigenen Gefühle zu verschaffen. Ein Beispiel für die Anm tungsqualität von Quellen ist der Kreuzzugsaufruf von Papst Urban I vom 27.11.1095 im französischen Clermont an die abendländisch Ritterschaft. Der Mönch Robert von Reims hat die Predigt selbst gehö und 12 Jahre später aufgeschrieben. Darin heißt es:

„Das Volk im Perserreich, ein fremdes Volk, ein ganz gottfernes Volk, ei Brut von ziellosem Gemüt und ohne Vertrauen auf Gott [Psalm 77, 8], h die Länder der dortigen Christen besetzt durch Mord, Raub und Bran entvölkert und die Gefangenen teils in sein Land abgeführt, teils elen umgebracht; es hat die Kirchen Gottes gründlich zerstört und für seine Kult beschlagnahmt. Sie beflecken die Altäre mit ihren Abscheulichkeite und stürzen sie um; sie beschneiden die Christen und gießen das Blut d Beschneidung auf die Altäre oder in die Taufbecken. Denen, die sie schän lich mißhandeln und töten wollen, schlitzen sie den Bauch auf, ziehen d

---

11 Zur „Betroffenheitsanalyse" vgl. Schulz-Hageleit, Peter, Geschichtsdidaktik un Psychoanalyse, in: Kirchhoff, Hans Georg (Hg.), Neue Beiträge zur Geschicht didaktik, Bochum 1986, S. 147-174.

Anfang der Gedärme heraus, binden ihn an einen Pfahl und treiben sie mit Geißelhieben solange rundherum, bis die Eingeweide ganz herausgezogen sind und sie am Boden zusammenbrechen. Sie binden manche an Pfähle und erschießen sie mit Pfeilen. Sie ziehen manchen den Hals lang, gehen mit bloßem Schwert auf sie los und versuchen, ob sie sie mit einem Streich köpfen können. Was soll ich von der ruchlosen Schändung der Frauen sagen? Davon reden ist schlechter als schweigen. Schon haben sie das Griechenreich verstümmelt und sich ein Gebiet einverleibt, das zu durchwandern zwei Monate nicht hinreichen.
*(Borst, Arno, Lebensformen im Mittelalter, Berlin 1997, S. 318)*

Jean Piaget deutet den hermeneutischen Zirkel als Spirale. In dieser Auffassung wird der Interpretationsprozeß über die Schuljahre hinaus im Sinne eines hermeneutischen Spiralcurriculums angelegt. Das erfordert einen durchdachten Aufbau eines Kurses, der Quellengattung wie auch die Quellenoperationen aufeinander bezieht.

# 5.4 Weiterführende Literatur zur Hermeneutik

Apel, Karl-Otto u.a., Hermeneutik und Ideologiekritik, Frankfurt/M. 1917

Breuer, Dieter, Einführung in die pragmatische Textanalyse, München 1974

Danner, Helmut, Methoden geisteswissenschaftlicher Pädagogik, 4. Aufl., München 1998

Eco, Umberto, Die Grenzen der Interpretation, München 1992

Frank, Manfred, Das individuelle Allgemeine. Textstrukturierung und -interpretation nach Schleiermacher, Frankfurt/M. 1977

Gadamer, Hans-Georg, Wahrheit und Methode. Grundzüge einer philosophischen Hermeneutik, Tübingen 1960

Gadamer, Hans-Georg; Boehm, Gottfried (Hg.), Seminar: Die Hermeneutik und d Wissenschaften, Frankfurt/M. 1978

Göttner, Heide, Logik der Interpretation. Analyse einer literaturwissenschaftlichen Methode unter kritischer Betrachtung der Hermeneutik, München 1973

Hirsch, Erie Donald, Prinzipien der Interpretation, München 1972

Koselleck, Reinhart, Vergangene Zukunft, Frankfurt/M. 1979

Koselleck, Reinhart; Gadamer, Hans-Georg, Hermeneutik und Historik, Heidelberg 1987

LaCapra, Dominick; Kaplan, Steven L. (Hg.), Geschichte denken. Neubestimmunge und Perspektiven moderner europäischer Geistesgeschichte, Frankfurt/M. 1988

Michels, Gerd, Textanalyse und Textverstehen, Heidelberg 1981

Pandel, Hans-Jürgen, Verstehen und Verständigen. Hermeneutische Konsequenzen a einer erzähltheoretischen Historik, in: ders. (Hg.), Verstehen und verständigen Pfaffenweiler 1991, S. 11-23

Reusser, Kurt; Reusser-Weyeneth, Marianne (Hg.), Verstehen. Psychologischer Proze und didaktische Aufgabe, Bern 1994

Ricoeur, Paul, Die Interpretation. Ein Versuch über Freud, Frankfurt/M. 1969

Rüsen, Jörn, Rekonstruktion der Vergangenheit. Grundzüge einer Historik II: D Prinzipien der historischen Forschung, Göttingen 1986

Schiffels, W., Geschichte(n) erzählen. Über Geschichte, Funktionen und Formen de Erzählens, Kronberg 1975

Spinner, Kaspar H., Interpretieren im Deutschunterricht, in: Praxis Deutsch 14 (1987) H. 81, S. 17-23

# 6. Didaktik des Quelleneinsatzes

## 6.1 Warum sollen Schülerinnen und Schüler an und mit Quellen lernen?

Die meisten Unterrichtsfächer haben einen klassischen Kern- und Bezugspunkt, um den herum sich Unterricht gruppiert. Für den Deutschunterricht ist es die Literatur, für den Physik- und Chemieunterricht das Experiment. Im Geschichtsunterricht ist es die Quelle. Sie verkörpert Authentizität und erfordert Selbsttätigkeit, da sie der Ausgangspunkt historischen Denkens ist. Quellen stellen eine Gruppe von kulturellen Objektivationen dar, die durch besondere Eigenschaften von anderen ausgezeichnet sind. Sie besitzen Aura und Alterität, und ihnen wächst Bedeutung als Funktion der Zeit zu. In ihnen haben sich Handlungen und Gedanken vergangener Zeiten materialisiert. Es sind keine zeitgenössischen Aussagen; wir sind von ihnen durch Zeit getrennt, und die Zeit hat dieser Materialisierung etwas hinzugefügt. Sie sind das Andere, das nicht aus unserer Zeit ist, und diese Zeitdifferenz darf nicht eingeebnet werden.

Quellen wurden als zentrales Element im Geschichtsunterricht akzeptiert. Der Unterricht nimmt auf sie direkt und indirekt Bezug. Quellen sind so mit dem Geschichtsunterricht verbunden, wie das Experiment mit der Physik. Ohne Quellen wäre Geschichtsunterricht kein Geschichtsunterricht. Sie sind nicht deshalb zentral, weil Geschichtslehrer ihr Selbstverständnis und ihren Fachhabitus mit ihnen bestreiten, sondern weil Quellen für das Lernen des historischen Denkens den gleichen Stellenwert haben wie das kleine Einmaleins im Mathematikunterricht.

Wer Quellen ausschließlich als Wissensspeicher ansieht, für den sind sie nur ein Ärgernis. Reine Wissensaneignung ist ohne Quellen effektiver. Wissen ist leichter abfragbar, wenn auch nicht sehr lange vergessensresistent. Die Ergebnisse des Lernprozesses sind besser kalkulierbar und die Ziele ohne die sogenannten Umwege erreichbar. Solche Verfahren finden bezeichnenderweise ihre Stützung durch den Leistungsbegriff, der lediglich den Hosenboden als Grundlage hat.

Quellen sind Prozeßsedimente. Sie sind im historischen Prozeß entstanden und liegen uns in unserer Gegenwart vor. Welche Vorgänge sie hervorgebracht haben, auf welche Weise sie auf uns gekommen sind und wie wir sie wieder zum Sprechen bringen können, sind die wichtigsten

Fragen. Quellen sind *Anlässe* für subjektgebundene semantische Opera
tionen, für Nachdenken und Erinnern; sie sind nur in geringen Maß
Bedeutungsspeicher. Die Bedeutung ist nicht ein für alle mal in ihne
beschlossen, sondern sie dienen dem Nachdenken und Erinnern. Nach
denken und Erinnern erfolgen in der Operation des Interpretierens
Interpretieren ist das Übersetzen historischer Texte in solche Sätze, di
Schüler aufgrund ihrer bereits erworbenen Termini verstehen können.

Historisches Lernen ist ein Denkstil und nicht das Akkumuliere
von Wissen. Es ist wie Philosophieren und mathematisches Denke
eine abendländische Kulturerrungenschaft, die 2500 Jahre alt ist un
sich in ehrwürdiger Tradition durch die Jahrhunderte ausdifferenzier
entmythologisiert und rationalisiert hat. Was mit Geschichte verbun
den ist, ist weniger ein opulentes historisches Wissen, sondern di
Denkform „historisches Denken". Die empirischen Untersuchunge
über den mangelhaften Wissensstand der Schülerinnen und Schüle
müßte den Vertretern, die auf die Akkumulation von Wissen setzen, z
denken geben. Die Denkform „historisches Denken" ist es, die gepfleg
werden muß, sie ist es, die bei allen schulorganisatorischen Veränderun
gen von Projektunterricht, Handlungsorientierung, fächerübergreifen
dem Lernen bewahrt werden muß und nicht bestimmte Wissensbestän
de. Wenn von konservativer Seite Eigenständigkeit und abiturrelevant
Fächer eingeklagt werden, dann wird mit falschen Begründungen au
etwas Richtiges hingewiesen. Es geht nicht um Fächer als abgegrenzt
Wissensclaims, sondern um die Denkformen Philosophieren, histori
sches Denken, mathematisches Denken etc.

---

**Warum Quellen unverzichtbar sind**
**Sieben Gründe für Quelleninterpretation**

- Quellen sind als *Stücke unvergangener Vergangenheit* das einzige,
  was von ihr noch übrig ist. Sie bilden deshalb eine besondere
  Gruppe von Texten, die nicht durch andere substituierbar ist. So
  wie keine Inhaltsangabe der „Buddenbrooks" im Literaturlexikon
  die Lektüre des Romans ersetzen kann, können keine Schulbuchdarstellung und kein Lehrervortrag Quellen überflüssig machen.
  Sie sind mehr als bloße Informationsspeicher; als Bewahrer vergangener Sinngehalte besitzen sie Aura und Authentizität.
- Quellen sind die *ursprünglichste Form unseres historischen Wissens*
  von der Vergangenheit. Auf ihnen basieren alle späteren historio-
  graphischen Darstellungen. In der Aufklärung sind sie durch den
  Grundsatz der Autopsie – dem „Selbst sehen" – zum unverzicht-

baren Ausgangspunkt des historischen Denkens geworden. Lebensweltlich gesehen befriedigen sie Authentizitätsbedürfnisse. Ohne Quellen gibt es keine Geschichte.

- Quellen sind Grundlage für *das Verstehen vergangener Sinngehalte*. Sinnverstehen ist ein individueller, intimer Akt, der an keinen professionellen Interpreten (Theologen, Lehrer etc.) delegiert werden kann. Niemand kann gezwungen werden, einen bestimmten Sinn zu verstehen und seine Geltung zu akzeptieren – daran scheiterten bisher alle Diktaturen. Auch Quellen selbst können nicht vorschreiben, welcher Sinn aus ihnen zu entnehmen ist, sie sagen lediglich, welche Aussagen wir nicht machen können; sie besitzen ein „Vetorecht" (Koselleck).

- Quellen sind die *beharrenden Bezugspunkte im beschleunigten kulturellen Wandel* und der zunehmenden Pluralität der Sinndeutungsangebote. Die Quellen bleiben im historischen Wandel mit sich selbst identisch, geben uns aber stets neue Antworten auf unsere neuen Fragen. Sie sind Tradition und gleichzeitig Garanten des kulturellen Wandels.

- Quellen besitzen *unausschöpfbare Sinnpotentiale*. Eine endgültige Auslegung ist nicht möglich, solange die Zukunft offen ist. Quellen zeigen das Andere, das, was nicht Gegenwart ist, die Alterität. Sie bewirken Horizonterweiterung und verlangen Identitätsüberprüfung. Trotz allen Bemühens einer Gegenwart, die Quellen „endgültig" und für alle Zeiten auszulegen, liefern sie neue Sinnpotentiale, die sich zu der jeweils „letzten" Auslegung widerborstig verhalten.

- Quellen leisten einen Beitrag zur *Orientierung in politisch-gesellschaftlichen Kontroversen*. Gegenwärtige Aussagen über historische Ereignisse und kontroverse Deutungen der Vergangenheit lassen sich durch Rückgriff auf Quellen auf ihre empirische Triftigkeit überprüfen und die Deutungen zureichend beurteilen. Hierin liegt der Beitrag der Geschichte zur politischen Bildung.

- Quellen *bereichern unser imaginatives Vorstellungsvermögen*. Sie individualisieren historische Personen und konkretisieren geschichtliche Ereignisse in einer Weise, die keine – notwendigerweise abstrahierende – historiographische Darstellung von Geschichte jemals wieder erreichen kann. Quellen sind anschauungsgesättigter und detailreicher als jede spätere Darstellung historischer Vorgänge.

## 6.2  Anforderungen an die Textsorte „Quelle"

Nicht jede Quelle im fachwissenschaftlichen Sinne ist schon eine Quelle im fachdidaktischen Sinne; aber jede Quelle im didaktischen Sinne muß zugleich eine fachwissenschaftliche Quelle sein. Die im Unterricht eingesetzten Quellen unterliegen den Anforderungen der Fachwissenschaft. In erster Linie ist Authentizität von ihnen zu verlangen.

Quellen, die in der Fachwissenschaft eine zentrale Rolle spielen (Gelnhäuser Urkunde, Goldene Bulle, Kommunistisches Manifest, Versailler Vertrag etc.) müssen in dieser (fachwissenschaftlichen) Eigenschaft nicht schon Quellen im didaktischen Sinne sein. Für die Geschichtswissenschaft ergibt sich der zentrale Wert einer Quelle aus ihrer Fragestellung, die nicht mit einer didaktischen identisch sein muß. Für die Geschichtsdidaktik ergibt sich der Wert einer Quelle erst aus den Erkenntniszielen, die didaktisch gesetzt werden. Trotz dieser Abgrenzung ist allerdings die Möglichkeit nicht ausgeschlossen, daß fachwissenschaftliche und fachdidaktische Relevanz in einer Quelle zusammenfallen. Das trifft allerdings nur in den seltensten Fällen zu. Die Regel ist eher Divergenz statt Konvergenz.

In der gegenwärtig vorliegenden Literatur zum historisch-politischen Unterricht wird wenig Aufmerksamkeit darauf verwandt, Quellen für den historischen Unterricht nach geschichtsdidaktischen und geschichtsmethodischen Kriterien zu untersuchen. Nach dem Zurückdrängen der älteren Erzähl-„Didaktik" werden allerdings strengere, auch quellenkritische Maßstäbe an die für den Unterricht vorgesehenen Quellen angelegt. Es wird nicht mehr jeder Text, der von „Alten Zeiten" handelt, als historische Quelle angesehen. Zumeist dominieren zwei Gesichtspunkte, die die Auswahl der Quellen steuern: Die Quellen sollen einen historischen Sachverhalt abdecken, und sie sollen „anschaulich" sein.

Das sind zweifellos ernstzunehmende Kriterien. Grundsätzlicher ist allerdings die Frage, ob die Quelle als Interpretationsgegenüber des Schülers auch der Eigenart historischer Erkenntnis gerecht wird. Neben den editorischen und geschichtsmethodischen Gesichtspunkten verdienen deshalb die geschichtsdidaktischen Kriterien eine stärkere Beachtung.

| Didaktisch-methodische Anforderungen an eine Quelle | | |
|---|---|---|
| *Geschichtsdidaktische Kriterien* | *Geschichtsmethodische Kriterien* | *Editorische Kriterien* |
| *Lernen:* Erfahren die Schüler (auf das jeweilige Lernziel bezogen) neue Informationen wird Bekanntes nur bekräftigt? | *Menschen als Handelnde:* Personifizierung (nicht Personalisierung!): Kommen Menschen vor? Als Handelnde oder als Behandelte? | *Wissenschaftliche Exaktheit:* Ist es eine authentische Quelle, d.h. entstammt sie der Zeit, über die sie Auskunft geben soll? Ist sie datiert? |
| *Verstehen und Begreifen:* Werden Motive (Wertvorstellungen) der Personen oder der Sinn von Handlungen deutlich? Ermöglicht die Quelle eine Auseinandersetzung zwischen eigenen und fremden Wertvorstellungen? | *Konkretisierung:* Kann der Schüler anhand von Details Zeit und Ort des geschilderten Sachverhalts erschliessen? Wird ein Handlungsablauf in der Zeit sichtbar? | *Synonymer Text:* Ist die Quelle (bezogen auf das Lernziel) nicht entstellend bearbeitet (gekürzt, übersetzt)? Werden Auslassungen und Hinzufügungen kenntlich gemacht? |
| *Erzählen:* Auf welche Weise läßt sich die Quelle in einen Erzählzusammenhang einordnen, d.h. eine Vor- und Nachgeschichte finden? | *Alterität:* Läßt die Quelle in Form oder Inhalt die Erfahrung oder Erkenntnis von Andersartigkeit zu? | *Wissenschaftlicher Apparat:* Enthält sie die Fundstelle und eventuell Anmerkungen (Begriffserklärungen etc.)? |

## (1) Geschichtsdidaktische Kriterien

Geschichtsdidaktische Kriterien für eine Auswahl von Quellen, die bei Schülerinnen und Schülern historische Erkenntnis ermöglichen, sind „Lernen", „Verstehen und Begreifen" sowie „Erzählen". Der Zusammenhang dieser drei Erkenntnisebenen wird durch die im Sprech- bzw. Erzählakt enthaltenen Ebenen von Kognition, Äußerung und Geltungsanspruch sowie Narratio hergestellt. Jede verstehbare historische Äußerung besitzt kognitive Gehalte, impliziert Geltungsansprüche und ist eingebunden in eine narrative Struktur.

„Verstehen" und „Begreifen" differieren durch die Unterscheidung von „Äußerung" und „Geltungsanspruch". Erst wenn die Quelle nicht nur Träger von Kognition ist, sondern durch erworbene Interpretationskompetenz nach dem Sinn aufgeschlüsselt und dieser *verstanden* wird, können Schülerinnen und Schüler die implizierten Geltungsansprüche *akzeptieren* oder sich von ihnen distanzieren. Lernen und Begreifen verhalten sich zum Verstehen wie Voraussetzung und Folge. Ein Verstehen ist abhängig von kognitiven Inhalten, die etwas bedeuten, und zieht die Entscheidung über den implizierten Geltungsanspruch der Rede (Quelle) nach sich.

Quellen müssen *Lernen* ermöglichen, indem sie neue Informationen bringen (z.B. Handlungbedingungen). Zwar enthält jede Quelle Informationen, aber es müssen solche Kenntnisse sein, die sich auf ein Lernziel beziehen lassen. „Lernen" bezeichnet die Ebene der Kognition, die Ebene des Wissens. Das, was in einer Quelle ausgesagt wird, muß verstanden und begriffen werden.

Quellen müssen *Verstehen* ermöglichen, das als Sinnfindung definiert werden kann. „Sinn ist ein Aggregat von abgelagerten Bedeutungen, die sich fortwährend aus neuen Retrospektiven ergeben".[1] Mit Verstehen ist nicht jenes kurzschlüssige Verfahren gemeint, das von Verstehen spricht, wenn die Schülerinnen und Schüler den Inhalt wiedergeben können. Verstehen ist vielmehr die „legitime Verlängerung unserer linguistischen Reichweite".

Verstehen wird als Motiv- und Sinnverstehen aufgefaßt. Motive der Handelnden müssen durch eine Quelle verstehbar werden. Hier ist Schleiermachers „psychologische" und „grammatische" Interpretation gemeint. Ebenso kann sich der Verstehensprozeß auf die „symbolischen Gehalte" richten. Ein Gedanke kann verstanden werden, ohne daß der Interpret auf den Autor zurückgreifen muß. Es erfolgt eine relative Entkopplung von Wortbedeutung und Intention, eine Autonomisierung des Textes gegenüber dem Autor. So muß z.B. den Schülerinnen und Schülern die Rassenideologie in nationalsozialistischen Texten verstehbar sein, ohne daß sie Alfred Rosenberg oder Joseph Arthur von Gobineau als Autoren kennen. Sie müssen verstehen, was Nationalsozialisten meinten, wenn sie von „Rasse" sprachen.

Zum Verstehen gehört auch ein *Begreifen.* Häufig wird Verstehen als Billigung mißverstanden. Verstehen verhält sich nicht prinzipiell billi-

---

1 Habermas, Jürgen, Zur Logik der Sozialwissenschaften, Frankfurt/M. 1985, S. 266.

gend. Es ist das Nachvollziehen fremder Gedankengänge und tradierten Sinnes, ohne damit schon deren Geltungsansprüche zu akzeptieren. Wenn ich verstanden habe, warum die alten Ägypter ihren Toten Hausrat und aus Ton geformtes Gesinde ins Grab gaben, konvertiere ich noch nicht zum altägyptischen Totenglauben. Begreifen ist die Form, in der das Verstehen über sich selbst nachdenkt. Im Begreifen erfolgt die Überprüfung der implizierten Geltungsansprüche der historischen Aussagen mit dem Wertsystem des Interpreten. Wertvorstellungen unterschiedlicher Herkunft sollen Schülerinnen und Schüler zur eigenen Stellungnahme herausfordern. Nur so kann Geschichtsdidaktik zur Verunsicherung, Überprüfung, Reflexion, Bestätigung oder Zustimmung der den Schülerinnen und Schülern eigenen Wertvorstellungen beitragen. Bei manchen Schulbüchern hat es allerdings in der Epoche der political correctness den Anschein, als wolle man die Quellenauswahl ideologisch keimfrei machen.

Das didaktische Kriterium „*Erzählzusammenhänge* herstellen" ist unverzichtbar. Gerade dieses Kriterium verbürgt historisches Denken, das mehr ist als die Feststellung von „Tatsachen". Es kommt darauf an, die Quellen in einen zeitlichen Zusammenhang zu stellen, ein Vorher und ein Nachher herzustellen. Jede Quelle hat eine Vor- und Nachgeschichte. Die erste ist oft bekannt, die zweite muß meist imaginiert werden. Quellen, die nur auf einen einzigen Zeitpunkt bezogen sind, sind didaktisch gesehen wenig ergiebig. Hier scheint der Grund für die Schwierigkeiten der schulischen Quelleninterpretation zu liegen. Quellen bleiben punktuell und werden nicht auf den historischen Prozeß bezogen. Die ritualisierte Unterrichtsaufforderung (besonders beliebt in den schriftlichen Abituraufgaben), eine Quelle „in den historischen Kontext" einzuordnen, meint eine synchrone und keine diachrone Einordnung.

## (2) Geschichtsmethodische Kriterien

Um die in den didaktischen Kriterien implizierten Zielsetzungen zu realisieren, sind bestimmte geschichtsmethodische Anforderungen notwendig. Oft wird von einem Quellentext „Anschaulichkeit" gefordert. Ein Anschauungsbegriff, der ein breites Ausmalen von Details fordert, verhindert oft die Entwicklung von Denk- (und hier Interpretations-) Prozessen. Anschaulichkeit ist nicht allein durch metaphorische Redeweise gegeben. Im Gegenteil. Eine sogenannte „anschauliche Redeweise" kann gerade die Verständlichkeit des Textes erschweren. Nach allem, was wir gegenwärtig durch die kognitivistische Entwicklungspsychologie wissen, bauen Schülerinnen und Schüler ihre Begriffswelt zwar an konkreten Inhalten auf, dazu benötigen sie jedoch schon gewisse Begriffe. An konkreten Inhalten erfolgt durch Schülerinnen und Schüler eine *Verkategorisierung*. Dinge, Ereignisse und Personen werden nach Kategorien klassifiziert. Insofern ist es wichtig, für diesen Kategorisierungsprozeß die konkreten Inhalte bereitzustellen.

In diesem Sinne ist Anschaulichkeit immer dann gegeben, wenn eine Quelle *Menschen als Handelnde* (Denkende, Leidende etc.) darstellt. Vermutlich haben die Geschichtsdidaktiker sich einen Bärendienst erwiesen, als sie vorschnell die Strukturgeschichte übernahmen. Sie entlastet den Unterricht zwar von einer Fülle von Details, schafft aber eine menschenleere Geschichte. Aus diesem Grund ist die Sozial- und Strukturgeschichte in der Gegenwart unter den Druck einer neuen Kulturgeschichte geraten, die Mikrogeschichte, Alltagsgeschichte, Erfahrungsgeschichte verlangt. Didaktisch ergiebig sind stets solche Quellen, die einen Handlungszusammenhang darstellen.[2]

Die Authentizitätsansprüche historischen Denkens werden eingelöst, wenn *Alterität* in Inhalt und Form deutlich wird. Das Andersartige, andere Denk- und Handelsweisen, Mentalitäten und Weltbilder, Gesellschaftvorstellungen sollen den Inhalt ausmachen. Die formale Alterität drückt sich in der Sinnlichkeit der Erfahrung aus, die nur originale Quellen liefern können. Auf dieser Sinnlichkeit des Vergangenen basiert wohl der Erfolg, den historische Museen und historische Ausstellungen in den letzten Jahren haben. Historische Sinnlichkeit und sinnlich erfahrbare Vergangenheit haben schon immer die Faszination der Geschichte ausgemacht. Nicht nur das berichtete Ereignis verweist auf die Vergangenheit, sondern auch die Art und Weise, wie es berichtet wird. Die Art der Quelle liegt wie eine zweite Chronologie über ihrem Inhalt, die alten Techniken geben uns eine Datierung über die Datierung der Inhalte der Quelle hinaus.

In unseren Geschichtsbüchern wie auch im Geschichtsunterricht bekommen die Lernenden die Quellen in perfekter Form präsentiert: auf Hochglanzpapier abgezogen, sauber und einheitlich in moderner Type gedruckt, übersetzt, am Rand numeriert. In Form und Aufmachung ist eine Gleichzeitigkeit mit dem Betrachter und Leser hergestellt, die gerade die Historizität der Quellen vernichtet. Es sind „normalisierte Quellen".[3]

---

2  Schneider nennt weitere Kriterien: Schneider, Gerhard, Über den Umgang mit Quellen im Geschichtsunterricht, in: GWU 45 (1994), S. 73-90.
3  Würfel, Maria, Choc par les documents – Archivalische Menschenrechte, in: GWU 34 (1983) S. 271-297.

Die spezifische Eigenart historischer Quellen ist nicht die Perfektiona-
lität, in der sie uns in den Büchern erscheinen, sondern vielmehr das
Unvollkommene, Ergänzungsbedürftige. Wenn das historische Lernen als
Prozeß verstanden wird und nicht als Nachsprechen buchproduzierten
Wissens, dann ist eher ein Plädoyer für das Unvollkommene angebracht:

- die vergilbten, in alten Lettern gedruckten Zeitungen und Zeitschrif-
  ten,
- die zwar in „deutscher Schrift", aber gerade deswegen für die Schüler
  kaum entzifferbaren Briefe,
- die brüchigen, vergilbten Urkunden,
- die verwitterten Inschriften.

## (3) Editorische Kriterien

Auch wenn Geschichtsunterricht Unterricht und nicht Wissenschaft
ist, sollten bewährte editorische Kriterien bei der Quellenpräsentation
nicht aufgegeben werden. Schülerinnen und Schüler haben Anspruch
auf wissenschaftliche Exaktheit. Das gilt für alle Schulstufen. In der
Sekundarstufe sollten Schülerinnen und Schüler in die wissenschaftlichen Gepflogenheiten im Umgang mit Quellen eingeführt werden. Auf
der Oberstufe ist wissenschaftliche Exaktheit im Hinblick auf Wissenschaftspropädeutik unerläßlich. Heutige Quelleneditionen für Schülerinnen und Schüler genügen weitgehend den Anforderungen wissenschaftlicher Exaktheit.[4] In der Schulpraxis sieht das oft anders aus.
Schülerinnen und Schülern werden Quellen(-auszüge) an die Hand
gegeben, bei denen kaum noch ein Hauch dieser wissenschaftlichen
Exaktheit zu spüren ist. Anstatt zu berücksichtigen, daß durch Quelleninterpretation (bei Beachtung bestimmter Regeln und Voraussetzungen) eine Kommunikation mit vergangenen Generationen zum
Zwecke heutiger Orientierung in der Welt stattfindet, wird so getan, als
ob es unerheblich sei, von wem geschehene Geschichte referiert wird.
Oft wird zwischen zeitgenössischer Quelle, heutigem Historikertext
und Schulbuchdarstellung kaum unterschieden, wenn nur die ge-

---

4   Zum Beispiel Tempora. Quellen zur Geschichte und Politik, Sekundarstufe
    II/Kollegstufe, hg. v. Peter Alter u. Erhard Rumpf, Stuttgart (Klett); Tempora.
    Lesehefte Geschichte für die Sekundarstufe I, hg. v. Ulrich Mayer u. Hans-Jürgen
    Pandel, Stuttgart (Klett); Hug, Wolfgang (Hg.), Geschichtliche Weltkunde.
    Quellenlesebuch, 3 Bde., Frankfurt/M. (Diesterweg); Geschichte aus erster
    Hand, hg. v. Klaus Bergmann, Ulrich Mayer, Hans-Jürgen Pandel u. Gerhard
    Schneider, Schwalbach (Wochenschau).

wünschten „Daten" und „Fakten" genannt und gelernt werden. Ein derart verfahrende positivistische Geschichtsmethodik, die die Grund voraussetzungen geschichtswissenschaftlichen Arbeitens vernachlässigt zwingt die Schülerinnen und Schüler in eine entmündigende und entwürdigende Rolle, da ihnen die Bedingungen, unter denen histori sche Aussagen getroffen werden, undurchschaubar bleiben. Der Erzeu gungsprozeß historischen Wissens wird für die Schülerinnen und Schü ler mystifiziert. Die Folge ist eine fatale Wissenschaftsgläubigkeit.

Als editorische Kriterien für Quellen, die im Unterricht eingesetzt werden, sind *wissenschaftliche Exaktheit, synonymer Text* und *wissen schaftlicher Apparat* zu nennen. Die einzusetzende Quelle muß der Zeit entstammen, die zur Debatte steht, und nicht einer Epoche, die z.B. hundert Jahre später liegt. Es sollte beachtet werden, daß Schüler und Schülerinnen ein Recht darauf haben, die Fundstelle der Quelle zu erfahren. Das Gebot der Wissenschaftlichkeit hat nicht nur in der Hochschule seine Gültigkeit. Gerade Schülern muß die Herkunft von Quellen transparent sein. Auf diese Weise können sie lernen, nach Belegen für historische Argumentationen zu fragen.

Auf der Ebene der wissenschaftlichen Exaktheit ist besonders die Zeit differenz zwischen einem Ereignis und einem Bericht darüber zu vermer ken. Das ist besonders bei Quellen der Antike und des Mittelalters notwen dig. Auf der Sekundarstufe I wird in Schulbüchern oft sehr nachlässig mit den quelleneditorischen Kriterien umgegangen. Häufig erinnert die Quelle nur von fern an das Original: entstellende Übertragungen, fehlende Aus lassungen etc. sind die Regel. In manchen Fällen ist sogar ein Zusammen schnitt von mehreren Quellen zu einer einzigen zu beobachten, ohne daß dieser Tatbestand angemerkt wird. Besser als alle Übertragungen und Übersetzungen ist ein wissenschaftlicher Apparat, der Hilfe bei der Ent schlüsselung gibt, ohne die Schwierigkeiten einfach zu umgehen.

## 6.3  Verstehenshemmungen

Jede didaktische Interpretationstheorie muß sich beim Bemühen um Verstehen Rechenschaft ablegen, welche Hemmungen es für Verstehen gibt. Kommunikation im allgemeinen wie Kommunikation mit der Vergangenheit im besonderen sind nicht unproblematisch. Verständi gung ist nicht von vornherein gegeben; sie muß erst (und immer wieder neu) hergestellt werden. Durch Interpretation müssen die die Verstän digung hemmenden Schwierigkeiten überwunden werden. Eine spezi fische Form der Kommunikationsstörung ist der „Bruch mit der Ver gangenheit". Erfahrungen und Solidaritäten, Warnungen und Gebote können weder zur Kenntnis genommen, noch handlungsorientierend auf Ziele, Bedingungen, Gegner und Partner angewandt werden. Für die Kommunikation mit der Vergangenheit muß dabei die Eigenart historischer Texte beachtet werden. Im Unterschied zur Alltagspraxis kann der Autor bei Verstehensschwierigkeiten nicht befragt werden.

Alle Verstehenshemmungen im Interpretationsprozeß sind sprachlicher Art. Die wesentliche Schwierigkeit für Schülerinnen und Schüler, Geschichte zu verstehen, liegt in dem sprachlichen Charakter von Historie, da Geschichte eine sprachliche Konstruktion von etwas ist, das wir nirgends direkt erleben können. Sogar visuelle Quellen müssen versprachlicht werden. Dennoch sind Umgangssprache und Historikersprache (noch) weitgehend deckungsgleich. „Vom Standpunkt des Wortschatzes her bildet die Sprache der Geschichtsschreibung gewiß keine selbständige Sprache. Der Historiker verwendet die Termini der Sprache seiner Zeit."[5] Diese Aussage des italienischen Historikers Pietro Rossi bleibt auch dann richtig, wenn auf die Tatsache verwiesen wird, daß die gegenwärtige Geschichtswissenschaft sich mehr und mehr sozialwissenschaftlicher Begriffe bedient. Von der Sprache her gibt es keine strukturellen Unterschiede zwischen der Sprachwelt der Historiker und der unserer Schüler.

Anders verhält es sich mit der Quellensprache; sie ist nicht die Sprache unserer Schülerinnen und Schüler. Probleme der Quelleninterpretation sind deshalb im hohen Maße Sprach- und hermeneutische Probleme – allerdings nur dort, wo die Quellentexte nicht völlig „normalisiert" worden sind. Die Quellensprache stammt in Wortschatz, Grammatik und Semantik aus vergangenen und fremden Lebenswelten.

Außer diesem lebensweltlichen Befund für die Sprachprobleme gibt es noch einen erkenntnistheoretischen. „Denn was – jenseits meiner Eigenerfahrung – geschehen ist, erfahre ich nur noch durch Rede und Schrift. Auch wenn die Sprache im Vollzug des Handelns und Leidens – streckenweise – nur sekundärer Natur gewesen sein mag, sobald ein Ereignis in die Vergangenheit geraten ist, rückt die Sprache zum primären Faktor auf, ohne den keine Erinnerung und keine wissenschaftliche Transposition dieser Erinnerung möglich ist."[6] Wenn wir diese Ein-

---

5  Rossi, Pietro, Die Sprache des Historikers zwischen Umgangssprache und Wissenschaftssprache, in: Comité International des Sciences Historiques. 15. Congrés International des Sciences Historiques, Rapports I, Bukarest 1990, S. 400.

6  Koselleck, Reinhart, Sozialgeschichte und Begriffsgeschichte, in: Schieder, Wolfgang; Sellin, Volker (Hg.), Sozialgeschichte in Deutschland, Bd. 1, Göttingen 1986, S. 97.

sicht, daß wir zur Erkenntnis von Vergangenheit nur Sprache z[ ]
Verfügung haben, noch zuspitzen, müssen wir auf das Verhältnis v[ ]
Sprache und Wirklichkeit eingehen. Bei der Interpretation von Quell[ ]
sind „Sprache" und „Wirklichkeit" keine unabhängigen Erkenntnisb[ ]
reiche. Die vergangene Wirklichkeit, auf die wir Sprache bezieh[ ]
haben wir nur über Sprache konstituiert. Die interpretatorischen Op[ ]
rationen, die Aussagen eines Quellenschreibers mit seiner Wirklichk[ ]
zu vergleichen, besagt lediglich, Sprache mit Sprache zu vergleich[ ]
Für den Historiker gibt es außerhalb der Sprache keine Wirklichkeit[ ]
hat es mit Sprachwelten zu tun. Wir müssen Gegenstandsbereiche (ei[ ]
Schlacht, eine Industriegründung etc.) erst sprachlich herstellen, wer[ ]
wir Sprache (Quellenaussagen) auf sie beziehen wollen.[7] Es ist erkenn[ ]
nistheoretisch naiv, Quellenaussagen auf „Geschichte" zu bezieh[ ]
Jeder hermeneutischen Operation muß bewußt bleiben: „Die G[ ]
schichte ist ein Text".[8]

Die sprachanalytische Wendung, den „linguistic turn" der G[ ]
schichtswissenschaft, hat die Geschichtsdidaktik (noch) nicht nachvo[ ]
zogen. Allerdings hat bereits 1975 der Gießener Geschichtsdidaktik[ ]
Friedrich J. Lucas gefordert, daß zur geschichtsdidaktischen Ausb[ ]
dung auch die Ausbildung eines sprachkritischen Bewußtseins gehör[ ]
Seine Anregung blieb folgenlos. Trotz einiger Ansätze[10] wissen wir [ ]
der Geschichtsdidaktik herzlich wenig über sprachliche Kompete[ ]
und Performanz unserer Schülerinnen und Schüler.

Um Geschichte zu verstehen und hermeneutische Operationen au[ ]
zuführen, brauchen Schülerinnen und Schüler sprachliche Kompeten[ ]
Sensibilität im Umgang mit Sprache, Begriffsbildungsfähigkeit u[ ]
sprachliches Einfühlungsvermögen. Diese sprachlichen Teilkompete[ ]
zen ermöglichen es, Geschichte(n) erzählen und verstehen zu könne[ ]

---

7   Vgl. Koselleck, Sozialgeschichte, S. 99.

8   Harth, Dietrich, Die Geschichte ist ein Text, in: Koselleck, Reinhart u.a. (Hg
    Formen der Geschichtsschreibung, München 1982, S. 452-479.

9   Lucas, Friedrich J., Zur Funktion der Sprache im Geschichtsunterricht [197[ ]
    in: ders., Geschichte als engagierte Wissenschaft, Stuttgart 1985, S. 142.

10  Lucas über Wortfelder, Hasberg über Begriffsbildung, Pandel über Erzähle[ ]
    Lucas zur Funktion der Sprache (s.o.); Hasberg, Wolfgang, Begriffslernen i[ ]
    Geschichtsunterricht, in: Geschichte – Erziehung – Politik 6 (1995), S. 145-1[ ]
    u. 217-227; Pandel, Hans-Jürgen, Zur Genese narrativer Kompetenz. Empi[ ]
    sche Untersuchungen bei Kindern und Jugendlichen, in: Borries, Bodo vo[ ]
    Pandel, Hans-Jürgen (Hg.), Zur Genese historischer Denkformen, Pfaffenweil[ ]
    1994, S. 99-121.

Eine Didaktik der Geschichte hat sich – wenn sie Interpretationskompetenz fördern will – mit vier Gruppen von Schwierigkeiten zu befassen. Sie resultieren aus der Geschichtswissenschaft als hermeneutischer und der Geschichtswissenschaft als historischer Wissenschaft, weiterhin aus den gegenwärtigen Wissenschaftsstandards und aus der noch unabgeschlossenen Sozialisation von Schülerinnen und Schülern.

| | Verstehenshemmungen im Text (Text und Kontext) | Verstehenshemmung beim Schüler (Interpret und gegenwärtige Situation) |
|---|---|---|
| **I. Bedingheit der Sprache durch Zeit und Raum** (☞ Interpretation durch Übersetzung) | ● Historische und fremdsprachliche Begriffe<br>● Diachronische Tiefengliederung der Begriffe (begriffsgeschichtlicher Wandel) | ● Lexikalische Defizite<br>● Fehlende begriffsgeschichtliche Nuancen |
| **II. Abstraktionsniveau und Erzählstruktur** (☞ Interpretation durch Analyse) | ● Abstraktion<br>● Narrativität<br>● Komplexität<br>● Verwendungszweck | ● Fehlende Begriffshierarchien<br>● Unkenntnis narrativer Opponenten<br>● Unkenntnis inhaltsanalytischer Verfahren und Unkenntnis der analytischen Operationen der Klassenbildung |
| **III. Semantische Gehalte der Begrifflichkeit** (☞ Interpretation durch Analyse und Selbstreflektion) | ● Wertkonnotationen<br>● Euphemismen<br>● Desymbolisierungen | ● Wertkonnotationen<br>● Euphemismen<br>● Desymbolisierungen<br>● mangelnde Selbstreflektion |
| **IV. Sprache als Tatbestand sozialer Erfahrung** (☞ Interpretation durch Ideologiekritik) | ● Topoi<br>● Ideologien | ● Bedeutung von Topoi<br>● unzureichende Ideologie-Topographien<br>● Ideologiekritische Verfahren |

## (1) Bedingtheit der Sprache durch Zeit und Raum

Die unterste Stufe der Schwierigkeiten bilden lexikalische und grammatikalische Defizite. Unbekannte Begriffe der Quellensprache machen auch den Historikern zu schaffen. Deshalb enthalten Quelleneditionen Glossare. Separate Veröffentlichungen wollen darüber hinaus Übertragungs- und Übersetzungshilfen leisten.[11] Manchmal reicht eine Übersetzung (Gehägereuter = berittener Förster) aus; oft muß ein Wort durch einen Verwendungszweck erläutert werden (Holzhuhn = Huhn als Anerkennungsgebühr für die Teilnahme an den Holzberechtigungen im Staatswald). Diese Verstehenshemmungen gilt es durch die editorische Aufbereitung der Quellen zu beheben.

Ein anderes Problem stellt die Sprache dar, mit denen Schülerinnen und Schüler an die Quellen herangehen. Die Begriffe, die die Kinder in ihrer Alltagswelt lernen, sind nicht deckungsgleich mit den historischen. Was ein Soldat ist, erfährt ein Kind in seiner Lebenswelt. Wo erfährt es aber, was ein Legionär, ein Hoplit, eine Grenadier, ein Landsknecht, ein Ritter ist? Dabei handelt es sich nicht um eine einfache Übersetzungsarbeit wie beim Vokabellernen. Die Begriffe sind nicht identisch, sondern haben zeitspezifische Konnotationen, die in der einfachen Übersetzung nicht mitenthalten sind. Historiker verwenden sowohl nichthistorische (Stadt) als auch historische Begriffe (polis), die den Zeitbezug zum Ausdruck bringen. Dabei kann ein allgemeiner (zeitneutraler) Begriff (Stadt) durch einen Zeitbezug zu einem historischen Begriff werden („mittelalterliche Stadt"). Allein in der Anwendung allgemeiner Begriffe (Gattungsbegriffe) auf Quellen und die Spezifizierung auf den besonderen Fall ergibt sich historische Erkenntnis. Dieser Vorgang kann als hermeneutischer Zirkel (allgemeines - besonderes) gedacht werden.[12]

Die Zeitbedingtheit der Sprache drückt sich nicht nur in Wortkörpern, sondern auch in den semantischen Gehalten aus. Begriffe haben eine diachrone Tiefengliederung. Ein gleicher Wortkörper beinhaltet nicht immer die gleiche Bedeutung. Die Wortkörper Familie, Ehe, Nation sind über Jahrhunderte gleich geblieben, aber ihre semantischen Gehalte haben sich verändert. So sollten Schülerinnen und Schüler der Mittelstufe

---

11 Vgl. Röhrbein, Heinz Georg, Quellenbegriffe des 16. bis 19. Jahrhundert. Heute unbekannte Begriffe der Quellensprache des 16. bis 19. Jahrhunderts aus dem ländlichen Raum, Hildesheim 1991.

12 Vgl. Kap. 5.

den Bedeutungswandel von Familie in Ansätzen erfahren und erkennen, daß Familie nicht immer die Kleinfamilie aus einer Generation bedeutete: In der Antike verstand man darunter eine Gemeinschaft von bluts- und nicht-blutsverwandten Mitgliedern. In der Frühen Neuzeit konnte ein Familie aus nicht-blutsverwandten Mitgliedern bestehen, in der die Kinder oftmals älter als die Eltern waren (geringe Lebenserwartung und mehrfache Wiederverheiratung des [Stief-]Vaters bzw. der [Stief-]Mutter). In der gymnasialen Oberstufe ist Begriffsgeschichte unter wissenschaftspropädeutischen Gesichtspunkten unerläßlich.

## (2) Abstraktionsniveau und Erzählstruktur

Interpretationsschwierigkeiten können sich durch die verschiedenen *Abstraktionsniveaus* der Sprache ergeben. Manche Sprach- und Schreibgewohnheiten von Geschichtswissenschaft und Geschichtsunterricht erzeugen Verstehenshemmungen und leiten Mißverständnisse ein. Die fachwissenschaftlich legitime Formulierung: „Die Revolution brach aus" oder „der Adel tat ..." bieten jungen Menschen, die erst am Anfang jenes Einfädelungsprozesses in den kulturellen Zusammenhang stehen, den wir Geschichte nennen, immense Schwierigkeiten. Sie können nicht verstehen, was die sprachlichen Zeichen „Revolution" oder „Adel" bezeichnen, da ihnen die Kenntnisse fehlen, welche Handlungen und Situationen im Begriff „Revolution" und welche unterschiedlichen Personen im Kollektivsingular „Adel" zusammengefaßt werden. Dem soziologischen Gruppenbegriff „Adel" fehlt der konkrete Inhalt, von dem gerade abstrahiert werden muß, um diesen soziologischen Begriff zu formulieren.

Es sind weniger die Probleme einer exakten historischen Begriffsbildung, die den Interpretationsprozeß erschweren, als vielmehr die verschiedenen Abstraktionsniveaus. Der amerikanische Semantiker Samuel Ichiye Hayakawa (geb. 1906) hat dafür den Begriff „Abstraktionsleiter" vorgeschlagen.[13] Je höher man auf dieser Leiter steigt, um so weniger konkrete Details bleiben übrig. Das Wort „Kuh" könnte in einer Quelle über einen Kleinbauern zuerst einmal für ein Tier mit einem bestimmten Eigennamen stehen. Im Kontext der historischen Situation ist es aber auch mit „Viehbestand", „Vermögen" oder „Reichtum" zu deuten. Jugendliche können von konkreten Details absehen, sie sind – wie die Alltagswelt zeigt – zur Abstraktion durchaus fähig.

---

13 Hayakawa, Samuel Ichiye, Sprache im Denken und Handeln, 2. erw. Aufl., Darmstadt 1993, S. 186.

Der umgekehrte Weg ist allerdings schwieriger. Um vom „kleinbäuer lichen Reichtum" zur „Liesel" zu kommen, sind schon mehr Anstren gungen nötig. Konkrete Details können schlecht hinzuerfunden wer den. Deshalb ist das geschichtsdidaktische Kriterium „Menschen al Handelnde" durchaus unverzichtbar. Die Abstraktionsleiter wird in Lernprozeß von unten nach oben bestiegen.

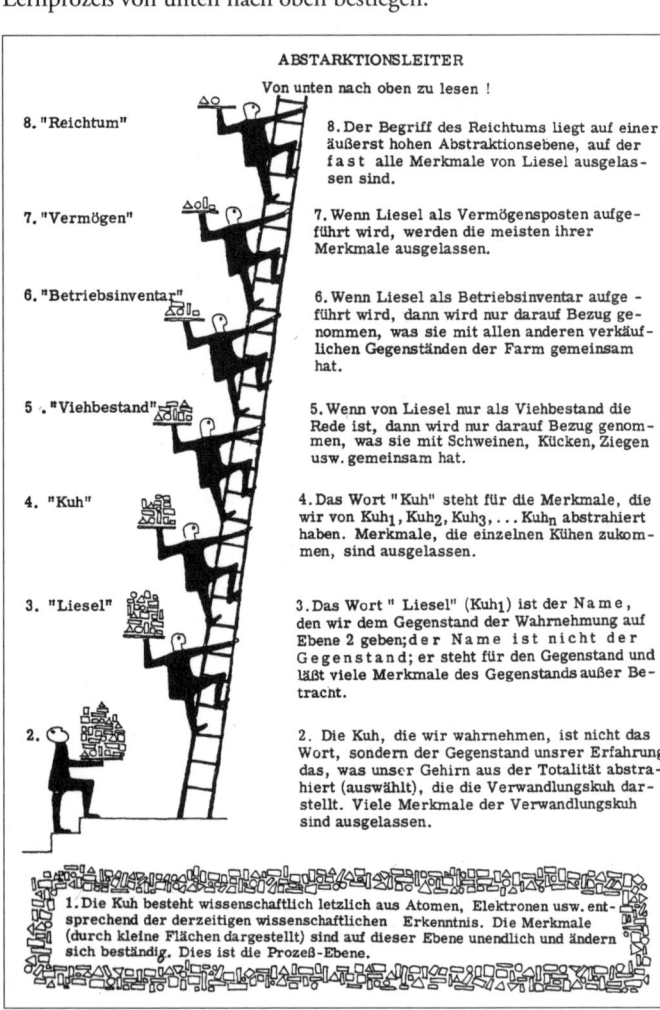

Abb. 14: Abstraktionsleiter nach Hayakawa

Verstehenshemmungen ergeben sich vor allem aus der *Narrativität* historischer Aussagen. Narrative Aussagen sind solche, die sich auf mindestens zwei Ereignisse mit verschiedenen Zeitindizes beziehen. „Ereignisse in erzählende Beschreibungen gefaßt, hätten als solche nicht von denjenigen erfahren werden können, die sie durchlebt haben – es sei denn, jene Menschen besaßen Kenntnis von der Zukunft, was wir ihnen wahrscheinlich aber bestreiten würden".[14] Das in einer Quelle referierte Ereignis muß auf ein anderes (späteres oder früheres) Ereignis Bezug nehmen, wenn eine erzählbare Aussage getroffen werden soll. Die sich mit dem Fortgang der geschehenden Geschichte verändernden Zeitstrukturen lassen sich stets nur von späteren Generationen erkennen. „So gilt für den Historiker grundsätzlich, daß die Überlieferung in einem anderen Sinn zu interpretieren ist, als die Texte von sich aus verlangen".[15] Hier kommt aber der chronologische Geschichtsunterricht der Interpretation in die Quere. Die Bedeutung bestimmter Texte erschließt sich erst von späteren Ereignissen her – und diese sind im Geschichtsunterricht meist noch nicht „dran". Musterbeispiel hierfür ist die Weimarer Verfassung. Der Artikel 48 wird im Geschichtsunterricht im Kontext der Nationalversammlung von 1919 diskutiert, wenn Schülerinnen und Schüler noch keine Kenntnis von der Endphase der Weimarer Republik besitzen. Das Ereignis E1 (Verabschiedung der Verfassung 1919) kann nur aus der Perspektive von E2 (Präsidialkabinette 1932) zureichend gedeutet werden. Diese Vorgänge sind den Schülerinnen und Schüler zu diesem Zeitpunkt genauso unbekannt wie Hugo Preuß beim Entwurf des Verfassungstextes. Die Geschichtsbücher behelfen sich hier mit einer sibyllinischen Sprache. Es wird dunkel angedeutet, daß der Artikel 48 „später noch verheerend wirken" sollte. So heißt es in einem Schulbuch: „Die Verknüpfung des Artikels 48 mit Artikel 53 (...) und Artikel 25 (...) hat später, in der Endphase der Republik, eine ausschlaggebende Rolle gespielt".[16]

Da in Quellentexten nicht nur beschreibende Sätze zu finden sind, sondern auch narrative Aussagen, verschärft sich das Problem noch zusätzlich. Narrative Sätze werden ihrerseits zu Ereignissen, die mit anderen Geschehnissen narrative Aussagen auf höherer Abstraktionsebene ermöglichen. Der Begriff „Reformation" ist ein erzählendes Wort,

---

14 Danto, Arthur C., Analytische Philosophie der Geschichte, übers. v. Jürgen Behrens, Frankfurt/M. 1980, S. 419 f.

15 Gadamer, Hans-Georg, Wahrheit und Methode. Grundzüge einer Philosophischen Hermeneutik, Tübingen 1960, S. 319.

16 Geschichtliche Weltkunde, Bd. III, Frankfurt/M. 1972, S. 71.

in das eine Vielzahl von Erzählvorgängen eingegangen ist. Es wird dann aber wieder als Ereignis (in diesem Fall als Ursache) in narrative Sätze einbezogen, wenn ihm ein anderer narrativer Opponent („Glaubens kriege") gegenübergestellt wird. Im Gegensatz zur Umgangssprache drückt die Sprache des Historikers „das Verhältnis von in sich gestaffel ten Interpretationen" aus.[17]

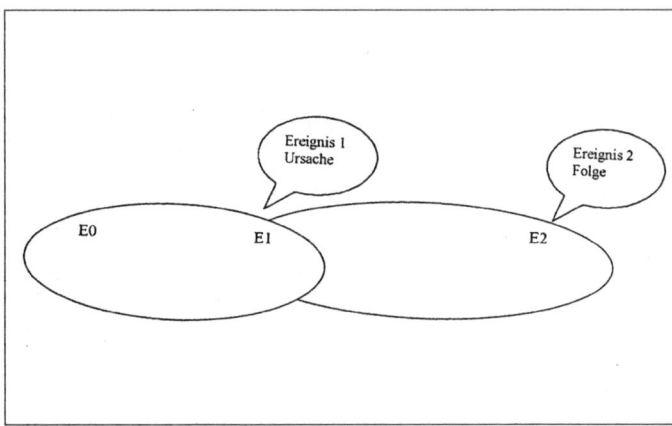

**Abb. 15:** Narrationen

Schülerinnen und Schüler verfügen nicht über die Kenntnis der Vor gänge, die nach einem zu untersuchenden Ereignis liegen. Ihnen fehl der entsprechende narrative Opponent. Deshalb können sie aus einen in einer Quelle berichteten Ereignis nicht ablesen, daß diesem Ereigni das Prädikat „Ursache" zukommt. Das einzige Stück Zukunft eine historischen Ereignisses, das die Schülerinnen und Schüler kennen, is ihre eigene Gegenwart. In vielen Fällen ist das aber kein Referenzereig nis, kein narrativer Opponent des Quellenereignisses. Der häufi aufgezeigte und beklagte Zustand, daß Schülerinnen und Schüle nicht den zeitgenössischen Horizont erkennen, hat hier wohl sein Ursache.

---

17 Habermas, Logik, S. 270.

## (3) Semantische Gehalte der Begrifflichkeit

Begriffe besitzen Wertkonnotationen. Sie haben in ihrer Geschichte bestimmte Wertungen in sich aufgenommen, die die nachwachsende Generation erst lernen muß. So sprach man vor 40 Jahren noch unbefangen von Eingeborenen und Volk. In den Texten der Fachhistoriker finden wir heute dafür „Indigenas" und „Ethnie". Doppelbegriffe wie „Jäger und Sammler" (Geschlechtsspezifik) und „Deutsche und Juden" (Exklusion) werden im Geschichtsunterricht als unkorrekte Bezeichnungen vermieden. Aus unseren Schulbüchern verschwanden erst langsam „Kristallnacht" und „Endlösung" und wurden durch Reichspogromnacht und Holocaust bzw. Shoa ersetzt. In den Quellen werden aber weiterhin (zu recht) die alten Begriffe benutzt.

Wortfelder sind Sinnbezirke, in denen Wörter ihre Zusammengehörigkeit zum Ausdruck bringen und gleichzeitig ihre Bedeutungen gegeneinander begrenzen. Eine Quelleninterpretation kann sich nicht mit dem nächstmöglichen Wort zufriedengeben, sondern muß behutsam die Bedeutungen abklopfen, die einem Begriff zukommen. Das Verstehen von Sinn besteht zu einem großen Teil darin, sich Wortfelder zu vergegenwärtigen und den treffenden Ausdruck auf die Quelle anzuwenden.

Für die Interpretation von Quellen sind aber nicht allein die historischspezifischen Begriffe von Wichtigkeit. Schon die Alltagssprache kann eine behutsame Rekonstruktion einer historischen Situation oder ein empathisches Einfühlen fördern oder behindern. Es ist für das Verstehen nicht unerheblich, ob jemand stirbt, umkommt, zugrundegeht oder erstickt. Der Geschichtsunterricht macht zu wenig Gebrauch von Wortfeldern.

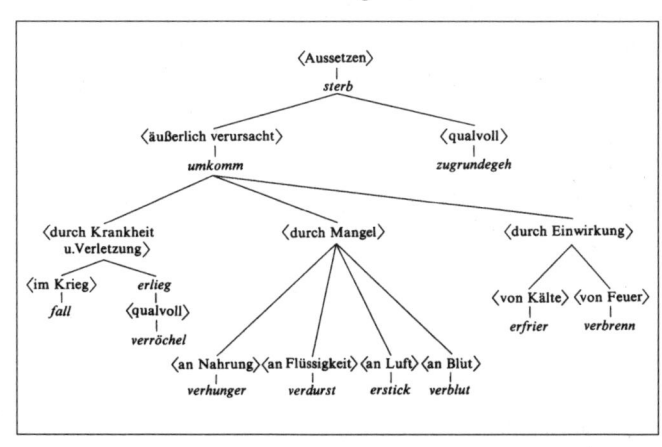

**Abb. 16: Wortfelder**

143

Wie mit Wort- und Bedeutungsfeldern gearbeitet werden kann, zeigt folgendes Beispiel:

Ein Mitglied des Polizeibataillons 101, das am Massaker von Józefów am 13. Juli 1942 beteiligt war, gab 1957 die folgende Aussage zu Protokoll (vgl. das Methodenarrangement auf S. 209 ff.): „Meine Ablösung erbat ich insbesondere deshalb, weil mein Nebenmann so unmöglich schoß. Scheinbar hielt er den Lauf des Gewehres immer zu hoch, denn es entstanden gräßliche Wunden bei den Opfern. In manchen Fällen wurde dem Opfer die ganze Gehirnschale hinten aufgerissen, so daß die Gehirnmasse umherspritzte. Ich konnte das einfach nicht mehr mit ansehen."[18]

Was bedeutet die Aussage „Ich konnte das einfach nicht mehr mit ansehen"? Handelt es sich hier um moralische Skrupel? Ärger über den schlechten Schützen? Mitleid mit den Opfern? Hygienische Bedenken? Die Deutung hängt hier von der Begrifflichkeit ab, mit der diese Aussage erfaßt wird: „Abscheu", „Verachtung" und „Unlust" kommen (beispielsweise) in Frage. An solchen Stellen kann man Wort- und Bedeutungsfelder zu Rate ziehen. Im Nachschlagewerk von Wehrle-Eggers[19] (das die Schülerinnen und Schüler besitzen sollten) werden die folgenden Bedeutungsfelder aufgeführt (Abb. 17, S. 145). Es kommt weniger auf das eine richtige Wort an, sondern auf die Diskussion der Schülerinnen und Schüler, welche Bedeutung das Motiv angemessen zum Ausdruck bringt.

## (4) Sprache als Tatbestand sozialer Erfahrung

Weitere Verstehenshemmungen liegen im begrenzten Reservoir an deutenden Interpretationsmustern der Schülerinnen und Schüler und ihrer noch unentwickelten Kategorisierungsfähigkeit. Unter dem Begriff *Interpretationsmuster* sind sprachliche Organisationsformen von praktischen und kommunikativen Erfahrungen zu verstehen. Solche Sprachelemente sind von unterschiedlicher Komplexität. Sie reichen von einzelnen Begriffen (Stereotyp), über Aussagesätze (Topoi) bis zu ganzen Deutungssystemen (Ideologien).

---

18 Goldhagen, Daniel Jonah, Hitlers willige Vollstrecker. Ganz gewöhnliche Deutsche und der Holocaust, Berlin 1996, S. 331.
19 Wehrle, Hugo; Eggers, Hans, Deutscher Wortschatz, 2 Bde., Frankfurt/M. 1968 u.ö.

**930 Verachtung**

**a)** Verachtung. Mißachtung 929. Verächtlichkeit 874. Abscheu 867. Widerwille · Ablehnung. Auflehnung. (sittliche) Entrüstung, Empörung · Ausschluß 77. Boy'kott *E.* Verfemung. (gesellschaftliche) Ächtung

Verspottung. Verhöhnung. Aushöhnung. Herabwürdigung 934. Lästerung · Gespött. Spötterei 856. Sar'kasmus *G.* Zy'nismus *G.* Stichelei. spitze Bemerkung. Pfuirufe *pl* 932 · Dünkel 880. Überheblichkeit 885. Arro'ganz *L*

Zeichen, Gebärde der Verachtung. Achselzucken. Naserümpfen. Gri'masse *F.* spöttischer Blick. lange Nase. Grinsen. Gelächter. Hohngelächter

**b)** verachten. mißachten. verabscheuen 867 · sich auflehnen. sich entrüsten. sich empören

verächtlich behandeln. von sich weisen. abweisen. abtun. ablehnen 929. den Rücken kehren 929. über die Achsel, von oben herab ansehen. keines Blickes würdigen. wie Luft behandeln. (gesellschaftlich) schneiden. jede Berührung vermeiden · totschweigen. nicht einmal in den Mund nehmen

verächtlich machen. zum Spött, zum Gelächter machen. herabwürdigen 483 · verhöhnen. aushöhnen. auspfeifen 932 · seine Verachtung zeigen, bekunden. ausspeien. anspucken. * einem etwas husten, niesen. mit dem Finger deuten. den Vogel weisen, zeigen. die Finger schaben. eine lange Nase machen. die Zunge herausstrecken. die Lippen kräuseln. Gesichter schneiden. Grimassen ziehen. die Achseln zucken. hohnlachen · eine Katzenmusik bringen

**c)** verächtlich. verachtungsvoll. abschätzig. meinachtig. minachtig *Nd* · überheblich 885. 'zynisch. sar'kastisch 842. höhnisch 856

schamlos. schimpflich. nichtswürdig. verworfen · verachtenswürdig. ehrlos. verachtet. verfemt. ausgestoßen

**867 Abscheu**

**a)** Abscheu. Widerwille. Aberwille. Ekel. Überdruß. 'Horror *L.* Antipa'thie *G.* Abneigung. Ablehnung 708. Mißbilligung. Widerstreben. Haß · Grausen 860. Schauder. Übelkeit · Unappetitlichkeit. Abscheulichkeit. Greuel

**b)** sich scheuen. sich ekeln. verabscheuen. nicht ertragen, nicht vertragen können. Anstoß nehmen. ein Haar in der Suppe finden

meiden. vermeiden. aus dem Wege gehen. ausweichen. sich fernhalten · sich abwenden. zurückschrecken 860. zurückschaudern. sich entsetzen. * die Nase voll haben · abstoßen. widerstreben. anwidern. anekeln. Ekel, Übelkeit erregen. wider die Natur, gegen den Strich gehen. bis zum Halse stehen. oben stehen. den Magen umdrehen · verekeln. abgeneigt machen

**c)** abscheulich. eklig. ekelhaft. abscheu-, ekel-, übelkeiterregend · widerwärtig. widerlich. widrig. zuwider · unappetitlich. ungenießbar. abstoßend. anstößig · haarsträubend. scheußlich. gräßlich. schauderhaft · zum Davonlaufen. * zum Kotzen · pfui!

**828 Unlust ▲**

**a)** Unlust. Unlustgefühl. Lustlosigkeit. seelische Belastung. schlechte Stimmung, Laune. Verstimmung · Unmut. Schwermut 837. schweres Herz. Lebensüberdruß. (heulendes) Elend Mißvergnügen. Niedergeschlagenheit 837. Trübsal. Betrübnis. Bekümmertheit · Abneigung. Abscheu 867 · Verdrossenheit 901. Verbitterung. Bitterkeit. Ärger 900 · Beklommenheit 833. Angst 860 · Sorge. Besorgnis. Unruhe. Kummer 837. Gram. Verzweiflung 859

**b)** Schmerz, Trauer, Kummer empfinden. sich etwas zu Herzen nehmen. sein Kreuz zu tragen haben. sein Kreuz auf sich nehmen. sich quälen 833. sich abquälen. in den sauren Apfel beißen

bangen. hangen und bangen. sich grämen 837. sich sorgen. sich Sorgen machen. * sich absorgen. sich beunruhigen. sich ängstigen · sich etwas schwer, sauer ankommen lassen. verdrießen · auf glühenden Kohlen, wie auf Nadeln sitzen. etwas satt haben. sich ekeln 867

**Abb. 17:** Bedeutungsfelder

Schwierigkeiten resultieren aber nicht nur aus dem, was Schülerinnen und Schüler noch *nicht* gelernt haben, sondern auch daraus, *was* sie in ihrem Sozialisationsprozeß bereits gelernt haben. Die erworbenen, sprachlich formulierten kategorialen Einstellungen können als Schwierigkeitsbarrieren wirken. Sie sind für Schülerinnen und Schüler nicht immer eine Hilfe im Verstehensprozeß, da sie zwar interpretieren, aber dennoch soziale Wirklichkeit verstellen können. Solche verzerrenden Kategorien werden *Stereotype* genannt („Scheinasylant"). Sie dichten das Individuum gegen Lernprozesse ab und verhindern, daß es seine Meinung ändern muß.

Interpretationsmuster komplexerer Art sind *Topoi*. Sie sind in Sprache gegossene, geronnene historische Erfahrungen. Sie haben eine sozialspezifische Herkunft sowie eine geschichtliche Vergangenheit. Topoi als deutende Interpretationsmuster sind kategorial gewordene Erfahrungen, die neue Erfahrungen erst ermöglichen, sie aber gleichzeitig auch „präjudizieren". Eine 18jährige Hallenser Schülerin, die zur Wendezeit 13 war, formulierte: „Damals wie heute fühlt man sich als Mensch zweiter Klasse". Nicht nur die gesellschaftliche Arbeit produziert Deutungsschemata (Topoi), sondern auch der Forschungsprozeß (theoretische Interpretationsmuster) und die öffentliche Diskussion, die selbstverständlich ihrerseits auf gesellschaftlicher Arbeit aufruht. „Schlanker Staat", „Modernisierung", „Flexibilisierung", „Deregulierung" usw. sind moderne Interpretationsmuster, die kommunikative und sensorische Erfahrung beeinflussen.

Eine wesentliche didaktische Zielsetzung des Geschichtsunterrichts ist es, *Ideologien* für Schülerinnen und Schüler erkennbar zu machen. Ideologien ordnen Begriffe und Kategorien zu vielgliedrigen Deutungssystemen. Für Schülerinnen und Schüler besteht im Interpretationsprozeß das Problem, diejenigen Kategorien zu erkennen, die das ideologischen Deutungssystem tragen. Um die kategorialen Einstellungen der Schülerinnen und Schüler zu erweitern und zu präzisieren, ist es notwendig, den Schülerinnen und Schülern neben der Einsicht in semantische Felder eine „Ideologietopographie" zu vermitteln. Unter Ideologietopographie soll jener sprachliche Zusammenhang verstanden werden, der durch seine Begrifflichkeit eine bestimmte Ideologie signalisiert. Hier ist allerdings ein Ideologiebegriff in einem weiteren, nicht-marxistischen Sinne gebraucht. Wenn die Schülerinnen und Schüler einen Text als faschistisch, antisemitisch, biologistisch, konservativ, reaktionär, demokratisch etc. klassifizieren, müssen sie wissen, durch welche Begrifflichkeit „faschistisch", „antisemitisch" etc. konstituiert werden. Für diese Begriffe könnte eine Ideologietopographie, die im Unterricht selbst erarbeitet wird, etwa in folgender Weise aussehen:

- *Faschistisch:* Volk, volkhaft, blutmäßig, Bewährung, Kameradschaft, Gemeinschaft, Treue, Opferbereitschaft, Siegesgeist, heldenhaft, Frontgeist, unsterblich, Wurzeln, Wunder, ursprünglicher Sinn, Aufbruch, Unterschiede der Völker, etc.

- *Antisemitisch:* Lüste, Begierde, materialistisch, jüdisch, Besudelung, Lumpen, geistreichelnd, Aufspielerei, Hohn, Verhohnigelei,

Schnoddrigkeit, Feigheit, jüdisch-drollig, heimtückisch, Schmä-hung, frech, Judenmumpitz, Destruktivismus, Kritik etc.[20]

- *Nationalistisch:* Volkscharakter, deutsche Sache, Sieg, deutsch, Volk, Wert, Nationalgefühl, zusammenschweißen, etc.

- *Liberal:* Kunstsinn, Fleiß, Industrie, Unternehmungsgeist, Freiheit, Entwicklung, Wohlstand, unbeschränkt, frei, Handelsfreiheit, Zivi-lisation, Interesse, Wohlfahrt, Einheit, Nationalwohlstand, liberal, Geschicklichkeit etc.

Eine solche Ideologietopographie bildet das sprachliche Ausgangsmate-rial, mit dem weitergearbeitet werden kann. Anhand dieser Begriffe läßt sich aufzeigen, welche sprachlichen Mechanismen diese Begrifflichkei-ten hervorrufen. Für die antisemitische Sprache hat Nicoline Hortzitz[21] solche Bildungen untersucht. Typisch für antisemitische Sprache sind (u.a.) folgende Merkmale:
- Wortneubildungen („hochschädlich")
- Superlative und Elative[22] („die ärgsten Betrüger")
- gradative Adjektive („gänzliche Entsittlichung")
- Steigerung nichtsteigerungsfähiger Wertattribute („überteuflisch")
- Pleonasmen („unsinnige Narren")
- affektive Wortreihen („Unglück, Verderben und Klagen").

Ein besonderer Stellenwert kommt dem Denken in Antonymen zu. Jüdische Eigenschaften werden den nichtjüdischen gegenübergestellt:
- Genügsamkeit – Profitgier
- Sparsamkeit – Protzentum
- Ehrlichkeit – Betrügerei
- Unbestechlichkeit – Vorteilssucht
- Fleiß – Raffsucht
- anständiger Gesinnung – jüdische Unverschämtheit
- Schamgefühl – jüdische Unverfrorenheit

---

20 Zusammenstellung nach: Goette, Jürgen-Wolfgang (Hg.), Methoden der Litera-turanalyse im 20. Jahrhundert. Ein Arbeitsbuch, 5. Aufl., Frankfurt/M. 1979.
21 Hortzitz, Nicoline, Die Sprache der Judenfeindschaft, in: Schoeps, Julius H.; Schlör, Joachim (Hg.), Antisemitismus. Vorurteile und Mythen, München 1995, S. 19-40.
22 Superlative ohne Vergleichsverhältnis.

- Religion – jüdischer Freigeist
- Gehorsam – jüdisches Besserwissen
- Treue – jüdische Selbstsucht und Verrat
- Wahrheit – jüdischer Dreh
- Vaterlandsliebe – Landesverrat
- Friedensliebe – Völkermord
- Zivilisation – Kommunismus
- Recht und Gesetz – Talmudgeist.[23]

Interpretationskompetenz hängt nicht nur vom Umfang und der Qualität des Interpretationsreservoirs sowie der Interpretationstechnik ab, sondern von der Fähigkeit, aussagekräftige Begrifflichkeit auf Textpassagen anzuwenden. Auf keinen Fall heißt Interpretation, die „richtigen Fakten" zu nennen.


## 6.4. Weiterführende Literatur

Benz, Wolfgang, Legenden, Lügen, Vorurteile, München 1992

Bergenholtz, Henning, Das Wortfeld „Angst", Stuttgart 1980

Greiffenhagen, Martin (Hg.), Kampf um Wörter? Politische Begriffe im Meinungsstreit, Bonn 1980

Grzesik, Jürgen, Begriffe lernen und lehren, 2. Aufl., Stuttgart 1992

Hasberg, Wolfgang, Begriffslernen im Geschichtsunterricht oder Dialog konkret, in: Geschichte-Erziehung-Politik 6 (1995), S. 145-159 und S. 217-227

Höpken, Wolfgang (Hg.), Öl ins Feuer? Schulbücher, ethnische Stereotypen und Gewalt in Südosteuropa, Hannover 1996

Klein, Josef (Hg.), Politische Semantik. Bedeutungsanalytische und sprachkritische Beiträge zur politischen Sprachverwendung, Opladen 1989

Klemperer, Victor, LTI: Notizen eines Philologen, Leipzig 1991

Koselleck, Reinhart, Sozialgeschichte und Begriffsgeschichte, in: Schieder, Wolfgang; Sellin, Volker (Hg.), Sozialgeschichte in Deutschland, Bd. 1, Göttingen 1986

Lucas, Friedrich J., Zur Funktion der Sprache im Geschichtsunterricht, in: ders., Geschichte als engagierte Wissenschaft, Stuttgart 1985

Mitulla, Claudia, Die Barriere im Kopf. Stereotypen und Vorurteile bei Kindern gegenüber Ausländern, Opladen 1997

Schmidt, Lothar (Hg.), Wortfeldforschung, Darmstadt 1973

Spohn, Margret, Alles getürkt. 500 Jahre (Vor)Urteile der Deutschen über die Türken, Oldenburg 1993

Sternberger, Wolf u.a., Aus dem Wörterbuch des Unmenschen, 3. Aufl., Hamburg 1968

Terhorst, Evamaria, Textverstehen bei Kindern. Zur Entwicklung von Kohärenz und Referenz, Opladen 1995

---

23 Hortzitz, Sprache, S. 32.

# 7. Interpretation

In der Geschichtsdidaktik ist eine Methodik der Interpretation nicht über Ansätze hinausgekommen. Oft ergeht an Schülerinnen und Schüler die stereotype Aufforderung zu „interpretieren". Dieser Auftrag ist genauso sinnvoll wie die Bitte an einen Analphabeten, vorzulesen, denn es wird eine Kompetenz verlangt, die ohne systematisch angeleiteten Lernprozeß nicht erreichbar ist. Um mit Friedrich Schleiermacher, einem der Gründungsväter der hermeneutischen Interpretationstheorie, zu reden: Die „laxere Praxis (...) geht davon aus, daß sich das Verstehen von selbst ergibt". Statt dessen sei es aber realistischer zu sagen, „daß sich das Mißverständnis von selbst ergibt".[1]

Es gibt einen engeren und einen weiteren Begriff der Interpretation. Interpretation ist einmal als hermeneutische Operation zu begreifen, die aus Zeichen Sinn entbindet. In weiterer Bedeutung ist Interpretation eine narrative Erklärung, die empirische Tatsachen und historische Theorie verbindet. Im folgenden ist Interpretation im engeren Sinne als prozessuale Operation zu verstehen, die die formale Seite der Erkenntnisgewinnung darstellt.[2] Sie definiert die historische Forschung als einen geregelten Verfahrensablauf von der historischen Frage bis zur Antwort, dem Forschungsergebnis.

| Die prozessualen Operationen sind | |
|---|---|
| *Frage* | = ein Suchvorgang, der ein gewisses Wissen voraussetzt, um zu neuem Wissen zu gelangen |
| *Heuristik* | = das Aufsuchen und die Durchsicht von historischen Materialien daraufhin, ob sie Antworten auf die Frage geben können |
| *Kritik* | = Kontrollinstanz für die Authentizität von Quellen und für den Tatsachengehalt historischer Aussagen |
| *Interpretation* | = ein Schwierigkeiten ausräumendes Verfahren, das Sinn freilegt |

---

1 Schleiermacher, Friedrich Daniel, Hermeneutik. Nach den Handschriften herausgegeben und eingeleitet von Heinz Kimmerle, Heidelberg 1959, S. 86.
2 Rüsen, Jörn, Rekonstruktion der Vergangenheit. Grundzüge Historik II: Die Prinzipien der historischen Forschung, Göttingen 1986, S. 87 ff.

## 7.1 Die historische Frage

Der Ausgangspunkt jeder historischen Interpretation ist eine Frage, die erst aus den Relikten der Vergangenheit eine Quelle macht:

„Das Dokument ist solange kein Dokument, wie der Historiker nicht daran gedacht hat, ihm eine Frage zu stellen; und so schafft der Historiker gewissermaßen Historisches hinter sich, auf der Grundlage seiner Beobachtung; und eben dadurch schafft er historische Tatsachen".[3] Erst durch eine historische Frage werden aus Archivbeständen historisch bedeutsame Quellen. Solange nicht nach Geschlechtergeschichte und Umweltgeschichte gefragt wurde, gab es zwar Archivalien, aber keine frauen- und umweltgeschichtlichen Quellen.

Über diesen quellenkonstitutiven Aspekt hinaus haben Fragen die Funktion, einen historischen Erkenntnisprozeß in Gang zu setzen.

„Die historische Frage ist ein Ergebnis des ganzen geistigen Inhalts, den wir unbewußt in uns gesammelt und zu einer geistigen Welt subjektiv geformt haben. Sie ist eine Intuition, die sich uns nicht durch Grübeln und Nachdenken ergibt, sondern aus der Totalität unseres Ich hervorspringt, scheinbar unvermittelt, plötzlich, wie von selbst, in der Tat aber aus der ganzen auf diesen Punkt hin gereiften Fülle unseres geistigen Daseins (…). Es ist eben nichts anderes, als was dem Künstler, dem Dichter, dem Denker eben auch so geschieht (…)".[4] Damit wird auf die aus Gegenwartserfahrungen entstehenden historischen Fragen verwiesen.

Diese fundamentale Bedeutung der Frage für den historischen Erkenntnisprozeß hat *Johann Gustav Droysen* (1808-1884) herausgearbeitet: „Und in meiner Frage umgrenze ich schon ungefähr, was ich, indem ich sie mir zu beantworten suche, zu finden erwarte; ich ahne schon, daß noch etwas anderes und wichtigeres als ich bis jetzt weiß, dahinter steckt; meine Frage enthält schon mehr, als ich gelernt habe, eine Ahnung, die mir aus der Gesamtheit dessen, was ich auch sonst bisher innerlich durchlebt habe, herausspringt".[5]

Der Ausgangspunkt für die Interpretation des Quellenmaterials im Unterricht kann nur der gleiche sein, von dem auch der historische Erkenntnisprozeß in der Wissenschaft wie in der Alltagspraxis ausgeht.

---

3  Ricoeur, Paul, Geschichte und Wahrheit, München 1974, S. 42.
4  Droysen, Johann Gustav, Historik, hg. v. Rudolf Hübner, 6. Aufl., München 1971, S. 106 u. 107 f.
5  Droysen, Historik, S. 33.

„Mit der Frage beginnt das Verstehen der Wissenschaft, wie das des Kindes, und überall, wo sie verstummt, ist die geistige Entwicklung zum Stillstand gekommen".[6]

Ohne Fragen aus der Gegenwart an die Vergangenheit gäbe es keine Geschichte, die einen Sinn für die Gegenwart hätte. Was die organisierte Forschung der Alltagspraxis voraus hat, ist nicht die Art des Fragens und Denkens, sondern die Forschungsmethoden und Forschungstechniken. So müssen auch der schulische Geschichtsunterricht wie die außerschulische historische Bildung, die sich das Ziel setzten, historisches Denken erlernbar zu machen, von der historischen Frage ihren Ausgangspunkt nehmen.

## (1) Fragen und Wissen

Wenn jemand eine Frage stellt, so bedeutet dies, daß er etwas wissen will; aber gleichzeitig drückt die Frage auch schon ein Wissen aus. Die Frage grenzt durch ein Vorwissen den Umkreis möglicher Antworten ein. Sie arbeitet mit einem Minimum an vorausgesetztem Wissen, nie ohne ein Wissen. Linguistisch gewendet heißt das: „Die Frage ist gegenüber der Antwort, die auf sie folgt, ein Weniger an Information, nicht etwa ein Nichts an Information."[7] Um eine Frage stellen zu können, muß man folglich immer schon etwas wissen. Niemand kann nach bestimmten Sachverhalten fragen, von denen er noch nie etwas gehört hat. Wenn er noch nicht weiß, wonach er fragen soll, kann er auch nicht fragen. Die Frage ist deshalb nicht voraussetzungslos. Diese hermeneutische Voraussetzung erfordert als Bedingung der Möglichkeit, Fragen zu stellen, empirisches Vorwissen. Hierin unterscheidet sich der professionelle Historiker vom fragenden Schüler: „Denn die Menschen beginnen die historische Fragestellung mit einem unterschiedlichen Maße an vorgängiger Information".[8] Das ist aber kein Nachteil, der es verbietet, die historische Frage zum Ausgangspunkt in dem Lernprozeß zu machen. Die ursprünglich gestellte Frage verändert sich nämlich im Suchprozeß. Sie wird „tiefer, lebensvoller, sachgemäß".[9]

---

6  Stadler, August, Die Frage als Prinzip des Erkennens und die „Einleitung" der Kritik der reinen Vernunft, in: Kantstudien 13 (1908), S. 238-248; hier S. 245.

7  Weinrich, Harald, Linguistik der Lüge, Heidelberg 1966, S. 54.

8  Danto, Arthur C., Analytische Philosophie der Geschichte, Frankfurt/M. 1974, S. 185.

9  Droysen, Historik, S. 91.

Die historischen Fragen verlangen als Antwort Aussagen, die dem Fragenden sowohl *Information* als auch *Gewißheit* verschaffen. Wir wissen weder alles, noch sind wir unseres Wissens gewiß. Wir stellen sowohl Fragen, um die Lücken unseres Wissens, die uns bewußt sind auszufüllen, als auch dann, wenn wir uns eines Sachverhaltes nicht sicher sind. Insofern ist eine Frage nicht nur ein Ausdruck unzureichenden Wissens, sondern auch ein Zeichen mangelnder Gewißheit. Die Frage nach dem Verhalten der SPD im Jahre 1928, als es um den Bau des Panzerkreuzers A ging, setzt beispielsweise eine Kenntnis voraus daß es einen Handlungszusammenhang „Bau eines Panzerkreuzers" gegeben hat und daß das Kollektivsubjekt „SPD" (dessen Existenz vorausgesetzt wird) in irgendeiner Weise dazu Stellung genommen hat In diesem Wissen besteht eine Lücke. Der Fragende weiß, daß er über die Handlungen und Argumente der SPD nichts weiß.

Jede Frage enthält mithin eine bestimmte Menge expliziter und eine unbestimmte Menge impliziter Behauptungen. Dennoch determinieren diese Behauptungen in der Frage noch nicht die Antwort. Die Frage ist ihrer Struktur nach durch Offenheit und Informationsbedürfnis gekennzeichnet. Ihr Wesen ist „das Offenlegen und Offenhalten von Möglichkeiten".[10] Sie ist offen für alternative Antworten, sonst wäre sie keine Frage mehr. Sie leitet den Prozeß der Erkenntnisgewinnung ein ohne das Ergebnis zu präjudizieren. Wenn auch die Frage selbst auf keine spezielle Antwort festgelegt ist, so richtet sie sich doch auf eine bestimmte Klasse von Antworten, in deren Rahmen eine sinnvolle Antwort möglich ist. Wenn die Beziehung zwischen Frage und Antwort in diesem Sinne offen ist, können Fragen weder wahr noch falsch sein Diese Prädikate kommen nur den Voraussetzungen der Frage zu. Sie selbst kann nur sinnvoll oder sinnlos sein.

Wenn die Voraussetzung für die Frage ein Wissen ist, so kann auch die Fähigkeit, Fragen zu stellen, nicht vorgegeben sein, sondern muß gelernt werden. Je mehr wir wissen, desto mehr und genauere Fragen können wir stellen. Entsprechend den unterschiedlichen Fragerichtungen und Fragestellungen sind es jeweils andere Sozialisationskontexte in denen die Fähigkeit, Fragen zu stellen, erworben wird. Die sozialisationstheoretisch orientierte Fachdidaktik wird hier ansetzen müssen um den Zusammenhang von Lebenspraxis und Erkenntnisweisen in einem organisierten Lernprozeß herzustellen.

---

10 Gadamer, Hans-Georg, Wahrheit und Methode, 4. Aufl., Tübingen 1975 S. 283.

Historische Fragen sind durch unterschiedliche Grade des Details und der Ausführlichkeit gekennzeichnet. Das mit der Frage vorausgesetzte jeweilige Wissen kann sich prinzipiell auf drei Ebenen beziehen:
- ein bestimmtes Wissen über den Sachverhalt, nach dem man fragt,
- ein bestimmtes Wissen über die Art und Weise des Fragens selbst,
- ein bestimmtes Wissen über systematische Zusammenhänge der Sachverhalte, nach denen man fragt.

## (2) Herkunft der Fragen

Interpretation als ein Verfahren, das Schwierigkeiten ausräumt und zum Begreifen führt, ist auf Fragen angewiesen. Schwierigkeiten werden dadurch ausgeräumt, daß Fragen gestellt werden, die dem Material solche Antworten entlocken, die nicht offenkundig sind. Aber woher kommen diese Fragen? Stellen sie sich spontan ein? Stammen sie aus dem vorhandenen Wissen? Aus der Situation? Es gibt den lebensweltlichen Erfahrungssatz, daß derjenige viel fragt, der besonders viel weiß. Er ist allerdings auf Schüler und Schülerinnen nicht anwendbar. Hier muß vielmehr gelten: Wer wenig weiß, muß besonders viel fragen. Aber wie fallen den Schülern und Schülerinnen die Fragen ein?

Die Fragen, die an die Quellen gestellt werden, entspringen verschiedenen „Quellen". Das Problem ist die Herkunft der Fragen.

1) Man kann mit bestimmten feststehenden Fragen an die Quelle herangehen. Das sind solche Fragen, die immer wieder gestellt werden sollen, unabhängig, von der konkreten Quelle. Solche für die konkrete Quelle unspezifischen Fragen der Geschichte gehören zum Standardrepertoire des Geschichtsunterrichts: Wer war der Autor? Wann ist der Text entstanden? Was hat der Autor wissen können? Diese Fragen sind aber unspezifisch. Sie können sowohl an Quellen wie an alle anderen Texte gestellt werden. Es handelt sich hier um kommunikationstheoretische Fragen, die für den Interpretationsprozeß unumgängliche Voraussetzungen sind, aber selbst noch nicht den Interpretationsprozeß anleiten.

2) Schüler und Schülerinnen können Fragen selbst finden, wenn eine bestimmte Fragekompetenz schon entwickelt ist. Das gelingt besonders dann, wenn sie durch ein *durchdachtes Quellenarrangement*[11] dazu angeleitet werden. Sie entspringen dann der Kombination von zwei (oder mehreren) Quellen, die sich dann gegenseitig befragen. Weltan-

---

11 Vgl. Kap. 8.

schauliche Widersprüche (Kontroversen) oder sozial differente Positio
nen (Multiperspektivität) werden einander gegenübergestellt. Der In
terpretationsvorgang entspringt dann aus dieser Gegenüberstellung, di
beim Schüler kognitive Dissonanzen auslöst. Hier übernimmt di
jeweils zweite Quelle die Aufgabe, Fragen zu provozieren (Beispielquel
le: Saalschlacht in Marburg, vgl. S. 203 ff.).

3) Quellen lassen sich vom *situativen Kontext* her interpretieren. Als be
Ausschachtungen am Frankfurter Börneplatz Reste des alten jüdi
schen Ghettos entdeckt wurden, hat die öffentliche Diskussion jen
Fragen gestellt, die die Schüler und Schülerinnen zur Interpretatior
ihrer Quellen über jüdisches Leben in der frühen Neuzeit nutzten.[1]
Historische Kontroversen vor Ort und in der Region geben meis
Anlaß, historische Fragen zu stellen.

4) Eine weitere Gruppe von Fragen sind solche, die man prinzipiell
Fragen nennt. Als spezifische historische Frage, die die spezifische Ar
des historischen Denkens zum Ausdruck bringt, enthalten Fragen
historische Kategorien (Veränderbarkeit, Gewordenheit etc.). Kate
gorien können deshalb als prinzipielle Fragen begriffen werden
„Sind solche Fragen prinzipieller Art, d.h. können sie sinnvoll imme
wieder an die Gegenstände mit gleichen Merkmalen gestellt werden
(…) so handelt es sich um *Kategorien*".[13] Eine Wissenschaft zu lerner
heißt deshalb, ihre grundlegenden Kategorien in Form von Frager
auf die Realität anzuwenden, um sich der Aussageintention diese
Disziplin zu versichern.

5) Der Frage liegt nicht nur ein Minimum an Wissen über den erfragter
Gegenstand voraus, sondern entspringt auch einem theoretisch vor
geprägten Vorverständnis. Das kann sich sowohl auf die Weisen de
Fragens beziehen (dann ist es ein geschichtstheoretisches Vorwissen)
als auch auf den Sachverhalt (dann handelt es sich um ein sozialwis
senschaftliches Vorverständnis). Ein vorausgesetztes Wissen über ei
nen bestimmten systematischen Zusammenhang von Ereignisse
nennen wir *Theorien*. Sozialwissenschaftliche Theorien (Modernisie
rungstheorien, Revolutionstheorien, Faschismustheorien) könne
als systematisch explizierte Fragestellungen begriffen werden. Durcl

---

12 Best, Michael (Hg.), Der Frankfurter Börneplatz. Zur Archäologie eines politi
schen Konflikts, Frankfurt/M. 1988.

13 Giesecke, Hermann, Thesen zum Geschichtsunterricht, in: Neue Sammlung 1
(1974), H. 1, S. 63; Eine Aufstellung von Kategorien für den Geschichtsunter
richt findet sich bei: Mayer, Ulrich; Pandel, Hans-Jürgen, Kategorien der Ge
schichtsdidaktik, Stuttgart 1976.

Diskussion und Fortentwicklung der Theorie entsteht ein kontinuierlicher Prozeß der Systematisierung von Fragestellungen. Damit ist jener Bereich gemeint, den man als „Theorien in der Praxis des Historikers" umschrieben hat. Das bedeutet, daß man Schülern auch Grundzüge einzelner Theorien an die Hand geben muß, um damit die Vergangenheit zu befragen. Die Frage „Warum gibt es zwei deutsche Staaten?" will als *historische Frage* als Antwort eine Darstellung der Gewordenheit der jetzigen Spaltung erhalten. Wird eine solche Frage in historischer Absicht gestellt, so reicht es nicht aus, wenn als Antwort der Ost-West-Gegensatz angeführt wird. Die historische Frage akzeptiert als Antwort nur eine *Erzählung*, wie es zu dieser Spaltung gekommen ist. Daraus folgt, daß es nicht nur das vorausgesetzte Wissen ist, das jemandem ermöglicht, Fragen zu stellen, sondern er muß auch ein bestimmtes Vorverständnis von der zu erwartenden Antwort entwickeln. Im Frageprozeß geht es nicht in erster Linie darum, daß der Fragende irgendeine *Erwiderung* erhält, sondern daß er eine *Antwort* auf seine spezifische Frage bekommt: „Zu fragen verstehen, heißt, verstehen zu lernen, was zugehörige von unzugehörigen Antworten unterscheidet".[14]

Interpretation kann auf einem Raster fertig entworfener Fragen beruhen, die, weil sie immer wieder gestellt werden können und die Eigenart des Materials berücksichtigen, für das Fach Geschichte eigentümlich sind. Das sind die Fragen, die die historische Methode der Quelleninterpretation ausmachen. Sie bestehen aus einem vorentworfenen System.

Eine Logik des Fragens läßt sich aus keiner quellenkritischen Fachsystematik ableiten. Auch ausgeklügelte und vorentworfene Frageraster sind wenig hilfreich. Die fruchtbarsten Fragen ergeben sich stets aus der jeweiligen Interpretationssituation an den konkreten Quellen. Sie sind Ergebnis der didaktischen Phantasie und eines handwerklichen Könnens. Solche Bemühungen werden durch bestimmte geschichtsdidaktische Prinzipien in der Logik des Faches gehalten: Auslegungsspielraum, Rätselhaftigkeit, Narrativität und sinnliche Faszination. Ein solches Vorgehen braucht sicher mehr Zeit. Aber beim Versuch, fünf Jahrtausende in vier Schuljahre zu pressen, ist die Schule in den letzten 200 Jahren stets gescheitert. Vielleicht sollte die Geschichtsdidaktik in dieser Hinsicht auch einmal aus der Geschichte lernen.

---

14 Kuno, Lorenz, Elemente der Sprachkritik, Frankfurt/M. 1970, S. 14.

## (3) „Kernstellen" und „Schlüsselwörter"

Im Unterricht wird die historische Frage meist übergangen und durch die Aufforderung ersetzt, die „Kernstellen" oder „Schlüsselwörter" der Quelle herauszusuchen bzw. zu unterstreichen. Was sind die Kernstellen der folgenden Quelle?

**„Manifest Katharina II. vom 22. Juli 1763** über die Berufung ausländischer Kolonisten nach Rußland"
„Von Gottes Gnaden
Wir Katharina die Zweite
Kayserin und Selbstherrscherin aller Reussen zu Moskau, Kiow, Wolodimir Nowogorod, Zaarin zu Kaßan, Zarin zu Astrakan, Zarin zu Sibirien, Frau zu Pleskow und Großfürstin zu Smolensko, Fürstin zu Esthland und Liefland, Karelen, Twer, Jughorien, Permien, Wiatka, Bolgarien und mehr andern; Frau und Großfürstin zu Nowogorod des Niedrigen Landes, zu Czernikow, Rezan, Roßtow, Jaroslaw, Bieloserien, Udorien, Obdorien, Kondinien und der ganzen Nord-Seite Gebietherin und Frau des Iverischen Landes des Karthalinischen und Grusinischen Zarin und des Karbadinischen Landes, der Kyrkaßischen und Gorischen Fürstin und mehr anderer Erb-Frau und Beherrscherin.
Da Uns der weite Umfang der Länder Unseres Reiches zur Genüge bekannt; so nehmen Wir unter anderem wahr, daß keine geringe Zahl solcher Gegenden noch unbebauet liege, die mit vorteilhafter Bequemlichkeit zu Bevölkerung und Bewohnung des menschlichen Geschlechts nützbarlichst könnte angewendet werden, von welchen die meisten Ländereyen in ihrem Schooße einen unerschöpflichen Reichthum und allerley kostbaren Erzen und Metallen verborgen halten; und weil selbige mit Holtzungen, Flüssen, Seen und zur Handlung gelegenen Meeren genugsam versehen, so sind sie auch ungemein bequem zur Beförderung und Vermehrung vielerlei Manufakturen, Fabriken und zu verschiedenen andern Anlagen.
Dieses gab Uns Anlaß zur Ertheilung des Manifestes, so zum Nutzen aller Unserer getreuen Unterthanen des 4. Dezember des abgewichenen 1762=sten Jahres publiciert wurde. Jedoch da Wir in selbigem denen Ausländern, die Verlangen tragen würden, sich in Unserem Reiche häußlich niederzulassen, unser Belieben nur summarisch angekündigt; so befehlen Wir zur besseren Erörterung desselben folgende Verordnung, welche Wir hiermit aufs feierlichste zum Grunde legen, und in Erfüllung zu setzen gebieten, jedermäniglich kund zu machen.

## I.

Verstatten Wir allen Ausländern in Unser Reich zu kommen, um sich in allen Gouvernements, wo es einem jeden gefällig, häußlich niederzulassen.

## II.

Dergleichen Fremde können sich nach ihrer Ankunft nicht nur in Unserer Residentz bei der zu solchem Ende für die Ausländer besonders errichteten Tutel-Cantzelley, sondern auch in anderweitigen Grenzstädten Unseres Reiches nach eines jeden Bequemlichkeit bei denen Gouverneur's oder, wo dergleichen nicht vorhanden, bei den vornehmsten Stadts-Befehlshabern melden. (…)

Gegeben zu Peterhof im Jahre 1763 den 22. Juli, im zweiten Jahre Unserer Regierung.

L.S.

Das Original haben Ihre Kaiserliche Majestät eigenhändig folgendergestalt unterschrieben

Katharina II.

Gedruckt beim Senate den 25. Juli 1763.“

*(Schütz, Philipp, Der Ruf der Zarin, Marburg 1989, S. 231-236)*

Könnten die „Kernstellen" die folgenden sein?

- unbebaute Gegenden
- unerschöpflicher Reichtum etc.

Falls Schülerinnen und Schüler diese Schlüsselwörter gefunden haben, könnten Lehrerinnen und Lehrer aber bestreiten, daß dies die richtigen seien.

Mit dem gleichen Recht lassen sich auch andere nennen:

- Kaiserin aller Reussen
- Zarin zu Kasan
- Großfürstin zu Smolensk
- Frau des Iverschen Landes etc.

Im zweiten Falle ist die Frage eine andere als im ersten. Hier will man etwas über die Ausbreitung der Ländereien und Herrschaften und den Herrschaftsanspruch einer absolutistischen Fürstin wissen.

Die Frage nach „Kernstellen" beruht auf dem objektivistischen Irrtum, daß die „Kernstellen" ein für allemal festliegen. „Die Beschreibungskategorien sind nur über bestimmte Erkenntnisinteressen und -absichten zu gewinnen. Texte weisen ‚an sich', d.h. unabhängig von unserer Beschäftigung mit ihnen, keine für uns relevanten Strukturen auf".[15]

---

15 Gatzemeier, Matthias, Methodische Schritte einer Textinterpretation in philosophischer Absicht, in: Kambartel, F.; Mittelstraß, Jürgen (Hg.), Zum normativen Fundament der Wissenschaft, Frankfurt/M. 1973, S. 281-317; hier S. 295.

## 7.2 Heuristik

Heuristik ist jenes Verfahren, das Quellen zur Beantwortung der historischen Fragen sucht, sichtet und auf ihre Reichweite befragt. Im Geschichtsunterricht wird dieser Aspekt der Quellenarbeit meist übergangen, da die Quellen stets in den Quellenheften für die Hand der Schülerinnen und Schüler vorhanden sind. Die Frage, woher sie kommen, warum es gerade die vorliegenden Quellen sind, die über das zur Diskussion stehende Thema Auskunft geben, wird nicht gestellt. Die Arbeit des Historikers, nach geeigneten Quellen zur Beantwortung der historischen Fragen zu suchen, wird für den Geschichtsunterricht ausgeblendet. Das hatte und hat seine berechtigten Gründe. Heuristik im umfassenden Sinne sprengt den üblichen Unterricht im Stundentakt und ist als längere eigenständige Zeitphase nur im projektorientierten Unterricht möglich. Dennoch sollten heuristische Reflexionen in keiner Quellenarbeit fehlen. Schülerinnen und Schüler sollten vor der eigentlichen Textarbeit über die Reichweite der Quellengattungen nachdenken. Welche Aussagen lassen die Quellengattungen Brief, Zeitung etc. zu? Ab und an bringen Schülerinnen und Schüler aber auch selbst Quellen aus dem Umkreis der eigenen Familiengeschichte ein.

Inzwischen verfügen wir über zwei Verfahrensweisen, die in vorbildlicher Weise die Heuristik als wichtiges Moment historischer Erkenntnisgewinnung einbeziehen. Der *Schülerwettbewerb* der Körber-Stiftung um den Preis des Bundespräsidenten macht die Heuristik geradezu zum Ausgangspunkt des Arbeitens.[16] Die Schülerinnen und Schüler suchen sich das Quellenmaterial selbst vor Ort. Sie besuchen Archive und Museen, durchstöbern den eigenen Dachboden und produzieren sich ihre eigenen Quellen, indem sie die ältere Generation befragen. Die zweite Verfahrensweise, die die Heuristik ernstnimmt, ist die Arbeit im *Archiv*. Hier wird die zentrale Frage der Heuristik an die Archivpädagogen gestellt: Was haben Sie zu diesem Thema in Ihren Ordnern und Kästen?

Da „Allgemeinbildung" heute kaum mehr definierbar ist, tritt mehr und mehr „Wissenschaftspropädeutik" als Zielsetzung der gymnasialen Oberstufen in den Vordergrund. Damit ist keineswegs eine Vorbereitung auf das Studium allgemein und schon gar nicht auf das Geschichtsstudium im besonderen gemeint. Es geht um den notwendigen Umgang mit Wissenschaft in der modernen Lebenswelt. Unter wissen-

---

16 Dittmer, Lothar; Siegfried, Detlef (Hg.), Spurensuche. Ein Praxisbuch für historische Projektarbeit, Weinheim 1997.

schaftpropädeutischen Gesichtpunkten ist es unbefriedigend und widerspricht dem angestrebtem Ziel, den Schülerinnen und Schülern die Heuristik (sogar im Leistungskurs!) ständig abzunehmen. Sie finden die Quellen im Kursmaterial vor oder bekommen sie abgezogen vorgesetzt. Wenn Wissenschaftspropädeutik heißt, den Umgang mit Wissenschaft zu lernen, so muß auch ein selbständiger Umgang mit Quellen erfolgen. Schülerinnen und Schüler sollten sich für begrenzte Aufgaben die Quellen selbst zusammensuchen. Der modische Ruf nach Umgang mit „neuen Medien" ist so lange unaufrichtig, wie ein kompetenter Umgang mit den alten Medien nicht zur Selbstverständlichkeit gehört. Schülerinnen und Schüler müssen vor allem für ihr späteres Leben Quellensammlungen in den unterschiedlichsten Bibliotheken (Schul-, Stadt- und Universitätsbibliotheken) kennen und nutzen lernen. Die Freiherr vom Stein-Gedächtnisausgabe, Ursachen und Folgen, Hohlfeld[17] etc. sollten Schülerinnen und Schülern sowohl im Grundkurs als auch im Leistungskurs geläufig sein. Diese Forderung widerspricht nicht der Berücksichtigung der elektronischen Medien. Quellen lassen sich auch im Internet besorgen, obwohl manche elektronischen Quelleneditionen nicht über erste Anfänge hinausgekommen sind. Aber auch die neuen Medien, insbesondere das Internet, können für die Heuristik genutzt werden. So findet man – um nur zwei Beispiele des rasant wachsenden Angebotes zu nennen – im Internet auf den Seiten der Universität Erlangen etwas über Urkunden und ihren Aufbau und auf den Seiten der Universität Osnabrück einen Hinweis auf einen neuen Quellenband zum Westfälischen Frieden.[18]

---

17 Ausgewählte Quellen zur deutschen Geschichte des Mittelalters. Freiherr vom Stein-Gedächtnisausgabe, Darmstadt 1955 ff.; Ausgewählte Quellen zur deutschen Geschichte der Neuzeit. Freiherr vom Stein-Gedächtnisausgabe, Darmstadt 1960 ff.; Dokumente zur deutschen Politik und Geschichte von 1848 bis zur Gegenwart. Ein Quellenbuch für die politische Bildung und staatsbürgerliche Erziehung, hg. v. Johannes Hohlfeld, Berlin 1951 ff.; Ursachen und Folgen. Vom deutschen Zusammenbruch 1918 und 1945 bis zur staatlichen Neuordnung Deutschlands in der Gegenwart. Eine Urkunden- und Dokumentensammlung zur Zeitgeschichte, hg. u. bearb. v. Herbert Michaelis, Berlin 1958 ff.
18 Krieg-Frieden-Toleranz. Quellensammlung zur Geschichte des Dreißigjährigen Krieges und des Westfälischen Friedens im Osnabrücker Land, bearb. v. Gerd Steinwascher in Zusammenarbeit mit Ursula Rötrige (Schriften zur Kulturgeschichte des Osnabrücker Landes, 7) Osnabrück 1996.

## 7.3 Kritik

Kritik ist jene Operation, die aus Quellenaussagen empirisch triftig
Daten und Tatsachen macht. Sie findet heraus, ob etwas der Fall wa
oder nicht. Aufgrund der Kritik stellt die Wissenschaft fest, ob es sich
um eine authentische Quelle handelt, oder ob in einer authentischer
Quelle die Aussagen als empirisch triftig angesehen werden können
Die Quellenkritik hat die „Funktion einer nicht hintergehbaren Kon
trollinstanz über den Tatsachengehalt jeder historischen Aussage".[1]
Jede im Unterricht verwandte Quelle muß bereits das „Nadelöhr"[20] de
historischen Kritik durchlaufen haben und so auf ihre *äußere Zuverlä*
*sigkeit* geprüft worden sein.

Das geschieht in der Regel in zwei Schritten. Zuerst wird das Origina
im Archiv aufgesucht. Damit ist zumindest schon sichergestellt, da
eine Quelle überhaupt existiert und nicht fingiert ist. Das Auffinden de
„Originals" schützt allerdings nicht davor, daß dieses Original eventue
gefälscht ist. Durch Quellenvergleich muß herausgefunden werden, o
sich die Quelle ohne Widerspruch als Mosaikstein in die vorhandene
Quellen einfügen läßt.

Die an der Philologie des 19. Jahrhunderts orientierte Method
unterscheidet äußere und innere Quellenkritik. Die äußere Quellenkri
tik beinhaltet „alle Regeln und Arbeitsgrundsätze, die notwendig sinc
um Ursprung, Bestimmung, Aussage und Echtheit einer Quelle z
prüfen".[21] Die innere Quellenkritik untersucht den Textinhalt. Di
Quelleninterpretation ist in diesem Sinne ein Teil der Quellenkritik
Die äußere Quellenkritik beinhaltet Fragen nach

- der Echtheit der Quelle:
  Ist die Quelle echt oder eine Fälschung, und werden unter Umstän
  den falsche Angaben zu dem Sachverhalt gemacht?
- der Entstehungszeit und dem -ort:
  Jede Quelle ist in einen historischen Rahmen eingekleidet, den e
  aufzudecken gilt.
- dem Verfasser.
- dem Wert der Quelle:
  Ist sie unabhängig oder abgeleitet?

---

19 Rüsen, Rekonstruktion, S. 109.
20 Ebd., S. 107.
21 Rudolf Renz, Prinzipien wissenschaftlicher Quellenanalyse und ihre Verwertba
   keit im Geschichtsunterricht, in: GWU 22 (1971), S. 536-551; hier S. 538.

Diese äußere Quellenkritik beschäftigt sich nur mit den formalen Aspekten einer Quelle. Sie ist unter geschichtsdidaktischem Gesichtspunkt wenig ergiebig, da es der Geschichtsunterricht meist mit Quellen zu tun hat, die bereits alle Stufen der äußeren Quellenkritik durchlaufen haben. Überzogen und daher unzutreffend ist die Behauptung, daß ohne die äußere Quellenkritik „eine seriöse Quellenarbeit buchstäblich in der Luft" hängen würde.[22] Fast alle Historiker benutzen zu einem großen Teil gedruckte Quellen, weil sie sich auf die quellenkritischen Untersuchungen der Herausgeber verlassen. Das ganze Unternehmen der „Monumenta Germaniae Historica" bezieht aus dieser Tatsache seine Legitimität. Entstehungszeit und -ort sowie Verfasser werden von guten didaktischen Quelleneditionen in der beigegebenen Legende genannt. Dennoch ist die Frage zu stellen, welche Möglichkeiten für den Geschichtsunterricht in der äußeren Kritik stecken. Zeit, Ort und Entstehungsbedingungen können Schülerinnen und Schülern in besonderen Fällen bewußt vorenthalten werden, damit diese aus der Quelle selbst erschlossen werden können.

Auch die Fragen nach der Echtheit kann fallweise in den Geschichtsunterricht einbezogen werden, um für eine gesunde Skepsis gegenüber der historischen Überlieferung zu sorgen. Es gibt mehrere Beispiele, an denen *Echtheitsprüfungen* vorgenommen werden können, um an ihnen nach den Motiven für Irrtum und Fälschung zu fragen.


## Vier Beispiele

### ● „Seh-Ungeheuer"
Auf der Mittelstufe eignen sich phantastische Berichte aus dem 16. Jahrhundert, die von berüchtigten Wundertieren handeln, um Überlegungen zum Wahrheitsgehalt von Quellen zu stellen.
„Von der Nortwedischen Schlangen und andern / in was lenge die gefunden werden (…)
Das xxvi. Capitel.
Die Schiffleüt / Vischers oder Kauffleut, so umb das Nortwedisch Meer zu handtieren haben / bezeugte mit gmeiner stim und geben für ein wunderbarlich Ding / Nemlich wie in den holen Felsen oder gruben des Meers umb die Stadt Bergen / ein erschrockenliche große Schlangen sich enthalte / die uber zweyhundert schüh lang und zwenzig dick sey / und gehe im Summer bey den

---

22 Rohlfes, Joachim, Und noch einmal: Quellen, in: GWU 34 (1983), S. 330-344; hier S. 334.

hellen nächten herauß / und fresse ganze Kälber / Lämmer und Seuw / verzeret
auch den Vilfuß / Meerschnecken / und Meerkreps / ist zottechtig umb der
halß / mit haaren einer elen lang / hat auch schwarze scharpffe schupen / und
feüwrfarbe augen / Ist den Schiffen gefahr / richtet sich in dem Wasser auff /
wie ein Gaul / und zucket die Menschen auß den Schiffen. Wann solche
Schlangen gesehen wirt / bedeüt es tödtlichen abgang eines Landtfürsten /
oder des Landts veränderung / oder das der Fürst vertryben wirt / oder es
volget sunst Krieg und Auffrhur hernach. Ein andere große Schlangen wirt
gefunden in der Insel Moos in dem Bistumb Hammeren / dieselbige bedeut
gemeinlich veränderung des Königreichs Nortwegen / als wie der Comet sein
würckliche bedeutung hat über andere Länder. Solche Schlang ward gesehen
im jar 1522. die erhübe sich hoch über das Wasser / und schloß sich in einen
kreiß / von fernem anzusehen hat man sie fünffzig elen lang geschetzt / bald
hernach ward König Christian vertryben / und kam schwere vervolgung der
Prelaten / es volget auch verderbnuß des ganzen Vatterlands."
*(Streicher, Sonnfried, Fabelwesen des Meeres, Rostock 1984, S. 68)*

Die „Frankfurter Rundschau" faßte 1981 einen Artikel der Zeitschrift
„Umschau in Wissenschaft und Technik" folgendermaßen zusammen:
„Die abenteuerlichen Schilderungen mittelalterlicher Seeleute über riesige
Wassermänner mit fischartigem Unterleib und andere Ungeheuer könnten
durchaus exakte Beschreibungen von Bildern gewesen sein. Allerdings:
diese Seeungeheuer waren wohl ‚Sehungeheuer', die auf Grund optischer
Verzerrungen zustande kamen. (…)
Eine Warmluftschicht, die wenige Meter über der Wasseroberfläche eine
oberflächennahe Kaltluftschicht ablöst, reicht nach Untersuchungen kanadi-
scher Wissenschaftler, um beispielsweise aus dem Kopf eines Walrosses oder
der Schnauze eines Wales ein riesiges, hoch aufgerichtetes Ungeheuer erscheinen zu lassen. So jedenfalls haben Computer Gegenstände abgebildet, als sie
optische Verzerrungen als Folge unterschiedlich warmer Luftschichten nachvollziehen sollten. Aus einem nur 40 Zentimeter hohen Walroßkopf wurde
danach ein rund acht Meter hohes Monstrum. Der optische Effekt beruht
darauf, daß Lichtstrahlen in verschieden warmen und damit verschieden
dichten Luftschichten unterschiedlich stark abgelenkt werden.
Mit dieser natürlichen Erklärung für Schilderungen von sagenhaften Un-
geheuern bietet sich auch eine Erklärung dafür, warum das Auftauchen von
Meeresungeheuern wie dem ‚Wassermann' von den Seeleuten als Vorboten
großer Unwetter angesehen wurden: Die ‚tödtliche' Stille, gefolgt von
einem plötzlichen Temperaturanstieg wie häufig vor großen Stürmen sind
exakt die Bedingungen, unter denen optische Verzerrungen auftreten."
*(Frankfurter Rundschau v. 22.8.1981)*

## ● „Delirium furiosum"

In vielen Schulbüchern und Quellensammlungen ist ein „Gutachten" der Bayerischen Sozietät der Wissenschaften enthalten, das die Gefahren der Eisenbahnreise beschreibt.

„Gutachten bayerischer Ärzte aus dem Jahre 1835:
Ortsveränderungen mittels irgendeiner Art von Dampfmaschinen sollten im Interesse der öffentlichen Gesundheit verboten sein. Die raschen Bewegungen können nicht verfehlen, bei den Passagieren die geistige Unruhe, ‚delirium furiosum' genannt, hervorzurufen. Selbst zugegeben, daß Reisende sich freiwillig der Gefahr aussetzen, muß der Staat wenigstens die Zuschauer beschützen, denn der Anblick einer Lokomotive, die in voller Schnelligkeit dahinrast, genügt, diese schreckliche Krankheit zu erzeugen. Es ist daher unumgänglich nötig, daß eine Schranke, wenigstens sechs Fuß hoch, auf beiden Seiten der Bahn errichtet werde."
*(Schulze, Friedrich, Die ersten deutschen Eisenbahnen Nürnberg-Fürth und Leipzig-Dresden, Leipzig 1912, S. 24)*

Hier kann man die Schülerinnen und Schüler all die Fragen aufschreiben lassen, die sie zum Verständnis des „Gutachtens" stellen wollen. Wenn sie in Quelleninterpretationen noch nicht geübt sind, wird in ihrem Katalog die Echtheitsfrage fehlen. Erst wenn alle Fragen beantwortet sind, konfrontiert man sie mit dem nachfolgenden Text:

Der Technikhistoriker Franz M. Feldhaus hat sich mit dieser „Quelle" beschäftigt und folgendes herausgefunden:

„Ein medizinisches Gutachten über das Eisenbahnfahren?
Wo man beweisen will, daß die Gelehrten das nahende technische Zeitalter mißachtet haben, liest man auch die Erzählung: ‚Das bayrische Medizinalkollegium glaubte noch im Jahre 1835 den Eisenbahnbau dadurch hintanhalten zu können, daß es erklärte, die große Geschwindigkeit würde den Insassen der Wagen Kopfschmerzen und Schwindel verursachen'. An anderen Stellen geht die Erzählung weiter und man hört, das Kollegium habe die Forderung gestellt, zu beiden Seiten der Bahn hohe Bretterzäune aufzurichten, damit auch die Zuschauer vom Schwindel bewahrt blieben. Ich glaube nicht daran, daß Erfindungen und technische Fortschritte bei ihrem Auftreten aus Unverstand bekämpft wurden. Wo ich den vielen Erzählungen dieser Art bis auf die Quelle nachgegangen bin, fand ich stets, daß diese Erzählungen entweder glatt erfunden wurden, oder daß durch die Einführung der Erfindung in die Praxis starke soziale Verschiebungen auftraten, die zu Unruhen der brotlos gewordenen Massen führten. Um mir über das angebliche bayrische Medizinalgutachten Gewißheit zu verschaffen, wandte ich mich an Herrn Oberregierungsrat Böttinger, den stets hilfsbereiten

163

Leiter des Verkehrsmuseums in Nürnberg. Dieses Museum besitzt fast das gesamte von der ersten deutschen Eisenbahn Nürnberg-Fürth übrig geblie bene Material an Literatur, Plänen, Kunstblättern und Akten. Die Eisen bahndirektion Nürnberg ging aber, da sich aus dem gesammelten Material nichts über das medizinische Gutachten feststellen ließ, weiter, indem sie bei der Regierung von Mittelfranken die in Betracht kommenden Akten einforderte. Die Durchsicht der Akten ergab aber nichts, was die bekannte Erzählung bestätigen könnte. Wenn nun nicht die Medikohistoriker au versteckten Medizinalakten den Beweis erbringen können, daß kurz vor 1835 ein Gutachten gegen die Einführung der Eisenbahnen in Deutsch land abgegeben wurde, dann ist die malerische Erzählung wohl reif, in die nächste Auflage von Hertslets Treppenwitz der Weltgeschichte aufgenom men zu werden. Um unnötiges Suchen zu vermeiden, sei noch gesagt, daß Graf v. Klingow-Stroem bei Durchsicht der Akten der Münchner Akade mie der Wissenschaften unter den Gutachten technischen Inhalts nichts in dieser Sache finden konnte."

*(Mitteilungen zur Geschichte der Medizin und der Naturwissenschaften 19 [1920], S. 104-105)*

● „Hohlköpfe"

Die von dem Schweizer Historiker Walther Hofer in seiner weitverbrei teten Quellensammlung „Nationalsozialismus" abgedruckte „Quel le"[23] zum Reichstagsbrand am 27.2.1933 eignet sich ebenfalls beson ders gut für Quellenkritik. Dieses „Protokoll" scheint die These zu stützen, daß der Reichstag von den Nationalsozialisten angezündet worden ist. Nach Hofer stammen die folgenden Notizen von dem SA-Gruppenführer Karl Ernst, die dieser über eine Zusammenkunft von Parteigrößen (u.a. Göring und Goebbels) in der Reichskanzlei am 23.3.1933 angefertigt haben soll:

*„Göring (…): Pg. Ernst, die Kerls haben ihre Sache ausgezeichnet gemacht. Ist es nicht schändlich, daß sie von marxistisch verseuchter Polizei und Feuerwehr fast geschnappt worden wären. Die Bude hätte an allen Ecken brennen sollen. Wären Gempps Leute nicht so übereifrig gewesen, hätten die Jungs ganze Arbeit geleistet. Die Jungtürken hatten da mehr Glück, als sie den Tschiragan-Palast verbrannten, und sie sind bestimmt nicht durch einen unterirdischen Heizungsgang hineingekommen. Wir müssen also jetzt zusehen, daß für uns auch weiterhin viel Gutes herausspringt, jedenfalls handeln wir politisch*

---

23  Hofer, Walther, Der Nationalsozialismus. Dokumente 1933-1945, Frankfurt/M. 1993, S. 52.

klüger als die Jungtürken. Unsere Kerls haben die Feuertaufe überstanden. Wir bringen sie jetzt in die höhere Polizeilaufbahn. Wir brauchen sichere Leute. Lob und Dank gebühren ihnen, auch wenn ich Polizei und Feuerwehr in der Öffentlichkeit Anerkennung aussprechen mußte. Wenn ich an den kolossalen Sog im Plenarsaal denke, war das ein phantastischer Kamin, und dann waren diese Schwachköpfe auch gleich mit ihren Schläuchen zur Hand, um das Haus der Volksverderber zu retten, ich hätte sie am liebsten in die Flammen werfen lassen. Natürlich kamen sie ausgerechnet zu mir gerannt, um ihre Löscherfolge zu melden. Ich habe mich beherrscht, um sie nicht anzubrüllen: Hohlköpfe, seht ihr denn nicht, daß ihr hier überflüssig seid! Trotz alledem haben sie unsere Pläne nicht vermasselt."

*(Hofer, Walther; Cadic, Eduard; Zipfel, Friedrich [Hg.],*
*Der Reichstagsbrand – eine wissenschaftliche Dokumentation, 2 Bde., Berlin-München 1972/1978, S. 366 f.)*

Nach den bisher vorliegenden Forschungen gibt es keine begründeten Zweifel mehr, daß Marinus van der Lubbe als Einzeltäter handelte. Einige jüngere Historiker haben nachgeforscht. Trotz intensiven Nachfragens bei Hofer und anderen, die den Text abdrucken, haben sie ein Original nicht zu Gesicht bekommen. Karl-Heinz Janßen faßt die Nachforschungen zu dieser „Quelle" folgendermaßen zusammen:

„Man stelle sich einmal vor, daß der Reichstagspräsident Göring an diesem Tag nach der so wichtigen Reichstagssitzung nichts Besseres zu tun gehabt haben soll, als eine Dankesrede an die Brandstifter zu halten, und das nicht etwa in seinem Ministerium oder irgendeinem Parteilokal, sondern in der Reichskanzlei, wo es noch genügend alte Beamte gab, denen eine solche Veranstaltung nicht verborgen bleiben konnte! (…)

Man kann Göring sicherlich viel vorwerfen, aber ihm ein derartiges törichtes Geschwätz zu unterstellen, hieße ihn auf das niedrige intellektuelle Niveau des Fälschers zu stellen. Die Aussage, daß Göring eine solche Versammlung in der Reichskanzlei anberaumt und dort gesprochen haben soll, entbehrte selbst dann jeder Grundlage, wenn er tatsächlich den Befehl zur Brandstiftung gegeben hätte. In Nürnberg berief sich Göring ausdrücklich darauf, daß er – falls er die Brandstiftung angeordnet haben würde – niemals darüber gesprochen hätte. Lächerlich ist auch die Vorstellung, daß ein anwesender SA-Führer vom Schlage Karl Ernsts sich so ausführlich Notizen machte. (…)

Man stelle sich weiter vor: Göring versprach, die Brandstifter in die höhere Polizeilaufbahn zu bringen, wo er sich als Innenminister ständig mit Beförderungswünschen von „alten Kämpfern" auseinanderzusetzen hatte! Die Barriere des höheren Dienstes spielte bei der Abwehr derartiger Forderungen eine wichtige Rolle. Daher ist es ausgeschlossen, daß er eine *ganze Gruppe* geschlossen über diese Hürde bringen wollte. Wie hätte er das vor seinen Beamten im Innenministerium rechtfertigen sollen?

Lassen bereits Protokollant, Ort, Zeitpunkt und Inhalt keinen Zweifel an der Fälschung, so gibt die Diktion weitere Bestätigungen. Es ist völlig unmöglich, daß Göring die Brandstifter – egal ob SA- oder SS-Angehörige – als „Kerls" oder „Jungs" bezeichnet hätte. (…)

Für die wirren Vorstellungen des Fälschers bietet die Präsentation Gempps ein gutes Beispiel. Während in der Brandnacht, den angeblichen Äußerungen Görings zufolge, alle Augenblicke ein Feuerwehrmann angerannt kam, um einen Löscherfolg zu melden – als ob es keine Koordination gegeben hätte, die nur durch den ranghöchsten Feuerwehrbeamten am Ort erfolgen konnte – begegnet andererseits Gempp als Inkarnation des Führerprinzips, als der Anführer einer Brandbekämpfungstruppe. (…)

Mit der ‚marxistisch verseuchten Polizei und Feuerwehr' hat es eine besondere Bewandtnis. Allein diese Wendung ist völlig schief, denn die Feuerwehr hat bei dem Vorwurf, daß die Polizei in der Weimarer Republik politisiert worden sei, nie eine Rolle gespielt. Wo der Fälscher den Begriff gefunden hat, ist klar. Es war die Aussage Görings als Zeuge vor dem Reichsgericht am 4. November 1933. Dort erklärte er aber, daß nicht die Polizei im allgemeinen, sondern insbesondere ‚die Politische Polizei als vom Parteistandpunkt durchaus marxistisch verseucht war'. Die gleiche Einstellung zeigte er an anderer Stelle, als er schrieb: ‚Sehr schlimm sah es bei der Politischen Polizei aus. Hier stand ich fast überall nur den Vertrauensleuten der Sozialdemokraten, den bestbewährten Elementen und Kreaturen des Herrn Severing gegenüber'. Also ausgerechnet die Politische Polizei belegte Göring mit diesem Vorwurf, während doch in den ‚Dokumenten' und darüber hinaus von den Komitee-Herausgebern in verschiedenen Publikationen immer wieder behauptet wird, die Politische Polizei habe eine Schlüsselrolle bei der Vorbereitung des Reichstagsbrandes – schon im Februar 1933 – gespielt, während er die Schutzpolizei – anders als bei der vorliegenden Rede – gerade nicht in dieser Hinsicht verdächtigte. (…)

Doch selbst wenn man alle derartigen Argumente als nicht stichhaltig anerkennen will, bleibt eines völlig unverständlich: Warum ist das Original nicht sofort nach seinem Auftauchen der Öffentlichkeit zugänglich gemacht worden? Denn wenn man ein gutes Gewissen hat und nachweisen kann, daß die Quelle echt ist und Göring tatsächlich entgegen aller Wahrscheinlichkeit diesen Unsinn von sich gegeben hat, hätte man sich über die Urheber des Reichstagsbrandes nicht mehr den Kopf zu zerbrechen und umfangreiche Dokumentationen anzufertigen brauchen. (…) Die Herausgeber haben offenbar aus gutem Grund das Licht der Öffentlichkeit auf

diesem Elaborat gescheut und verfuhren deshalb auf genau umgekehrte Weise: Sie versteckten die im Fall der Echtheit äußerst wichtigen Ausführungen im Anhang ihrer ‚Dokumentation‘, die wegen ihrer Unlesbarkeit und Verworrenheit allgemein gemieden wird. Damit haben sie sich eine zitierfähige Quelle geschaffen, auf die sie in Zukunft verweisen konnten. Hofer hatte die Stirn, in seinem weitverbreiteten Taschenbuch über den Nationalsozialismus, das im Schulunterricht häufig benutzt wird, diese Göring-Rede als ‚Dokument‘ abzudrucken. Welcher Schüler wird auf die Idee kommen, daß in eine solche Publikation Fälschungen eingeschmuggelt worden sind?
*(Janßen, Karl-Heinz, Calics Erzählungen, in: Backes, Uwe u.a., Reichstagsbrand. Aufklärung einer historischen Legende, 2. Aufl., München 1987, S. 188 ff.)*

● **Gespräche ohne Hitler**
In vielen Schulbüchern sind Auszüge aus dem Buch von Herrmann Rauschning „Gespräche mit Hitler“ als Quelle abgedruckt.[24] Herrmann Rauschning (geb. 1887) war Kriegsfreiwilliger im Ersten Weltkrieg. Er beendete ihn als Leutnant. Bis Sommer 1931 war er Mitglied der DNVP, danach der NSDAP. 1932 wurde er Präsident des Danziger Landbundes. Als Spitzenkandidat der Nationalsozialisten kandidierte er für das Amt des Senatspräsidenten und wurde am 20. Juni 1933 Präsident der Freien Stadt Danzig. 1934 mußte er seinen Rücktritt erklären und emigrierte. Von den angeblich zahlreichen Gesprächen hat der Historiker Theodor Schieder (1908-1984) nur 13 Begegnungen gezählt. Nach sorgfältiger Analyse kommt Wolfgang Hänel[25] lediglich auf vier Gespräche, und keines davon fand unter vier Augen statt. Hänel zieht den Schluß: „Die ‚Gespräche‘ sind ‚nichts weiter als eine Propaganda-‚Kampfschrift‘ – eine Waffe aus dem Arsenal der ideologischen Kriegsführung."[26]

Der Redakteur der „ZEIT", Karlheinz Janßen, faßte die Nachforschungen folgendermaßen zusammen:
„Über die grotesk-blamable Affäre um die gefälschten Hitler-Tagebücher im *stern* ist fast gänzlich unbeachtet geblieben, daß gleichzeitig eine andere Fälschung aufgedeckt wurde, die viel nachhaltiger auf die öffentliche Mei-

---

24  Rauschning, Hermann, Gespräche mit Hitler, New York 1940.
25  Hänel, Wolfgang, Herrmann Rauschnings „Gespräche mit Hitler". Eine Geschichtsfälschung, Ingolstadt 1984.
26  Hänel, Rauschning, S. 46.

nung und die internationale Zeitgeschichtsforschung eingewirkt hat: die „Gespräche mit Hitler" des ehemaligen Danziger Senatspräsidenten Hermann Rauschning. Er hat ganze Generationen historisch interessierter Zeitgenossen und ungezählte Historiker in die Irre geführt. Seine falschen Hitler-Zitate stehen bis heute in den Schulbüchern, schmücken Festreden und Leitartikel und waren noch jüngst in einer Morgenandacht zu hören. Allein in der Hitler-Biographie von Joachim Fest werden Rauschnings erfundene Gespräche und Aussprüche mehr als fünfzigmal zitiert. (...) Rauschning behauptete, er habe mehr als hundertmal mit Hitler gesprochen. ‚Eine dicke Lüge', sagt Entlarver Hänel, und er kann es beweisen. Professor Schieder war, nach wohlwollender Zählung, auch nur auf dreizehn Begegnungen in den Jahren 1932 bis 1934 gekommen, konnte indes nur für zwei eine Aktennotiz finden (und auch da sprach der Gast aus Danzig nie unter vier Augen mit Hitler!). Dafür glaubte Schieder jedoch der Aussage Rauschnings, Hitler habe ihn mehrmals an seine Mittagstafel in der Reichskanzlei gebeten. Darauf konnten sich nun wieder prominente Nazis nicht besinnen. Albert Speer, häufig Gast dieser Tafelrunde, erwähnt die Anwesenheit des Senatspräsidenten nirgends. Hermann Göring erinnerte sich im Nürnberger Prozeß, er habe Rauschning ‚nur zweimal ganz flüchtig gesehen'. Nur Reichsjugendführer Baldur von Schirach hatte Rauschning einmal bei Hitler angetroffen, in einer eher belanglosen Unterhaltung. Andere haben ausgerechnet, alles in allem könnten Hitler und Rauschning sich höchstens 25 Minuten privat unterhalten haben. Dieser Gedankenaustausch hätte noch nicht einmal für einen Zeitungsartikel ausgereicht."

*(Janßen, Karl-Heinz, Kümmerliche Notizen, in: Die Zeit, Nr. 30, 19.7.1985, S. 16)*

## 7.4 Interpretation (im engeren Sinne)

Im Interpretationsvorgang müssen die Schwierigkeiten, die einem Verstehen hemmend im Wege stehen, beiseitegeräumt werden. Interpretation ist ein „Verstehen unter Schwierigkeiten".[27] Schwierigkeiten sind Verstehenshemmungen, die sowohl im Text als auch im interpretierenden Objekt liegen. Sie sind diejenigen objektiven Bedingungen, die Interpretation als Verfahren erst konstituieren. Ohne Schwierigkeiten wäre Interpretation überflüssig. Verstehensschwierigkeiten dürfen des-

---

27 Gatzemeier, Methodische Schritte, S. 238.

halb nur Hemmungen, aber nicht unüberschreitbare Barrieren darstellen. Bedingung für Verstehen ist deshalb ein Verstehenwollen und Verstehenkönnen. Die zweite Art der Schwierigkeiten beruht auf Sprache als sozialem Tatbestand. Sie kann individuelle Erfahrungen blockieren, ohne daß es dem Sprecher (Schreiber, Leser, Interpret etc.) bewußt wird.[28] Verstehenshemmungen tarnen sich gleichsam, so daß man glaubt, verstanden zu haben, aber dennoch einem Mißverständnis unterliegt. Skepsis ist stets angebracht. „Interpretieren muß man überall, wo man dem, was eine Erscheinung unmittelbar darstellt, nicht trauen will".[29]

Obwohl im hermeneutischen Verstehensprozeß Interpretation und Verstehen zeitlich zusammenfallen können, ist Interpretation eine zweigliedrige Operation. Sprachlich gefaßter Sinn wird durch den Interpretierenden aus den Kategorisierungen der historischen Zeugnisse herausgelöst und unter einem ihm eigenen Begriff subsummiert. Voraussetzung dafür ist, daß zuvor die das Verstehen blockierenden Schwierigkeiten und Hemmungen beiseite geräumt werden. Interpretation vollzieht sich dann in zwei Schritten: Beseitigung von Verstehenshemmungen und Neukategorisierung. „In allem Verstehen werden Vorbegriffe und im Lesen erfahrene Begriffe vermittelt".[30] Auf diese Weise führt die Operation der Interpretation ein kreatives Moment in den Verstehensprozeß ein, da Verstehen sich nicht von selbst einstellt, sondern ein aktives Abarbeiten am Text zur Voraussetzung hat. Interpretation ist ein in den Verstehensprozeß eingebettetes, Verstehenshemmungen ausräumendes und durch Neukategorisierung Verstehen anbahnendes Verfahren. Es baut zwar auf Sozialisationsvoraussetzungen auf, ist aber gleichwohl ein rational und aktiv anwendbares Verfahren, das im Dienste des hermeneutischen Verstehens „aus Traditionen ein mögliches handlungsorientierendes Selbstverständnis sozialer Gruppen zu klären"[31] sucht.

---

28 Vgl. Kap. 6.
29 Gadamer, Hans-Georg, Wahrheit und Methode, S. 319.
30 Müller-Solger, Herrmann, Zum Problem der Frage in der Textauslegung, in: Zeitschrift für Literaturwissenschaft und Linguistik 5 (1975), H. 17, S. 117-135; hier S. 131.
31 Habermas, Logik, S. 278.

„Interpretation" können wir als Prozeß und als Produkt auffassen. Wenn Interpretation als Verfahren ein Verstehen unter Schwierigkeiten ist, so ist Interpretation als Ergebnis dieses Prozesses ein artikuliertes Verständnis. Dieses artikulierte Verständnis erfolgt bei historischen Sachverhalten in narrativen Sätzen. Das sich in den narrativen Sätzen artikulierende Verständnis wendet Begriffe und Kategorien auf historische Ereignisse und Personen an, die diesen nicht zur Verfügung standen. Desweiteren können diese narrativen Sätze einer historischen Person eine Handlung zuschreiben, die diese nicht intendiert und deren Konsequenzen sie auch nicht gekannt hat. Interpretation wird auf diese Weise zu einer durch Sprache organisierten Wahrnehmung. Die in den narrativen Aussagen implizierte Wahrnehmungsstruktur ist konkret historisch-gesellschaftlich und „konstruiert", damit soziale Wirklichkeit. „Historisches Verstehen ist mithin nicht von grundsätzlich anderer Art als sprachliches Verstehen".[32]

## 7.5 Interpretationsarten

Es lassen sich drei Interpretationsarten unterscheiden, die aus den unterschiedlichen Verstehenshemmungen der Texte und den sich daraus ergebenden Interpretationsverfahren resultieren. Die jeweiligen spezifischen Verstehenshemmungen erfordern besondere Interpretationsverfahren. Die Grundoperation aller Interpretationsarten ist ein Umschmelzen des in den Kategorien des Textes beschlossenen Sinnes in die dem Interpreten eigenen interpretativen Kategorien. Interpretation überträgt als Operation die Textkategorien in die interpretativen Kategorien. Diese Transformation erfolgt weder willkürlich noch nach subjektiver Beliebigkeit. Es existieren Regeln der Zuordnung, operative Regeln, die die Übertragung steuern und verbindlich machen. Gäbe es diese operativen Regeln nicht, so würde jede Interpretation möglich sein. Sie wäre dann kein Mechanismus mehr zur Überwindung von Kommunikationsbarrieren, da diese nicht privatim, sondern nur mit anderen überwunden werden können.

Die Einteilung in drei Interpretationsarten richtet sich nach den jeweils spezifischen Verstehenshemmungen. Die übersetzende Interpretation löst die aus Raum und Zeit (Fremdsprache und historische Sprache) resultierenden Schwierigkeiten auf, die analysierende Interpretation

---

32 Gadamer, Wahrheit und Methode, S. 200.

versucht, die mit der Eigenheit der personalen und sozialen Identität von Text und Schüler gesetzten Verstehenshemmungen zu überwinden. Die kritisierende Interpretation durchbricht die Selbsttäuschungen, denen der Autor unterlegen ist. Diese drei Interpretationsarten, hier systematisierend unterschieden, werden im praktischen Interpretationsvollzug nicht sauber getrennt werden können. Übersetzung, Auslegung und Kritik durchdringen sich im praktischen Interpretieren eines Textes teilweise, bleiben aber dennoch unterscheidbare Interpretationsarten.

## (1) Übersetzende Interpretation

Die erste Interpretationsart ist die „übersetzende Interpretation". Der Interpret unterscheidet sich nicht vom Dolmetscher. „Die Rolle des Interpreten ist von der des Dolmetschers nicht prinzipiell verschieden. Die Übersetzung ist nur die extremste Variante einer Leistung, auf die sich jedes normale Gespräch einlassen muß."[33] Der Übersetzer ist ein Interpret, weil es zwischen den Sprachen keine deduktive Beziehung gibt. Interpretiert wird dort, wo etwas nicht schlicht übersetzt, sondern „mit anderen Worten wiedergegeben wird". Dieser umgangssprachliche Ausdruck verweist darauf, daß Übersetzung auch innerhalb einer Sprache möglich ist. Übersetzende Interpretation findet deshalb nicht nur zwischen verschiedenen Sprachen, sondern auch innerhalb einer Sprache statt. Sie resultiert deshalb aus der Sprache selbst, aus den Schwierigkeiten, die Lexik und Grammatik bieten. Mit dem Erwerb von Lexik und Grammatik hat das Kind zugleich gelernt, wie man überhaupt Sprachen erlernt. Übersetzung als Interpretation meint auch die Übersetzung aus historischen Sprachformen in den gegenwärtigen Sprachgebrauch. Verständigung wird durch die übersetzende Interpretation sowohl zwischen unterschiedlichen Sprachgemeinschaften als auch zwischen den Generationen angewandt. Die spezifischen Verstehenshemmungen liegen hier in der Lexik und Grammatik des zu interpretierenden Textes. Die Übersetzung aus der einen Sprache in die andere kann bereits ein Verstehen erzeugen. Allerdings liegen in der übersetzenden Interpretation Schwierigkeiten, die durch den Gebrauch von Lexika nicht zu beheben sind. So treffen alle deutschen Ausdrücke nicht den Kern dessen, was die römische Antike unter dem Begriff „virtus" verstand. Ebenso gibt es in der englischen Sprache keine angemessene Übersetzung für die deutsche „Gemütlichkeit". Hier kann die übersetzende Interpretation nicht

---

33 Habermas, Logik, S. 254.

alle Schwierigkeiten ausräumen. Die meisten in sogenannten „Bausteinen für die Unterrichtspraxis" angebotenen Quelleninterpretationen sind übersetzende Interpretationen. Sie ersetzen den Text der Quelle durch einen anderen Text – und hoffen, daß letzterer verständlicher ist.

## (2) Analysierende Interpretation

Die analysierende Interpretation ist diejenige Interpretationsart, die den Text zuallererst für sich selbst nimmt. Sie arbeitet im ersten Schritt textimmanent, ohne den Autor als Person miteinzubeziehen. Ihr geht es zuerst darum, was der Autor gesagt hat, erst in zweiter Linie um das, was er gemeint hat oder was er hat sagen wollen. Analysierende Interpretation bildet Textkategorien auf adäquate und äquivalente interpretative Kategorien ab. Die interpretativen Kategorien sind den Textkategorien gleichwertig (äquivalent) und angemessen (adäquat). Sie versucht auf diese Weise, Autor und Text „gerecht" zu werden. Die textimmanente Interpretation bezieht die Rede des Autors nicht auf den Interpretierenden, sondern auf die historischen Leser. Die Kategorien, unter denen ein Text untersucht wird, stehen nicht ein für allemal fest. Ein Text kann niemals vollständig interpretiert werden. Jede Interpretation ist nur partieller Natur (Narrativität!). Die interpretativen Kategorien und Begriffe bemessen sich nach der Leseabsicht (Interesse), die der Interpret hat. Interpretieren heißt dann, eine Leseabsicht in Form einer Frage zu formulieren, um sie anschließend unter systematischer Beiseiteräumung von Verstehenshemmungen zu beantworten. Die operativen Regeln, die die Zuordnung von interpretativen und Textkategorien steuern, sind im Gegensatz zur übersetzenden Interpretation nicht schriftlich (in Grammatiken und Lexika) formuliert, sondern es sind Regeln der Übereinkunft, kommunikative Regeln. Die Interpretationsgemeinschaft muß sich darüber verständigen, was als vertretbare und nicht vertretbare Zuordnung gilt. Hier verfährt eine interpretierende Schulklasse oder schulische Arbeitsgruppe nicht anders, als die diskutierende Forschergemeinschaft der Fachwissenschaft. Kennzeichen der analytischen Interpretation ist es, am Leitfaden einer ausgewiesenen Fragestellung Textelemente auf interpretierende Kategorien zu beziehen.

## (3) Ideologiekritische Interpretation

Interpretation versucht drittens, die Erzeugungsregeln sprachlich gefaßter Ideologien aufzudecken. Die spezifischen Verstehenshemmungen sind diejenigen Mechanismen, die zur Bildung ideologischer Syndrome führen. „Die hermeneutische Erfahrung, die auf eine solche Abhängigkeit des symbolischen Zusammenhanges von faktischen Verhältnissen stößt, geht in Ideologiekritik über."[34] Ideologiekritik als Interpretation übernimmt eine „Rekonstruktion der Genesis" sprachlich verfaßter Ideologien. Sie ist oft „nichts anderes als der Rekonstruktionsprozeß von vorausgegangenen textproduktiven Entscheidungen". Damit verweist kritisierende Interpretation über die Textsorte „Quelle" hinaus. In den Interpretationsvorgang werden Informationen einbezogen, die nicht der Quelle entnommen sind. Rekonstruktion der Genesis bedeutet deshalb – methodologisch gesehen – nicht nur Verstehen, sondern auch Erklären. Die objektiven Bedingungen, die zu diesen ideologischen Syndromen geführt haben, müssen erklärt werden, damit die Ideologie verstanden werden kann: „Der ‚terminus technicus' dieser dialektischen Vermittlung von ‚Verstehen' und ‚Erklären' lautet ‚Ideologiekritik'".[35]

Die kritisierende Interpretation geht auf die Analyse der Erzeugungsregeln der Aussage zurück, weil das Ideologische nicht in der Aussage selbst, sondern in den vom Sprecher undurchschauten Entstehungsbedingungen dieser Aussage beschlossen ist. Ideologiekritik versucht, „maskiertes Selbstverständnis"[36] zu durchbrechen. Ihr ist deshalb ein kritisches Sinnverstehen eigen. Kritik bedeutet in diesem Zusammenhang „penetrierendes Verstehen, welches an Verblendungen nicht abprallt"[37], sondern sich „am Begriff der idealen Übereinstimmung orientiert". Ideologiekritik wird im „Einflußbereich der Hermeneutik zur kompensatorischen Aufhebung von Verständigungsbarrieren".[38] Sie strebt eine Verständigung über praktische Probleme an. Kritisierende Interpretation ist einem praktischen Erkenntnisinteresse verpflichtet (siehe Tabelle S. 174).

Es müssen verschiedene Weisen der Interpretation unterschieden werden. Diese richten sich nach der Verbindlichkeit der interpretierenden Kategorien. Je nach der Offenheit der Kategorienanwendung kann man

---

34 Habermas, Logik, S. 287.
35 Apel, Karl-Otto, Szientistik, Hermeneutik, Ideologiekritik, in: ders. u.a., Hermeneutik und Ideologiekritik, Frankfurt/M. 1971, S. 44.
36 Habermas, Jürgen, Der Universalitätsanspruch der Hermeneutik, in: Apel, Hermeneutik, S. 157.
37 Habermas, Universalitätsanspruch, S. 155.
38 Kamper, Dietmar, Hermeneutik – Theorie einer Praxis? in: Zeitschrift für allgemeine Wissenschaftstheorie V/1 (1974), S. 51.

zwischen offener und dogmatischer Interpretation unterscheiden. Die offene Interpretation entscheidet sich erst nach Kenntnis des Textes für eine Leseabsicht und die daraus folgenden Kategorien. Die dogmatische Interpretation wendet ein für allemal feststehende Kategorien auf den Text an, und zwar ohne Rücksicht auf die jeweilige Situation (interpretierender Kontext).

| Interpretationsarten | | | | | |
|---|---|---|---|---|---|
| | Operation | Verhältnis von Textkategorien und interpretativen Kategorien | Herkunft der interpretativen Kategorien und Begriffe | Regeln der Zuordnung (operative Regeln) | Erkenntnismethoden |
| **Übersetzende Interpretation** | übersetzen | äquivalent und adäquat | Lexika | grammatikalische und lexikalische Regeln | Verstehen |
| **Analysierende Interpretation** | zählen, abbilden | äquivalent und adäquat | Leseabsicht (Interesse) | kommunikative Regeln (Übereinkunft) | Verstehen |
| **Ideologiekritische Interpretation** | kritisieren, „messen" | nicht äquivalent, aber adäquat | Vorwissen, Theorien, „heilige Bücher" | | Verstehen und Erklären |

## 7.6 Interpretationsschritte

Immer wieder sind von Didaktikern Interpretationschritte vorgeschlagen worden, die sich kaum durchsetzen konnten. Ursache dafür ist vor allen die Tatsache, daß sie weniger für die Schülerinnen und Schüler als für die Lehrer entworfen worden sind. Folgerichtig standen sie in Lehrerhandbüchern und Unterrichtshilfen und nicht im Schülerbuch. Einige dieser Modelle sollen hier exemplarisch vorgestellt werden:

## (1) Das philologische Modell

In der bundesrepublikanischen Quellendiskussion dominierte – besonders auf der gymnasialen Oberstufe – das *philologische Modell.* Im Anschluß an die Methodiken der Geschichtswissenschaft des 19. Jahrhunderts, die von der Philologie ausgingen, wurde zwischen innerer und äußerer Quellenkritik unterschieden.

Die innere Quellenkritik befaßt sich mit dem Inhalt einer Quelle. Methodisch beruht sie auf der Textanalyse mit philologischer Vorgehensweise, die in drei Blöcke unterteilt werden kann. Zunächst gilt es, die Betrachtungsweise des Autors zu erkennen, also die Frage nach dem WIE zu beantworten. Hierzu gehören die Beobachtungsgabe des Autors, der Blickwinkel, aus dem berichtet wird, ebenso wie seine Absichten und seine Wertmaßstäbe. Weitere Aspekte sind das Wissen des Autors und die Voraussetzungen, die er an seine Adressaten stellt. Die Frage nach dem WAS unterteilt sich in zwei Unterpunkte, nämlich einmal in die Frage, was er berichten konnte und was er berichten wollte. Hierzu gehören die Fragen nach dem Autor selbst, z.B. inwieweit er selbst in die geschilderten Umstände verwickelt war, oder ob er als Außenstehender von dem Vorfall berichten konnte. Aus diesem Ergebnis kann man meist schon auf die Intention des Autors schließen, also was er mit dem Text erreichen wollte.

Die innere Quellenkritik ist sehr wohl von den Schülerinnen und Schülern zu leisten. Zur eigentlichen Interpretation, also zur inneren Quellenkritik, sind im Anschluß an die philologischen Historiker des 19. Jahrhunderts von Rudolf Renz folgende Fragen zusammengestellt worden:

„1. a) Wie ist der Text gegliedert?
   b) In welchem grammatikalischen Zusammenhang stehen Abschnitte, Sätze bzw. Satzteile zueinander? (syntaktisch-grammatikalischer Aspekt).
2. a) Welche Bedeutung haben die Schlüsselworte im Text?
   b) Wurden sie einem Bedeutungswandel unterworfen? (semantischer Aspekt).
3. a) Was sind die wichtigsten Stellen?
   b) Wo finden wir die Hauptaussagen?
4. a) Ist der Text widerspruchsfrei und logisch?
   b) Können seine Begründungen, Folgerungen, Aussagen nachvollzogen und kritisch überprüft werden?
5. a) In welchem Zusammenhang stehen die einzelnen Aussagen mit der Gesamtheit des Textes?
   b) Wie wirken sie gegenseitig aufeinander ein und bedingen sich? (hermeneutischer Zirkel).

6.  a) Welche Motive und Interessen bestimmen den Textautor?
    b) In welcher gesellschaftlichen und wirtschaftlichen Position befindet er sich? (Ideologiekritik).
    c) Welche Bildungsvoraussetzungen besitzt er?
    d) Worin wird seine Zeit- und Standortgebundenheit deutlich? Wodurch zeigt sich seine Tendenz?
7.  a) In welchem Verhältnis zu dem berichteten Ereignis und den behandelten Personen steht der Autor?
    b) Ist er willens und fähig, die Wahrheit zu berichten?
8.  a) An welche Empfänger ist sein Schriftstück möglicherweise gerichtet und in welchem Verhältnis steht er zu ihnen? (Art des „Publikums")
    b) Mußte er evtl. Rücksicht nehmen?
9.  In welchem überlieferungsmäßigen und geschichtlichen Zusammenhang steht der Text?
10. In welchem Verhältnis stehen die Aussagen des Textes über bestimmte Sachverhalte zu denen anderer Quellen?"[39]

Dieser Katalog umfaßt alle wissenswerten Aspekte, die für eine wissenschaftliche Quelleninterpretation wichtig sind. Didaktisch gesehen handelt es sich offensichtlich um ein starres Konzept, dessen permanente Anwendung im Unterricht ermüdend wirkt. Es ist außerdem zu differenziert und setzt lange Quellentexte voraus. Seine Nachteile lassen sich in folgenden Punkten zusammenfassen:

1.  Es geht von einem falschen objektivistischen Verständnis aus, als wenn Textmerkmale unabhängig von der Fragerichtung feststehen (Schlüsselwörter, Hauptaussagen etc.).
2.  Motive, Interessen und Bildungsweg lassen sich fast nie aus der Quelle selbst entnehmen.
3.  Es arbeitet mit normativen Voraussetzungen. Warum muß ein Text widerspruchsfrei und logisch sein? Die meisten metaphysischen, religiösen und weltanschaulichen Texte sind weder logisch noch widerspruchsfrei.

Dieses philologische Modell läßt sich allerdings gut auf eine „moderne" Quellengattung anwenden: auf die Quellen, die durch *Oral History* gewonnen wurden. In direkter Kommuniktion mit den Autorinnen und Autoren lassen sich hier meist Fragen klären.

---

39 Renz, Prinzipien, S. 549 f.

## (2) Das didaktische Modell

In den 1970er Jahren entstehen in direkter Auseinandersetzung mit dem philologischen Modell didaktische Frageraster, die den kritischen Umgang mit Quellen ermöglichen sollen, ohne in fachwissenschaftliche Spezialisierungen zu verfallen. Das bekannteste *didaktische Modell* stammt von Wolfgang Hug. Er stellt folgendes Schema vor:

1. Paraphrase:
   Was ist aus der Quelle zu erfahren? (Inhaltsangabe)
   Aus welchen Teilen besteht sie? (Gliederung)
   Was ist ihr Thema? (Überschrift)
2. Inhaltsangabe:
   Was ist der Kern des Textes?
   Was wird im Text behauptet oder widerlegt?
   Welche Teilaspekte sind behandelt?
3. Begriffsanalyse:
   Welche Begriffe kommen mehrfach vor?
   Welches sind die Schlüsselbegriffe?
   Welchen Sinn gibt der Text diesen Begriffen?
4. Sachkritik:
   Enthält der Text in sich Widersprüche?
   Was konnte der Verfasser wissen, was nicht?
   Inwieweit ist der Text glaubwürdig?
5. Ideologiekritik:
   Wann, von wem und für wen ist der Text verfaßt worden?
   Welchem Zweck sollte er (vermutlich) dienen?
   Welchen Standort nimmt der Verfasser ein?[40]

## (3) Mischung philologischer und didaktischer Aspekte

Die Interpretationsmodelle für die Sekundarstufe II sind eine *Mischung philologischer und didaktischer Modelle*. Sie nähern sich mehr der philologischen Methode als der didaktischen an.

### Vorbereitende Schritte

1. Feststellen der Quellengattung und Kennzeichnung ihrer Eigenart, Aussagemöglichkeit, Grenzen und Manipulierbarkeit (Urkunde, Vertrag, Rede, Brief, Tagebuch, Plakat, Bild etc.).

---

40  Hug, Wolfgang, Geschichtsunterricht in der Praxis der Sekundarstufe I, 2. Aufl., Frankfurt/M. 1980, S. 150.

2. Überprüfen der Quellenüberlieferung und des Risikos von Eingriffen bei der Entstehung, Weitergabe und Publikation. (In der Regel muß der Lehrer Hinweise geben, da sie nicht in der Quelle selbst enthalten sind bzw. der Schüler sie nur schwer beschaffen kann. Die Quellenkritik bezieht sich u.a. auf Herkunft, Überlieferung, Authentizität und Informationswert der Quelle.)

3. Sichern des Sachverständnisses: Die Sache durchschauen, sie einem Gegenstandsbereich zuordnen können; den Bezug zum eigenen (Hintergrund-)Wissen herstellen; reichen die Kenntnisse nicht, ist der Rückgriff auf historische Darstellungen angebracht.

4. Erstes Lesen und Sichern des „Wort"-Verstehens: „Wort" ist hier im weitesten Sinne gemeint; nichts darf unverstanden bleiben; der Inhalt muß vollständig geklärt werden. Mögliche Hilfsmittel: der Kontext, Lexika, Fragen an den Lehrer.

5. Rekonstruieren des historischen Umfeldes: Der geschichtliche Ort, die geschichtliche Zeit und der Ereigniszusammenhang, denen die Quelle angehört, müssen verdeutlicht werden.

**Interpretation des Textes**

1. Bestimmen des Urhebers und des Adressaten: Angaben zur Biographie, zum sozialen Status, zur politischen Gruppe im Umfeld des Verfassers; Situation, Interessen und Erwartungen des Urhebers wie des Adressaten.

   Mögliche Fragen, die man hierzu stellen kann: Ist der Verfasser ein „Insider", ein zufälliger Zeuge oder Beteiligter, ist er berufsmäßiger oder ungeübter Berichterstatter? Wieviel Erkenntnis erlauben ihm seine Bildung, seine Herkunft, sein Beruf und seine Rolle bei dem Ereignis? Ist er in der Lage, zuverlässig zu berichten? An welchen Adressaten will er sich wenden und mit welchen Erwartungen und Absichten? Gibt es Gründe, etwas zu verändern bzw. ganz zu verschweigen?

2. Erfassen der Aussagen und Intentionen: Die verschiedenen Ebenen der Aussagen beachten: offenkundiger Inhalt und Kern der Aussagen, aber daneben offene und verdeckte Absichten oder Anspielungen.

   Mögliche Fragen: Wie argumentiert der Verfasser? Beruft er sich auf Werte, Interessen, Gesetzmäßigkeiten? Bringt er Gefühle ins Spiel? Welche Begriffe kommen im Text besonders häufig vor? Mit welchen Vorstellungen sind sie beim (möglichen) Adressaten meist verbunden? Was für eine Sicht der Dinge wird offenkundig oder unterschwellig gefördert?

3. Erklären, Deuten und Diskutieren der Ergebnisse der Quellenanalyse: Dazu gehören der Rückgriff auf eigene historische Kenntnisse und

Erfahrungen, das Einordnen der Erkenntnisse, die man bei der Arbeit mit der Quelle gewonnen hat, und die Formulierung einer eigenen Stellungnahme.

Mögliche Fragen: Ist das erzielte Ergebnis zumindest plausibel? Ist es mit bisherigen Erkenntnissen vereinbar? Wenn nicht, ist die Argumentation, die zum Ergebnis führte, nachvollziehbar? Sind die Maßstäbe, die zur Wertung herangezogen werden, dem Gegenstand angemessen? Hat die Arbeit den Erkenntnisstand erweitert?

*(Prokasky, Herbert, Das Zeitalter der Industrialisierung, Paderborn 1988, S. 194 f.)*

## (4) Vor- und Nachteile

Solche Interpretationshilfen wie die von Renz, Hug und Prokasky haben die erwähnten Schwierigkeiten, aber auch ihre Verdienste. Sie sollen gar nicht geschmälert werden. Sie erzeugen aber eine äußere Bearbeitungsform, die dazu führt, daß der Interpretation als Ganzes der nötige „rote Faden" fehlt. „Roter Faden" bedeutet in diesem Zusammenhang folgendes:

1. Das flüssige Lesen und die Sinnbildungsprozesse der Interpreten werden durch das einfache, relativ bezuglose Beantworten der einzelnen Fragen gestört.

2. Der Fragenkatalog verhindert eine geordnete, strukturiert aufbauende Argumentationskette, welche der Interpret aufgrund bereits herausgefilterter Fakten und Argumentationsfiguren gezielt erstellen und erklären könnte.

3. Die angebotenen Fragenkataloge sind aufgrund ihrer Fragenreihenfolge nicht für jede Quelle ideal anwendbar. Wichtige Gesichtspunkte werden u.U. erst am Schluß hinterfragt, wobei gegebenenfalls unwichtige Kriterien im Mittelteil der Interpretation lang und ausführlich bearbeitet werden.

4. Die Möglichkeit liegt nahe, daß Fragen, die einer bestimmten Quelle angemessen sind, von diesen Interpretationsmethodiken überhaupt nicht angeboten werden, während sie andere Fragestellungen enthalten, die, bezogen auf eine spezifische Quelle, nicht zu beantworten sind. Solche Interpretationsmethodiken bearbeiten eine Quelle nur unzureichend, da das fertige Produkt Interpretation „zerstückelt" und demnach bruchstückhaft erscheint.

## (5) Schülerorientiertes Modell

Das im folgenden angebotene Modell will nicht unbedingt alles besser machen als die bisher vorgestellten, die trotz allem auch ihre Vorzüge haben. Das hier vorgestellte Modell nimmt aber für sich in Anspruch, zwei Aspekte besonders zu berücksichtigen:

1. Es will ein schülerorientiertes Modell sein, es wendet sich nicht an Lehrerinnen und Lehrer, sondern an Schülerinnen und Schüler.
2. Es konzentriert sich nicht ausschließlich auf den geschrieben Text, sondern bezieht den gegenwärtigen Interpretationsprozeß mit ein.

| Interpretationsregeln |
|---|
| **1. Die historische Frage**<br>• Leseabsicht festlegen: Was wollen wir wissen: autorenzentrierte, textzentrierte oder wirkungszentrierte Leseabsicht?<br>• Für welchen Zusammenhang suchen wir eine Antwort? |
| **2. Heuristik**<br>• Quellen suchen (z.B. bei Projektarbeit)<br>• Quellengattung feststellen und bewusst machen, welche Art von Aussagen zu erwarten sind<br>• Verstehenshilfen bereitstellen und nutzen (editorische Aufbereitung zur Kenntnis nehmen, Register des Buches; Wörterbücher, Historische Lexika etc.)<br>• Untersuchungseinheiten festlegen (auf was im Text zu achten ist: Begriffe, Emotionswörter, Wertungen, Topoi etc.) |
| **3. Kritik**<br>• handelt es sich um eine authentische Quelle?<br>• Überlieferungsweise feststellen (Manuskript, Druckfassung, Übersetzung, Zitat)<br>• Abfassungszeit mit der Zeit der berichteten Ereignisse vergleichen (was ist dazwischen geschehen?)<br>• Bestimmung des historischen Erfahrungs- und Handlungszusammenhangs |
| **4. Interpretation im engeren Sinne**<br>• Den eigenen Standort und die eigene Perspektive beschreiben (zeitlich, räumlich, sozial etc.)<br>• Berücksichtigung des Wirkungszusammenhangs:<br>a) Beim ersten Durchgang sind Wissen aus späterer Zeit und Kenntnisse des Fortganges nicht zugelassen<br>b) Beim zweiten Durchgang späteres Wissen einbeziehen<br>• übersetzende, analysierende, ideologiekritische Interpretation<br>• Handlungszusammenhänge herstellen<br>• Bedingungen für das Handeln benennen<br>• Motivationszusammenhänge des Schreibers ausfindig machen<br>• sein Weltbild rekonstruieren<br>• Ideologietopographien (= ideologisch besetzte Begriffe) zu Rate ziehen;<br>• Unverzichtbar: eine kleine Geschichte aus Anfang, Mittelteil und Schluss erzählen (narrativieren) |

*Die linke Randspalte der Tabelle ist beschriftet mit: Interpretationsschritte*

Die Grundkonstellation der Quelleninterpretation besteht aus den vier Faktoren Autor, Quelle, Adressat und Interpret, wobei Autor und Adressat nur virtuell anwesend sind. Sie müssen über und durch die Quelle erschlossen werden. Meist reicht das nicht aus, so daß andere Quellen (oder, um den Prozeß abzukürzen, andere Texte wie Lexika) herangezogen werden müssen.

Der Text der Quelle ist ein eigenständiger Faktor gegenüber Autor und Adressat. Manchmal sagt er mehr als der Autor mitteilen wollte, und der Adressat erkennt einen Sinn, den der Autor ganz und gar nicht intendiert hat. Der Sinn von Quellenaussagen und die Absicht des Autors müssen nicht identisch sein.

Bei der Deutungsarbeit muß der Faktor Zeit in mehrfacher Hinsicht berücksichtigt werden, da wir es prinzipiell mit vier Zeitpunkten zu tun haben:

- $t1$ = Zeitpunkt des Abfassens der Quelle
- $t2$ = Zeitpunkt, zu dem die berichteten Ereignisse geschehen sind
- $t3$ = Zeitpunkt, an dem der Adressat die Quelle zur Kenntnis nimmt
- $t4$ = Zeitpunkt der heutigen Interpretation

Der Zeitpunkt, zu dem der Autor die Quelle verfaßt hat, ist die notwendige Voraussetzung, um die Quelle in einen historischen Ablauf einzubeziehen. Der zweite Zeitpunkt ist jener, an dem die Ereignisse, die die Quelle beschreibt, geschehen sind. Diese Datierung dient vor allem dazu, die Ereignisse zu anderen in Beziehung zu setzen, die vor und nach ihnen liegen (oder gleichzeitig geschehen sind). $t1$ und $t2$ sind oft nicht identisch. Bei Memoiren liegen die berichteten Ereignisse meist Jahre zurück. Der dritte Zeitpunkt kennzeichnet den Moment, in dem der Adressat die Quelle wahrnimmt. Beim Brief liegen Tage, Wochen oder Monate zwischen Verfassen und Lesen. Bei einer Rede fallen Vortrag und Hören zeitlich zusammen. Ein Monument dagegen richtet seine Botschaft über Jahrzehnte in die Zukunft voraus. Der vierte Zeitpunkt kennzeichnet die historische Situation des Interpreten. Ob eine antisemitische Quelle des 19. Jahrhunderts zur Zeit des Nationalsozialismus oder heute interpretiert wird, hat für den Sinnbildungsprozeß Folgen.

Autor und Adressat können den gleichen oder aber auch völlig anderen Sozialmilieus entstammen (Alfred Krupp: „Ein Wort an meine Arbeiter"). Wenn es sich nicht gerade um ein Monument handelt, gehören Autor, Quelle und Adressat der gleichen historischen Situation an, die aber von der gegenwärtigen Situation des heutigen Interpreten zu unterscheiden ist.

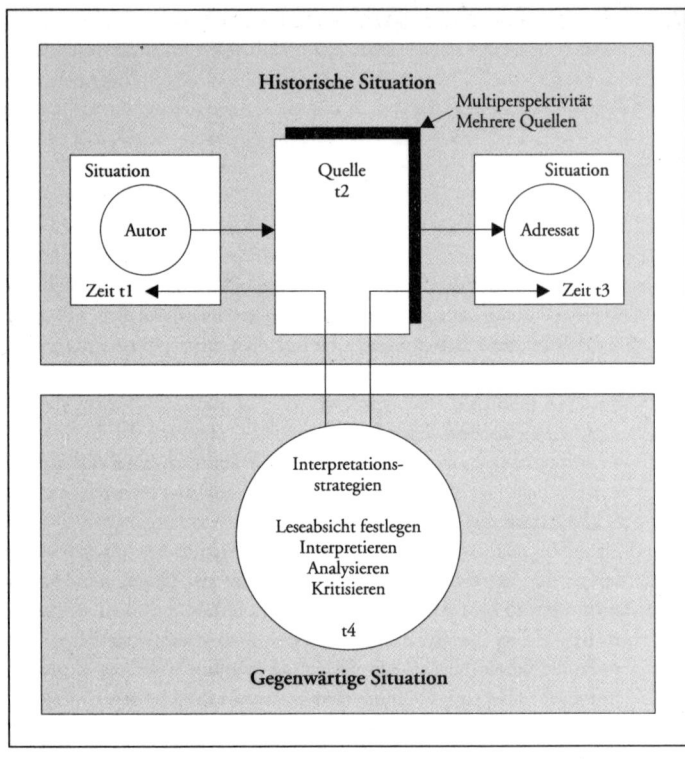

**Abb. 18:** Schülerorientiertes Modell zur Quelleninterpretation

# 8. Methodik des Quelleneinsatzes

Die Übersicht über die verschiedenen Quellengattungen hat gezeigt, daß es kein generelles Schema der Quelleninterpretation geben kann. Die einzelnen Gattungen erfordern unterschiedliche theoretische und methodische Zugriffsweisen. Eine Methodik des Quelleneinsatzes schafft solche Unterrichtsarrangements, die eine günstige Ausgangslage für die Interpretation herstellen. Die folgenden Beispiele zeigen unterschiedliche Arrangements, in denen die hermeneutischen Operationen des Sinnverstehens durchgeführt werden können. Der Begriff „Methodik des Quelleneinsatzes" meint das Herstellen von unterschiedlichen Arrangements und Situationen, die die hermeneutische Interpretation erleichtern. Ein solches Arrangement darf aber nicht schon mit der Interpretation selbst verwechselt werden.

## 8.1 Methodische Arrangements

Die Fülle der möglichen methodische Arrangements läßt sich weder aus Prinzipien ableiten noch wegen der Verschiedenheit der Quellen systematisieren. Sie sind ein Ergebnis der didaktisch-methodischen Phantasie einer jeden Lehrerin und eines jeden Lehrers. Es lassen sich allerdings aus der Erfahrung der Unterrichtspraxis einige (unvollständige) Möglichkeiten aufzählen.[1]

### Die unvollständige Quelle

1. „Fortsetzung folgt": Eine Quelle wird in mehrere Teile zerschnitten. Die Schülerinnen und Schüler sollen nach jedem Arbeitsschritt Hypothesen über den Fortgang aufstellen.
2. „Open-End": Der Schluß der Quelle fehlt. Schülerinnen und Schüler erfinden das Ende, das dann später mit dem tatsächlichen verglichen wird.
3. „Schweigende Perspektive": In einem multiperspektivischen Interpretationsvorgang fehlt eine Quelle mit einer bestimmten Perspektive; sie soll mit kontrollierter historischer Phantasie ergänzt werden (vgl. S. 102 ff).

---

1 Vgl. dazu auch die Zusammenstellungen von Stöver und Mögenburg. Stöver, Ina, Möglichkeiten des Einsatzes von schriftlichen Quellen und von Bildern im Geschichtsunterricht, in: Geschichtsdidaktik 3 (1978) S. 203-208 und Mögenburg, Harm, Von „Openend" bis „Kuckucksei". Tips und Tricks für die alltägliche Quellenarbeit, in: Geschichte lernen 8 (1995) H. 46, 38-40.

# Das schlechte Archiv

1. „Schusseliger Editor": Anrede, Titel, Adressat, Ort, Zeit oder Quellengattung fehlen (oder sind falsch). Sie müssen aus dem Inhalt und Kontext erschlossen werden.
2. „Brand im Archiv": Quellenpassagen werden („durch Feuer zerstört") geschwärzt und müssen ergänzt werden.
3. „Schnitzeljagd": Eine Quelle wird in mehrere Stücke (vertikal und/oder horizontal) zerrissen. Der Schwierigkeitsgrad kann dadurch gesteigert werden, daß die Gesamtmenge der Teile auf zwei Schülergruppen aufgeteilt wird.
4. „Fehlender Brief": Aus einem Briefwechsel fehlt Brief bzw. Gegenbrief. Er soll rekonstruiert werden.
5. „Fehlende Titelseite": Bei einem Zeitungsartikel bzw. mehreren die politische Tendenz des Publikationsorgans feststellen.

## Fälscher am Werk

1. „Kuckucksei": In eine tatsächliche Quelle werden Anachronismen eingefügt, die entdeckt werden müssen.
2. „Kujau war da": Sachliche Fehler sind in eine tatsächliche Quelle eingeschmuggelt. Sie müssen entdeckt werden.
3. „Ertappt": Tatsächliche Fälschungen (vgl. S. 163 ff.) werden auf die Motive der Fälscher hin untersucht. Die Information, daß es sich bei der Quelle um eine Fälschung handelt, wird erst nach der Interpretation gegeben.

## Rasender Reporter

1. „Antwortende Autobiographie": Die Klasse wird in zwei Gruppen eingeteilt: Reporter und historische Persönlichkeit. Die Reporter denken sich anhand der Quelle Fragen aus, die die Persönlichkeiten mit den Worten der Autobiographie beantworten müssen. (vgl. S. 198 ff.)
2. „Der Demoskop geht um": Aus einer Quelle eine Einstellungsuntersuchung machen. Die Aussagen der Quellen werden in Statements umgeschrieben; Erwachsene oder Mitschüler werden dann befragt. (vgl. S. 229 f.)
3. „Historisches Magazin": Eine Quelle mit historischem Bildmaterial illustrieren.
4. „Achtung Aufnahme": Den Inhalt einer Quelle spielen und die Szene mit der Videokamera aufnehmen. Gesteigerte Schwierigkeit: Die

gespielte Szene einer anderen Gruppe (eventuell Parallelklasse) vor-
spielen, die dann einen Quellenbericht darüber verfaßt; später mit
dem Original vergleichen.

## Historisches Seminar

1. „Gegenüberstellen": Synchrone oder diachrone Vergleiche durchführen; nach Gegensätzen, Ähnlichkeiten und Übereinstimmungen suchen. Vor dem Interpretieren Kriterien des Vergleichs festlegen (Leseabsicht!): Motive der Verfasser, Datum der Abfassung, Wirkung auf
   den Zeitgenossen, Unterstützung für eine Person oder Sache etc.
2. „Wie es eigentlich gewesen": Aufgrund mehrerer einander widerspre-
   chender Quellen eine Darstellung verfassen; danach begründen, warum eine Aussage übernommen, eine andere zurückgewiesen wird.
   Eventuell im arbeitsteiligem Gruppenunterricht.
4. „Plausibel statt richtig": Konkurrierende Deutungen. Die gleiche
   Quelle von mehreren Gruppen interpretieren lassen, über den unterschiedlichen Sinn eine Verständigung herbeiführen lassen.
5. „Narrativieren": Auf der Grundlage verschiedener zeitdifferenter
   Quellen eine Erzählung schreiben; zuvor eine „Chronik der laufenden Ereignisse" herstellen. Dabei Erzähltypen oder Theorien zugrunde legen. (vgl. S. 212 ff.)
6. „Nachforschung": Eine Quelle mit der Deutung in zwei fachwissenschaftlichen Texten vergleichen.
7. „Besserwisser": Eine Quelle bzw. mehrere mit der (kontroversen)
   Deutung von Fachhistorikern vergleichen (vgl. S. 209 ff.).

## Wortklaubereien

1. „Gegenfahrbahn": Gegenbegriffe begrenzen die Welt möglicher Ge-
   schichten: arm-reich, männlich-weiblich, oben-unten, Freund-
   Feind, innen-außen.[2] Zu den Begriffen einer Quelle Gegenbegriffe
   finden und Konsequenzen beschreiben.
2. „Auf die Wortwaage legen": Wie man den Sinn eines Textes verändern kann, wenn man seinen Wörtern andere Nuancen gibt. Wortfelder festlegen. Beispiel: Ekel, Widerwille, Abscheu, Unappetitlich-

---

2  Zur theoretischen Begründung der Gegenbegriffe vgl. Koselleck, Reinhart, Historik und Hermeneutik, in: ders.; Gadamer, Hans-Georg, Hermeneutik und
   Historik, Heidelberg 1987.

keit, unangenehm, lästig, niederdrücken. Diese Begriffe gewichten: Abscheu (***), niederdrücken (***), lästig (*), unangenehm (*).

3. „Ideologiekritik durchführen": Um erfolgreich Ideologiekritiken durchzuführen, sollten zuerst Ideologietopographien zusammengestellt werden. Eine verstehende Interpretation muß stets der Ideologiekritik vorausgehen (hermeneutischer Zirkel!).

4. „Schlag nach im Brockhaus": Auch Begriffe haben eine Geschichte. Begriffsgeschichte läßt sich relativ einfach betreiben, wenn historische Lexika (oder Kopien davon) zur Verfügung stehen: Zedler, Brockhaus, Pierer, Meyer.
   Fachübergreifend: englische, französische etc. Lexika befragen[3] (vgl. S. 230 ff.).

5. „Scheiblhubern": Der einzig akzeptable Umgang mit Geschichtserzählungen besteht darin, sie von den Schülerinnen und Schüler selbst schreiben zu lassen. Eine relativ dürftige Quelle wird mit kontrollierter historischer Phantasie zu einer Erzählung ausgestaltet. Im angelsächsischen Sprachraum ist dieses methodische Arrangement als „Historical fiction" und „Imaginative writing" bekannt.

### Zeitreisen

1. „Time-Tunnel": In der Zeit zurückreisen und dem Autor/Akteur mit heutigem Wissen zur Verfügung stehen. Jede zukunftsbezogene Aussage der Quelle (Hoffnungen, Warnungen, Befürchtungen, Voraussagen etc.) mit heutigem Wissen bestätigen bzw. widerlegen.

2. „Berater aus der Zukunft": Eine historische Person von einem Berater mit heutigem Wissen beraten lassen.

3. „Zukunfts-Szenario entwerfen": Die Geschichte einer Person, über die wir ab einem bestimmten Zeitpunkt nichts mehr wissen, in die (vergangene) Zukunft weiterschreiben.

4. „Was wäre wenn": … das Attentat auf Hitler Erfolg gehabt hätte? Zukunfts-Szenarios aufgrund von Quellen (z.B. Pläne des Widerstandes für die Gestaltung Deutschlands) entwerfen.[4]

---

3  Eine Sammlung von Kopien aus historischen Lexika sollte jede Geschichtslehrerin und jeder Geschichtslehrer für zentrale Begriffe angelegt haben.
4  Vgl. Demandt, Alexander, Ungeschehene Geschichte. Ein Traktat über die Frage, was wäre wenn …? 2. Aufl., Göttingen 1986; Hawthorn, Geoffrey, Die Welt ist alles, was möglich ist, Stuttgart 1994, S. 11 ff.

**In anderer Haut stecken**

1. „Mit fremdem Kopf denken": Die Absichten einer historischen Person übernehmen und so handeln, wie sie es tun würde (vgl. S. 200 ff.).
2. „Nicht in Stimmung?": Stimmungen der Autoren bzw. der Akteure beschreiben, dabei aber an den tatsächlichen Quellentext halten; Wortfelder benutzen.
3. „Einfühlen": Gefühlszustände von solchen Personen imaginieren und beschreiben, die sich in einer besonderen historischen Situation befinden: Wilhelm II. beim Abfassen der Abdankungsurkunde, Scheidemann beim Ausrufen der Republik etc.
4. „Der gelobte Bösewicht": in eine negative Rolle (Sklavenhändler, KZ-Wärter, Inquisitor etc.) hineinversetzen und auf ein Lob schriftlich antworten; dabei die Werthaltungen beschreiben, denen diese Person folgt.
5. „Der gelehrige Schüler": Fragen, wie die Person zu dem geworden ist, was sie ist. Rückgriff auf Erziehung und Sozialisation, geltende Normen und Wertvorstellungen.

**Reden ist Gold**

1. „Rede halten": Einen Redetext sprechen, um die wirksamste Vortragsweise zu finden; dann mit der (eventuell vorhandenen) Ton- bzw. Filmaufnahme vergleichen.
2. „Falsche Versammlung": In einer Rede werden die positiven/negativen Adjektive vertauscht und die Werturteile in ihr Gegenteil verkehrt.
3. „Der gebildete Redner": Eine Rede zu einem Anlaß (Paulskirchenrede, Reichsgründung, Reichstagssitzung vor dem Ermächtigungsgesetz etc.) halten und dabei historische Argumente benutzen (Historische Vergleiche und Analogien bilden; historische Personen als Vorbilder oder Schreckbilder anführen; Ursachen für gegenwärtige Situation benennen etc.).

## 8.2 Anforderungsstufen

„Quellenarbeit" ist ein sehr komplexer Begriff, der eine Vielzahl von geistigen Operationen von Schülern und Schülerinnen verlangt. Diese Operationen lassen sich in kognitive, methodische und evaluative aufteilen (vgl. Tabelle) und in der Schwierigkeit steigern.

| | Kognitionen (kognitive Operationen) | Methoden (methodische Operationen) | Urteile (evaluative Operationen) |
|---|---|---|---|
| Ebene 1 | **Kenntnis:** Ereignisse, Zahlen, Personen und Begriffe entnehmen: das, was im „Ploetz" steht, was viele schon für „Geschichte" halten | **Datieren:** Zeit, Ort und Person des Quellenverfassers (aus editorischen Angaben oder Nachschlagewerken) feststellen bzw. aus dem Text erschließen | **Kritisieren:** Aufgrund von zeitgenössischem oder gegenwärtigem Sachwissen Aussagen kritisieren |
| Ebene 2 | **Erkenntnisse:** Verbindung von Absichten und Bedingungen, von Ursachen und Folgen; unbeabsichtigte Nebenwirkungen; Bezug auf die eigene Situation; Alterität erkennen | **Hineinversetzen** (Innenperspektive): Mit den Augen der anderen sehen, mit dem Bewußtsein der anderen denken; empathische Interpretation ohne kritische Distanz; kontrolliertes Verstehen (dem anderen nicht aufs Wort glauben) | **Urteilen:** Sachurteile fällen; Ambivalenzen und Widersprüche durch Sachurteile lösen; historisch offene Fragen für die eigene Person beantworten; über Sinnbildungen und Zeitverlaufsvorstellungen urteilen |
| Ebene 3 | **Narrativieren:** Aus zeitdifferenten Ereignissen Verläufe herstellen (Erzählen im ursprünglichen Sinne); umerzählen, nacherzählen; eine aus Quellen gebildete Erzählung beurteilen (Metanarration); Orientieren in der Zeit; Erzähltypen auf Ereignisse anwenden | **Perspektivenwahrnehmung:** „Ereignisse an sich" gibt es nicht, sondern sie sehen aus unterschiedlichen Perspektiven stets anders aus; soziale, ethnische, religiöse, historische Perspektiven benennen können | **Werten:** Kenntnisse, Erkenntnisse, Erzählungen und Sinnbildungen (aber auch Methoden) bewerten; Ideologien feststellen und ihre Folgen für eine humane Gesellschaft aufzeigen; aufgrund der eigenen Vorlieben, Bindungen und Abneigungen sozialen Kollektiven gegenüber; eigene moralische und ethische Maßstäbe anwenden; Auskunft geben können über die eigenen Wertvorstellungen und Identitäten; erkennen der eigenen Perspektivität |

**Ebene 1:**

Die kognitiven Operationen beziehen sich auf das Wissen der Schülerinnen und Schüler. Dabei sind drei Stufen unterschiedlicher Qualität zugrundezulegen. Auf der Stufe der *Kenntnisse* werden den Quellen Informationen entnommen. Leider bleibt Geschichtsunterricht oft auf dieser Ebene stehen und erschöpft sich in den Fragen „Was" und „Wie". Auf dieser Ebene sind auch die methodischen Operationen des *Datierens* angeordnet. Hier geht es um die Kenntnisnahme des Zeitpunktes der Abfassung und des berichteten Ereignisses. Beides fällt selten zusammen. Die entsprechenden Informationen sind der Legende und der Fundstelle zu entnehmen. Deshalb gehört zur didaktischen Quellenedition der „Apparat" dazu. Falls Schülerinnen und Schüler diese Angaben aus dem Text erschließen sollen, sind Legende und Fundort wegzulassen. Die wertenden Urteile im Umgang mit Quellen beziehen sich auf dieser ersten Ebene auf das *Kritisieren*. Aufgrund ihres gegenwärtigen Wissens wissen die Schülerinnen und Schüler mehr als die gelehrtesten Köpfe der Vergangenheit. Sie wissen, daß die Erde eine Kugel ist, wissen, daß die Erde um die Sonne kreist und nicht umgekehrt. Sie wissen auch, daß Frauen nicht hexen können, sie wissen, wie der Zweite Weltkrieg ausging etc.

**Ebene 2:**

Komplexer sind dagegen die Operationen der zweiten Ebene. Die kognitiven Operationen der Erkenntnis bestehen darin, daß zwei verschiedene Kenntnisse (bzw. Kenntnisbereiche) zueinander in Beziehung gesetzt werden müssen. Es geht um die Erkenntnis von Absichten und Bedingungen, von Ursachen und Folgen etc. Hier ist schlußfolgerndes Denken verlangt. Ein methodenorientierter Quellenunterricht verlangt auch, daß die Schülerinnen und Schüler Begriffe wie „Absichten" und „Bedingungen" ebenso kennen wie „Ursachen" und „Folgen". Das *Hineinversetzen* ist eine sehr schillernde Operation. Sie wird im Unterricht oft inflationär (als bloße Redewendung) angewandt, andererseits wird sie in der Tradition der Diltheyschen Hermeneutik philosophisch überhöht. Hineinversetzen verlangt sowohl Empathie wie auch Kognition. Ohne die genaue Kenntnis einer Situation ist keine Beschreibung von Gefühlszuständen möglich. Vielleicht ist der philosophisch belastete Begriff „Hineinversetzen" besser durch „Innenperspektive" auszutauschen. Die methodische Operation der *Perspektivenwahrnehmung* verlangt, aus der Kenntnis des Autors bzw. der Autorin oder von Textelementen die Perspektive zu bestimmen, aus der dieser Text verfaßt ist. Die bewertende Operation des „*Urteilens*" besteht auf dieser Ebene im Fällen von Sachurteilen.

**Ebene 3:**

Auf dieser dritten Ebene befinden sich die anspruchsvollsten Operationen, die auch einen größeren Zeitbedarf benötigen. Das betrifft vor allem das *Narrativieren*. Da Geschichtsunterricht auf die Herstellung von Erzählzusammenhängen gerichtet ist, wird von den Schülerinnen und Schülern verlangt, kürzere oder längere Sinnbildungsprozesse herzustellen und sie sprachlich auszudrücken. Das kann ein Ereigniszusammenhang von wenigen Stunden (Ausrufung der Republik am 9. November 1918) oder von mehreren Jahren sein (Erster Weltkrieg). Die methodische Operation der *Perspektivenwahrnehmung* verlangt, aus der Kenntnis des Autors bzw. der Autorin oder aus Textelementen der Quelle die Perspektive zu bestimmen, aus der dieser Text verfaßt ist. Zur Perspektivenwahrnehmung gehört auch die Reflexion der eigenen (Betrachter-)Perspektive. *Werturteile* sind die komplexeste Form der Quelleninterpretation. Sie verlangen eine Auseinandersetzung zwischen den Wertvorstellungen der Schülerinnen und Schüler mit den jeweiligen historischen Normen.

Die hier aufgezählten Quellenoperationen sind analytisch getrennt worden. In einer solchen Reinheit kommen sie selbstverständlich in der Praxis nicht vor. Mischtypen sind die Regel. Dennoch rückt bei der jeweils konkreten Interpretation meist eine dieser Quellenoperationen besonders in den Vordergrund.

## 8.3 Die sieben Todsünden

Bevor Sie an die konkrete Interpretationsarbeit gehen, sollten Sie sich bewußt sein, was Sie alles falsch machen können!

---

**Sieben Hinweise, um das historische Denken der Schüler und Schülerinnen zu verhindern
oder: Die sieben Todsünden im Umgang mit Quellen**

- Tilgen Sie sorgfältig die Differenz zwischen Quellen und gegenwärtigen Materialien. Ebnen Sie die spezifischen Unterschiede beider Textgruppen so ein, daß Schülerinnen und Schüler keine Differenz mehr wahrnehmen. Ein „M" für „Material" vor Quelle und Darstellung sowie das gleiche drucktechnische Layout bürgen dafür, daß die Schüler nicht auf den Gedanken kommen, daß zwischen beiden eine Differenz besteht. Damit ist schon der erste Schritt getan, um Historizität auf der Ebene des Verfahrens zu tilgen.

---

- Streichen Sie aus den Quellen alles Fremd- und Andersartige früherer Epochen, und ersparen Sie Ihren Schülern und Schülerinnen Alteritätserfahrungen. Was wollen Sie Ihre Schüler und Schülerinnen mit vorrationalen Denkweisen plagen. Vielleicht finden die sogar Interesse am widerstrebenden Fremden, das unser heutiges Denken hinterfragbar machen könnte.
- Kürzen Sie die Quelle so, daß Schüler und Schülerinnen auf Ihre entsprechende Frage nur mit einem Wort oder einem Satz reagieren können. Das ist nicht nur ökonomisch; es gewöhnt den Schülern und Schülerinnen auch das historische Denken gründlich ab.
- Nennen sie auf keinen Fall die Quellengattungen. Die Schüler und Schülerinnen könnten sonst aus der Angabe der Gattung Hilfe für ihre Interpretation erhalten.
- Reden Sie nicht über unterschiedliche Interpretationsmöglichkeiten. Damit gefährden Sie nur die Eindeutigkeit des positiven Wissens, denn Geschichte ist ein Fach, bei dem alles aus gesicherten Fakten und exakten Daten besteht. Skepsis und Zweifel, Ambivalenzen und Kritik lassen nur das Mißverständnis entstehen, daß Geschichte ein Denkfach und nicht das wichtigste Lernfach ist. Jedes Reden über Interpretation führt vom vorgegebenen Lernziel ab. Thematisieren Sie den Interpretationsprozeß selbst auf keinen Fall. Ihre Schüler und Schülerinnen könnten sonst zum Nachdenken kommen.
- Vermeiden Sie Methodenlernen. Machen Sie die Schüler und Schülerinnen nicht mit den methodischen Schritten einer Quelleninterpretation und dem theoretischen Rüstzeug (hermeneutischer Zirkel, Wirkungszusammenhang, Perspektivität, inhaltsanalytische Verfahren) vertraut. Sie geben sonst eines Ihrer wichtigsten Steuerungsmittel aus der Hand, und die Schüler und Schülerinnen könnten sonst ohne Ihre Hilfe die Quellen entschlüsseln.
- Machen Sie die Schüler und Schülerinnen auf keinen Fall mit einer Heuristik des Fragens bekannt. Hören Sie nicht auf die praxisfremden Geschichtstheoretiker und Geschichtsdidaktiker, die nicht müde werden zu behaupten, daß Geschichte erst aus Fragen an die Vergangenheit entsteht. Wichtiger ist doch, daß den Schülern und Schülerinnen nicht diejenigen Fragen allein einfallen, die Sie doch selbst stellen wollen.

## 8.4 Beispiele

**(1) Kenntnisse entnehmen:**
**Spurensuche in vergangenen Lebenswelten**

Steckbrief aus Alexandria 145 v.Chr.
Ein Sklave des Aristogenes, des Sohnes von Chrysippos, eines Gesandten (1) aus Alabanda, ist entlaufen in Alexandria. Er heißt Hermon, wird auch Neilos (2) genannt, ein Syrer (3) aus Bambyke, 18 Jahre alt (4), mittelgroß, bartlos, mit festen Waden, Grübchen am Kinn, Muttermal längs der Nase zur Linken, Narbe über dem linken Mundwinkel, mit Sklavenbrennstempel (5) an der rechten Handwurzel in nichtgriechischen (6) Buchstaben. Er trägt bei sich ein Geldtäschchen (7) mit 3 Minenstücken gemünzten Goldes, 10 Perlen, einen eisernen Ring, an dem Ölfläschchen und Schabeisen hängen (8). Er ist bekleidet mit kurzem Mantel und Sklavenschurz (9). Wer diesen zurückbringt, wird erhalten 2 Kupfertalente und 3000 Drachmen (10).
*(Metzger, Hubert, Nachrichten aus dem Wüstensand, Zürich 1974, S. 50)*

(1) Vornehme Herren halten sich Sklaven. ⇨ Mögliche Weiterarbeit: Was ist ein Gesandter? Wer tauscht Gesandte aus? Politische Verhältnisse in Alexandria zum 145 v.Chr.
(2) Sie bekommen griechische Namen.
(3) Sklaven kommen aus anderen Ländern. ⇨ Mögliche Weiterarbeit: Organisation des (zwischenstaatlichen) Sklavenhandels.
(4) Kinder und Jugendliche werden als Sklaven verkauft.
(5) Sklaven bekommen einen Stempel eingebrannt.
(6) Sklaverei ist auch außerhalb der griechischen Welt üblich.
(7) Sklaven werden Wertgegenstände anvertraut; oder: Es ist gestohlenes Gut. ⇨ Mögliche Weiterarbeit: Strafrecht, Strafen bei Diebstahl, Strafen für Sklaven.
(8) Sklaven besitzen persönliche Gegenstände. ⇨ Mögliche Weiterarbeit: Ölfläschchen und Schabeisen, Hygiene und Badewesen in der griechischen Welt.
(9) Sklaven gehen nicht in Lumpen; es gibt besondere Sklavenkleidung. ⇨ Mögliche Weiterarbeit: Griechische Kleidung.
(10) Sklaven sind wertvoll. ⇨ Mögliche Weiterarbeit: Geldwesen, Löhne und Preise.

## (2) Erkenntnisse: Im Fremden das Eigene erkennen

Die Operation der Erkenntnis verlangt, zwischen zwei unabhängigen Faktoren einen Zusammenhang herzustellen. Anders als beim Narrativieren muß es sich hier nicht um zeitdifferente Ereignisse handeln. Die Wirklichkeit der aufklärerischen Epoche und die Vorstellungen von Natürlichkeit werden hier erkennend verbunden. In einem zweiten Schritt können Ähnlichkeiten und Andersartigkeiten zwischen damaligen und heutigen Modevorstellungen erkannt werden.

Die folgende Episode berichtet der pädagogische Schriftsteller Christian Gotthilf Salzmann (1744-1811) in seinem moralischem Lehrbuch „Carl von Carlsberg" (1785). Die Quellengattung ist hier ein „Erziehungsroman". In ihm erfahren wir nichts über tatsächliche Personen. Weder der Gerichtspräsident noch der Rechtsanwalt sind historisch. Authentisch sind aber die Denkweisen, die den beiden in den Mund gelegt werden. Ein durchreisender Rechtsanwalt wird um 1780 von dem örtlichen Gerichtsdirektor zum Essen eingeladen:

„Der Gerichtsdirector hatte mich zu Tische gebeten. Da ich zu ihm kam, traf ich ein Frauenzimmer bey ihm an, daß ich, wegen seiner blühenden Farbe und seiner jugendlichen Kleidung, auf achtzehn bis zwanzig Jahr schätzte.

Das ist wohl, fragte ich, sobald sie sich entfernt hatte, Ihre Mademoiselle [Fräulein] Tochter?

Meine Tochter? antwortete er lächelnd, es ist meine Frau.

J. Ihre Frau Liebste? und ist noch so jung?

G.Wie alt schätzen Sie sie denn?

J. Doch nicht höher als zwanzig Jahr.

G.Setzen Sie noch zwanzig dazu!

J. Sie scherzen. Eine Frau von vierzig Jahren, mit so einer blühenden Farbe?

G.Sie denken vielleicht die Farbe, die Sie in meiner Frau ihrem Gesichte sehen, wäre ihre eigne Farbe? Es ist Schminke.

J. Schminke? So -

G.Das befremdet Sie?

J. Ich weiß selbst nicht, was ich dazu sagen soll. Ihre Frau Liebste hat vermuthlich ihre guten Ursachen dazu.

G.Keine andere weiter, als die Mode. Wir (…) haben nun einmal die Mode so, daß wir nichts lassen wie es uns die liebe Natur giebt. Den Pferden hauen wir die Schweife ab, die Nachtigallen sperren wir in Käfiche ein, die Bäume schneiden wir zu Kugeln und zu Pyramiden, und, weil nun das Weib in der sichtbaren Welt ohne Zweifel das Schönste ist, so ist die Mode auch am sinnreichsten gewesen, ihre ganze Kunst an dem Weibe

zu beweisen. An meiner Frau hat die Mode ein Meisterstück gemach
und ist so glücklich gewesen, die Natur gänzlich zu verdrengen. [M]ein
Frau [ist], so wie sie aus den Händen der Natur kam, nach und nac
verschwunden, und ist durch die Mode umgebildet worden.

J. Wie verstehen Sie das?

G.Wie ich das verstehe? das will ich Ihnen gleich sagen. Die Natur macht
mein Frau vier Fuß hoch, die Mode setzte noch, mit Hülfe der Frisur un
der hohen Absätze, einen Schuh dazu. Die Natur ließ ihre Haare wach
sen, die Mode frisirte sie weg, und setzte ihr falsches Haar an; die Natu
gab ihr ein recht schönes kastanien braunes Haar, die Mode färbte e
weis; die Natur gab ihr das Vermögen ihre Gesichtsfarbe zu veränderr
und ich erinnere mich noch mit vielem Vergnügen an die Wollust, di
ich sonst empfand, wenn ich die anmuthigste Röthe, sich über ihr
Wangen verbreiten sahe, so oft ich ihr eine kleine Schmeichelei sagte, di
Mode hat ihr dies Vermögen geraubt, man mag sie schimpfen oder ih
schmeicheln, oder Zweydeutigkeiten vorsagen, sie wird ihre Farbe ni
verändern. Die Natur gab meiner Frau Milch und Brüste, die Mode ha
sie vertrieben; die Natur bildete meine Frau schlank, wie die Fichte, di
Mode hat ihr die Gestalt eines Lateinischen S gegeben; die Natur versah
sie mit Hüften, die gegen den Bau des Körpers ein sehr richtiges Verhält
nis hatten, die Mode hat Poschen [= Rüschen] dran gesetzt, und ihr s
ein Ansehen gegeben, daß man sie vor alles andre eher, als vor [für] ein
menschliche Figur halten sollte. Die Natur gab ihr einen gesunde
niedlichen Fuß, die Mode besetzte ihn mit Hühneraugen; die Natu
umgab sie mit einer Atmosphäre, die für mich so vielen Reitz hatte, da
ich immer zu ihr hingezogen wurde, wie wenn sie magnetisch wäre, di
Mode hat einen Dunstkreis von Lavendelgeruch um sie gegossen, de
ihre natürliche Atmosphäre verschlungen hat."

*(Salzmann, Christian Gotthilf, Carl von Carlsberg oder über das mensch-
liche Elend [1785], 4. Teil, Bern-Frankfurt/M.-Las Vegas 1977, S. 256-259*

**Abb. 19:** „Die Korsettanprobe". Kupferstich von 1750

**Abb. 20:** „Ein Traum in Samt und Tüll". Barbie 1999

**Aufgabe:**

● Nennt die Substantive, die am häufigsten vorkommen [Natur 12 x; Mode 12 x].

● Zeichnet die Bilder:
  a) Die Frau des Gerichtspräsidenten
  b) Wie er seine Frau gern hätte
  c) Das Schönheitsideal heute. Denkt an Claudia Schiffer oder die Barbie-Puppe.

● Diskutiert darüber: „Natürlich ist ..."

● Perspektivenwahrnehmung: Warum hat Salzmann nicht auch die Frau reden lassen? Was würde sie sagen?

## (3) Sachkritik üben

Als Nachgeborene wissen heutige Schülerinnen und Schüler mehr als die größten und berühmtesten Wissenschaftler und Politiker der Vergangenheit.

**Bericht des Christoph Columbus über seine dritte Reise**, abgesandt an Ihre Königlichen Majestäten von der Insel Española (betrifft die Zeit von Mai bis August 1498):
„Auf dieser Reise fuhr ich ohne Unterlaß von Spanien über Madeira zu den Kanaren und Kap Verden und von da südwärts bis unter den quator. Als ich auf der Höhe der Sierra Leone in Guinea ankam, war die Hitze so stark, und die Sonnenstrahlen brannten derart, daß ich glaubte, wir würden versengen. Und obgleich es regnete, und der Himmel voller Wolken war, litt ich doch unter dieser elenden Hitze, bis mir unser Herr einen günstigen Wind sandte, der mich nach Westen trug, so daß ich eine Breite erreichte, wo ein Temperaturwechsel stattfand. Denn sofort nach Erreichen dieser Linie ward die Temperatur sehr mild, je weiter ich vordrang um so milder wurde sie. Das Meer blieb immer ruhig, aber nicht so die treibenden Kräuter und Gräser. Ich habe überall gelesen, die Erde – Festland und Wasser – sei kugelförmig. Das behaupteten die glaubwürdigen Berichte und Erfahrungen von *Ptolemäus* und aller anderen, die darüber geschrieben haben. Zum Beweis führten sie *die Mondfinsternisse* an und viele andere Beobachtungen, die in allen Ländern vom Orient bis zum Okzident gemacht wurden. Nun habe ich so viel Unregelmäßigkeiten gesehen, daß ich hinsichtlich der Gestalt der Erde zu einer abweichenden Ansicht gekommen bin, nämlich, daß die Erde nicht, wie andere meinen, kugelförmig ist, *sondern in Gestalt einer Birne*, die allerdings rund ist, nur ausgenommen dort, wo der Stiel ansetzt, an welcher Stelle sie emporragt. Oder auch wie

ein runder Ball, der an einer Stelle eine Emporwölbung ähnlich der Brust warze einer Frau trägt. Dieser Ort ist der höchste und reicht am nächste» an das Himmelsgewölbe heran. Er liegt unter dem quator und an de östlichsten Grenze des Meeres.
*(Christoph Columbus, Bordbuch, Briefe, Berichte, Dokumente.*
*Ausgewählt, eingeleitet und erörtert von Ernst Gerhard Jacob,*
*Bremen o. J. [1956], S. 264 f.)*

● Kugel oder Birne? Schlagt in Lexika nach, was heute über die Gestal der Erde bekannt ist.

## (4) Eine Lebensgeschichte erkunden

Autobiographien werden im Geschichtsunterricht meist nur in kurze» Auszügen genutzt. Sie können aber auch in längeren Passagen vo» mehreren Seiten zu Hause gelesen und dann im Unterricht als Inter view dargestellt werden. Die Schülerinnen und Schüler, die die Auto biographie gelesen haben, werden dann in der Rolle der historische» Person von Interviewer und Interviewerin befragt und geben auf de Grundlage der Autobiographie Antworten in ihren eigenen Worten.

### Jugend eines adligen Gutsbesitzers – Friedrich August Ludwig vo» der Marwitz (1777-1837)

[Bei den hier abgedruckten Antworten handelt es sich um den Original text der Autobiographie]

*Frage:* Herr von der Marwitz, wer waren Ihre Eltern und wie haben sie sic» kennengelernt?

*Antwort:* Mein Vater war Behrend (oder Berndt) Friedrich August v. de Marwitz, Königlicher Kammerherr, früher Hofmarschall des Prinzen Fer dinand, Bruder König Friedrichs II., und seit 1786 Hofmarschall Köni; Friedrich Wilhelms II. Meine Mutter war Susanne Sophie Marie Louise » Dorville, einzige Tochter des Königlichen Staatsministers Johann Ludwi v. Dorville, aus seiner zweiten Ehe mit Charlotte Friederike v. Béville.

Das Geschlecht derer v. der Marwitz gehört zu den ältesten der Mar» Brandenburg und ist von Ursprung in der Neumark und auch in Pommer» ansässig gewesen (…)

Nach dem Tode ihres Vaters lebte sie (meine Mutter) mit ihrer Mutter, welch» die Einsamkeit liebte, sehr eingezogen und heiratete meinen Vater auf ge machte Vorschläge. Es wurden ihr nämlich drei Bewerber vorgeschlagen, zwe kannte sie, die gefielen ihr nicht; – meinen Vater kannte sie beinahe nich» darum nahm sie ihn. Ihre Vermählung geschah am 12. Mai 1776.

Meine Mutter war eine Frau von sehr gefälligem, gutmütigen Charakter, leicht im Umgang, treue Freundin, gute Mutter, bisweilen zu nachsichtig, selten heftig, tätig, rasch im Entschluß und in der Ausführung, fern auch von der leisesten Spur der Selbstsucht, ihre eigene Person oder Bequemlichkeit nie in Anschlag bringend (…)

*Frage:* Sie sprechen vorzüglich französisch. Wann haben Sie es gelernt?

*Antwort:* In meiner ersten Kindheit wuchs ich mit meinen beiden gleich auf mich folgenden Schwestern auf. In Berlin war damals, mehr noch als in anderen deutschen Städten, bei Hof und unter dem Adel die französische Sprache allgemein (…)

Ich lernte also von Kindesbeinen an französisch mit dem Deutschen zugleich, und das eine war mir vollkommen so geläufig als das andere. In dem Hause meiner Eltern ward beständig französisch gesprochen, wie in allen andern zu damaliger Zeit, mit denen wir Umgang hatten. Aber schon in meinen Kinderjahren trat die oben erwähnte Veränderung ein, das Deutsche gewann die Oberhand, und schon meine jüngsten Geschwister, zehn bis fünfzehn Jahr jünger wie ich, konnten dessen nicht mehr als Kinder durch die bloße Übung mächtig werden, sondern mußten es nach Regeln erlernen.

*Frage:* Geschichte haben Sie bei Ihrem Hofmeister Herrn Rosa gelernt. Wie sah Ihr Geschichtsunterricht aus?

*Antwort:* In der Geschichte las er uns Schröckhs Weltgeschichte vor, und wenn er hindurch war, was ungefähr alle Jahre geschah, so fing er wieder von vorn an. Wir sollten aufschreiben, was wir gehabt hatten, es war aber nicht möglich, alles zu Papier zu bringen, was aus einem schon so zusammengedrängten Werke beinahe täglich eine Stunde lang vorgelesen wurde. Dagegen repetierte er am Sonnabend, so daß wir erzählen mußten. Wie wir zweimal das Werk durchhatten, so wußte ich es dermaßen auswendig, daß ich sogar oft die Worte im voraus kannte, und nun war die Sonnabendsrepetition für mich so leicht, daß ich jedesmal eine Stunde lang erzählen konnte. Ich gewann dadurch die Fähigkeit, aus dem Stegreife zusammenhängend zu reden und kannte den ganzen Abriß der Weltgeschichte auf das vollständigste. Bei Licht besehen ist seine mühelose Methode gar nicht schlecht gewesen, denn beinahe alle Schüler, die ich von weit besseren Lehrern habe examinieren gesehen, wissen offenbar weniger.

*Frage:* Können Sie uns die Erziehungsgrundsätze nennen, nach denen Sie erzogen wurden?

*Antwort:* Im ganzen war die Erziehung dahin gerichtet, daß wir nie etwas Unrechtes oder gar Böses sehen, erfahren, noch viel weniger aber denken oder tun durften, sondern daß wir jederzeit unsere Schuldigkeit tun mußten; daß einer hinter dem Rücken irgend etwas verübt, beim Lernen faul gewesen oder nicht getan hätte, was er sollte, das konnte gar nicht vorkommen.

*Frage:* Unterscheidet sich Erziehung heute im Jahr 1837 von der Ihrer Kindheit?

*Antwort:* Aber von dem später aufgekommenen Bestreben, alles auf das bloße Wissen zu setzen und den Kindern mit dem Erlernten den Kopf so voll zu pfropfen, daß sie Gott und die ganze Welt darüber verkehrt ansehen, war damals gottlob noch nicht die Rede. Lärm vor unsern Eltern zu machen, sich auf Sofas und Stühlen umherzuwälzen, bei Tisch schmutzig und ungeschickt zu essen u. dgl., wie man jetzt von so vielen Kindern sieht, war gänzlich unerhört. Wenn wir zu unseren Eltern in das Zimmer kamen, machten wir an der Tür unsere Reverenz, näherten uns und küßten sowohl ihnen als jedem anwesenden Fremden die Hand. Diese Zeremonie war, in Verbindung mit allem übrigen, sehr nützlich; man gewöhnte sich, sich beständig anständig zu betragen und älteren Leuten Ehrerbietung zu beweisen. Jetzt sind die Jüngsten die Gröbsten; sie laufen die Alten um, grüßen niemanden, und man sieht sehr viele Menschen beiderlei Geschlechts, die gar nicht imstande sind, eine anständige und verbindliche Verneigung zu bewerkstelligen. Am liebsten unterlassen sie es ganz, wenn sie es aber nicht vermeiden können, so tun sie es auf so ungeschickte Weise, daß man sich nur mit Mühe erwehrt, ihnen ins Gesicht zu lachen.

*(Meusel, Friedrich [Hg.], Friedrich August Ludwig von der Marwitz. Ein märkischer Edelmann im Zeitalter der Befreiungskriege, Berlin 1908)*

## (5) Mit dem Kopf des anderen denken

Während der Weberunruhen in Schlesien im Jahre 1844 wird die Zensur verschärft. Schülerinnen und Schüler erhalten den Königlichen Zensurbefehl a) und den unzensierten Bericht von Leopold Schweitzer. Schülerinnen und Schüler sollen selbst Zensor spielen. Erst danach wird ihnen der zensierte Text b) zur Kenntnis gegeben.

### a) Königlicher Zensurbefehl vom 14. Juni 1844

**Geheime Kabinettsordre** (Text eines Aktenvorgangs) König Friedrich Wilhelms IV. an das Staatsministerium

„Ich bin mit der in dem Briefe des Staats-Ministerii vom 11. d. Mts. entwickelten Ansicht dahin einverstanden, daß ein Zusammenhang der traurigen Verirrungen und groben Exzesse der Fabrikarbeiter einiger schlesischer Ortschaften, mit der Tendenz unserer schlesischen Zeitungen und Localblätter: die unteren Stände gegen die höheren, und die Armen gegen die Wohlhabenden aufzuregen, nicht zu verkennen ist, und bestimme deshalb zur Verhütung weitern Unglücks, daß die Behörden auf dieses verderbliche Beginnen die größte Aufmerksamkeit zu richten und ihm mit Entschiedenheit überall entgegenzuwirken haben. Da aber auch ohne böswillige Absicht schon die unüberlegte oder unzeitige Besprechung von Gegenständen, welche eine Stimmung wie die vorbezeichnete nähren können, inmitten einer schon erzeugten Volksaufregung doppelt nachtheilig wirkt, so befehle ich insbesondere, daß bis auf Weiteres den in der Provinz Schlesien erscheinenden Zeitungen, Wochenblättern und Flugschriften die Aufnahme oder Behandlung von Gegenständen dieser Art gar nicht gestattet werden soll.

Dem Ober-Censur-Gericht ist diese meine Ordre (…) zur Nachachtung zuzufertigen.

Charlottenburg, den 14. Juni 1844.

gez. Friedrich Wilhelm."

## b) Bericht des Zeitungskorrespondenten Leopold Schweitzer

(Unterstrichen = vom Zensor gestrichen, kursiv = von Zensor und Gericht gestrichen.)

„Die Breslauer Zeitung hält es für ihre Pflicht, die Beschuldigungen fast aller außerhalb Schlesiens erscheinenden Blätter, als habe sie mit ihrer Kollegin, der Schles. Ztg., die Schuld an den falschen Berichten über die Excesse in Breslau und der Provinz zu tragen, auf das Bestimmteste zurückzuweisen. (…)

Breslau, den 17. Juni. (Privatmitth.) Unleugbar herrschte in Peterswaldau schon seit längerer Zeit unter einem großen Theile der Arbeiter eine starke Gährung, ein Geist der Unzufriedenheit, der nur eines zufälligen Anstoßes bedurfte, um in lichten Flammen auszubrechen.

*Man glaubte sich nicht allein über mehrfache, in kurzen Zeiträumen vorgenommene sehr erhebliche Herabsetzungen der Arbeitslöhne, sondern auch über eine harte und eigenwillige Behandlung beklagen zu müssen, welche den Gegensatz zwischen Kaufherrn und Arbeiter immer schroffer herausstellen zu wollen schien.*

In einem Gedichte ‚*Das Blutgericht in Peterswaldau im Jahr 1844*' fanden die aufgeregten Gemüther ihren Brennpunkt und gewissermaßen ihre Fahne; *es ist ein offenes Manifest aller der Klagen und Beschwerden, welche bis dahin nur verstohlen und leise von Mund zu Mund wanderten. In seinen größtenteils wohllautenden und regelmäßig gebauten Versen spricht sich eine drohende Verzweiflung, ein wilder Haß und Grimm* besonders gegen das am 4. zuerst angegriffene Handlungshaus *aus,* welches man offenkundig zu immer höherem Reichthum und Glanze *neben der steigendsten Noth* aufblühen sah.

*Dieses in jeder Beziehung merkwürdige Dokument enthält neben der Schilde-*
*rung des Trübsals und Jammers auf der einen und Pracht und Üppigkeit auf*
*der andern Seite überraschend verständige Ansichten und Anschauungen. Und*
*so denke man sich die Wirksamkeit und Gewalt einer, nach einer volkstümli-*
*chen Melodie ('Es liegt ein Schloß in Österreich') abgesungenen Schilderung.*

Das Lied eilte wie ein Aufruf von Haus zu Haus, es fiel als Zündstoff in die
gährenden Gemüther. (…) Ich hege die ernste und wohlüberlegte Meinung, daß es in diesen ersten Momenten des Angriffs nur und allein galt,
den Haß, die Rache und Wuth in Zerstörung und Verwüstung auszulassen.
Bald aber fand man Geld, reiche Vorräthe, kostbare Materialien, und nur
wenig vielleicht von den Eingedrungenen waren jetzt imstande, die locken-
de Versuchung zu besiegen. (…)

Nachdem die Truppen gefeuert hatten, zogen sie sich, von der racheschnau-
benden, wuthbrüllenden Menge und von einem Steinhagel verfolgt, zurück.
<u>Welch ein militärisches Bedenken obwaltete, das letzte und wichtigste Gebäu-
de, vor dem aufgestellt die Soldaten gefeuert hatten, [nicht] schützend zu
besetzen und, an den vergitterten Fenstern vor Steinwürfen gedeckt, nachdem
man einmal zum äußersten Mittel geschritten war, mindestens eine drohende
Defensive einzunehmen und die andringenden Schaaren im Schach zu halten,
vermag ein Nicht-Militair nicht zu entscheiden. Vielleicht sollte weiteres
Blutvergießen um jeden Preis vermieden werden.</u> Bs in die späte Nacht hinein
hauste nun die entfesselte Wuth zerstörend und räuberisch in diesen schönen
Gebäuden, Maschinenwerken und Lagern, frei und ungestört.

(…) die Herren Dierig waren beliebt in der ganzen Gegend weit und breit,
und verehrt von allen ihren 4 000 Arbeitern. Niemals ist eine Beschwerde
gegen sie laut geworden; guthmütig, leutselig, eine Stütze der Bedrängten,
Helfer der Armen, haben sie zu keiner Zeit, mit eignen Opfern unglückli-
che Conjuncturen überwindend, die Löhne herabgesetzt, sich niemals eine
Bedrückung oder Verkürzung erlaubt.

*Schon im Januar d. J. ergab sich die traurige Notwendigkeit, von Langenbielau*
*aus, ein früher angebrachtes Gesuch bei der Behörde zu erneuern. Es ist, so heißt*
*es in der Eingabe, in diesem wie wohl in jenem Winter, namentlich aber in*
*solchen Jahren, wo die Geschäfte stocken, ein großer Andrang nach Arbeit, der*
*zum größten Teile nicht befriedigt werden kann (…) Infolgedessen sind eine*
*Menge Leute brotlos geworden, größtenteils faule, saumselige, liederliche Men-*
*schen, die es sich zur Aufgabe zu machen scheinen, gute und brave Leute zu*
*beunruhigen, Unzufriedenheit und Aufruhr anzustiften. (…) Nur durch*
*energische Maßregeln ist der Trieb zu Unordnungen, Freveln usw. zu unter-*
*drücken, durch Nachsicht und Milde wird diese Hefe der Bewohner verleitet,*
*den ärgsten Mißbrauch und Frevel mit polizeilichen Anordnungen zu treiben.*
*Ich weiß nicht, ob und welche energischen Maßregeln seitens der angegangenen*

*Behörde getroffen worden sind. Aber die Prophezeiungen vom Januar haben sich leider zu schnell pünktlich erfüllt. Erwähnenswert ist noch, daß die Polizei-Gewalt in Langenbielau (13 000 Einwohner) durch einen Gendarmen ausgeübt wird.*
L.S."
*(Hodenberg, Christina von, Aufstand der Weber. Die Revolte von 1844 und ihr Aufstieg zum Mythos, Bonn 1997, S. 255 ff.)*

- Nennt Gründe, warum Zensur und Gericht die Passagen gestrichen haben.


## (6) Perspektiven wahrnehmen

Ein „Ereignis an sich" gibt es weder in der Geschichtswissenschaft noch im Geschichtsunterricht. Ereignisse sind Konstruktionen aus unterschiedlichen Sichtweisen. Zeitliche, räumliche, soziale, konfessionelle und ideologische Standpunkte stellen ein Ereignis in unterschiedlichen Facetten dar. Die Schüler verfassen auf der Grundlage der Zeitungsartikel a bis c einen Bericht „Saalschlacht in Marburg". Wenn die Berichte untereinander verglichen werden, wird deutlich, daß es nicht nur eine Perspektivität der Beteiligten, sondern auch eine Perspektive der Betrachter gibt. Die Schülerinnen und Schüler begründen dann, warum sie das Ereignis so und nicht anders dargestellt haben. Im vorliegenden Fall handelt es sich um ideologische Standpunkte. Hier spielen nicht nur Irrtum, sondern Lüge, Propaganda und Vorurteil eine Rolle.


### a) Unliebsame Vorgänge bei einer politischen Versammlung

„Die für gestern abend in den Saal der Gastwirtschaft Ruppersberg im Stadtteil Ockershausen einberufene nationalsozialistische Versammlung, in der Herr Beisner – Hannover sprechen sollte, nahm ein nicht erfreuliches Ende und wurde kurz nach Beginn polizeilich geschlossen. Vor Beginn der Versammlung hatte sich eine große Anzahl Gegner aus der Stadt Marburg eingefunden. Bei Eröffnung der Versammlung ermahnte der Versammlungsleiter zur Ruhe, trotzdem wurde laut geschrien. Als der Redner das Wort nahm, wurde die Unruhe so stark, daß er über die einleitenden Worte nicht hinwegkam. Die anwesenden Gegner lärmten und stimmten die Internationale an. Darauf griff der Saaldienst der Nationalsozialisten ein. Es entspann sich eine Schlägerei, bei der Stühle, Tische und Fensterscheiben in Trümmer gingen. Die in Bereitschaft stehende Polizei griff sofort ein und räumte den Saal. Bei der Schlägerei gab es auf beiden Seiten Verletzte, die von den Nationalsozialisten verbunden wurden. Zur Sicherheit der Verletzten hatte man telephonisch Sanitätsrat von Heusinger angefordert, der den Arbeiter Jesberg der Klinik überwies. Auf dem Hof und auf der Straße vor der Gastwirtschaft Ruppersberg hatten sich die Gegner versammelt und schleuderten Steine gegen die Fenster des Saales, wodurch weitere Scheiben in Trümmer gingen. Auf diesen Vorfall hin räumte die Polizei Straße und Hof. Einem Kommunisten war eine Art Totschläger von der Polizei abgenommen worden. Gegen 3/4 10 Uhr zogen die Nationalsozialisten unter dem Schutz der Polizei durch den Zwetschenweg ab, verfolgt von einem Trupp der Gegner. Unterwegs wurden Steine und Spalierlatten gegen die Nationalsozialisten geworfen. In der Gisselberger Straße gingen einige Scheiben des Straßenbahnwagens Nr. 7 durch Steinwürfe in Trümmer. Die Nationalsozialisten wurden durch die Frankfurter Straße und Grün geführt, immer verfolgt von den Gegnern, die grobe Beleidigungen gegen die Polizei ausstießen. Am Rudolphsplatz hatte ein Polizeiaufgebot die Straße abgeriegelt und von dort aus konnten die Nationalsozialisten ungehindert ihrem Bestimmungsort zugeführt werden.

Während des ganzen Vorfalls in Ockershausen hatte sich auf den Hauptstraßen des Ortes eine riesige Menschenmasse versammelt, und es ist dem korrekten Verhalten der Polizei zuzuschreiben, daß sich nicht größere Zusammenstöße ereigneten."

*(Oberhessische Zeitung, 24.2.1931)*


## b) Wir brechen den Terror! Blutige Saalschlacht in Marburg

„Die marxistische Übermacht wird von der S.A. aus dem Saal geprügelt
Marburg (Lahn), 25. Februar 1931
Für gestern abend nun hatten wir nach dem roten Stadtteil Ockershausen eine Versammlung einberufen, in der Pg. Beisner, Hannover, über das Thema ‚Nationalsozialismus oder Marxismus‘ sprechen sollte. Und diese Gelegenheit wollte S.P.D. und K.P.D. benutzen, um blutige Rache zu nehmen für ihre Niederlage in den Stadtsälen acht Tage vorher. Am Sonntag, als Reichsbanner und Antifa, brüderlich vereint, ihre mit großem Geschrei angekündigte Veranstaltung durchführten (...) In drangvoller Enge füllten mehr als 500 Versammlungsbesucher, darunter nahezu 400 verhetzte marxistische Arbeiter, den Saal, der bald geschlossen werden mußte. Obwohl der Versammlungsleiter darauf hinwies, daß wir, wie immer, bereit wären, uns anständig mit unseren Gegnern auseinanderzusetzen, daß wir kein Interesse daran hätten, wenn sich Volksgenossen zur Freude der Juden gegenseitig den Schädel einschlügen, daß wir andererseits aber fest entschlossen wären, bei Störungsversuchen rücksichtslos von unse-

rem Hausrecht Gebrauch zu machen, machten die aufgeputschten Massen kein Hehl daraus, daß sie nur deshalb erschienen waren, um blutige Rache zu nehmen. Wütendes Geheul machte fast jeden Satz unseres vielgeschätzten Pg. Beisner unverständlich.

Als nach dreimaliger Aufforderung zur Ruhe der Lärm nicht nur nicht geringer wurde, sondern auch noch versucht wurde, die Internationale anzustimmen, griff unsere unerschrockene S.A. ein. Nur wenige Minuten war die Luft erfüllt von wüstem Gebrüll, vom Krachen und Splittern zertrümmerter Tische und Stühle, und die Störenfriede lagen auf der Straße.

Einige hatten sich gar nicht erst die Mühe gemacht, die enge Treppe zu passieren, sondern waren in ihrer Angst gleich aus den Fenstern des im ersten Stock gelegenen Saales gesprungen. Wir hatten vier Leichtverletzte, der Gegner mehrere Schwerverletzte, die von unseren Sanitätern einen Notverband erhielten. In ohnmächtiger Wut warf der Pöbel die Saalfenster ein, wurde dann aber von der Polizei, die sich durchaus korrekt verhielt, gehörig mit dem Gummiknüppel radiert. Bei Beginn der Saalschlacht wurde die Versammlung sofort von der Polizei geschlossen.

In mustergültiger Disziplin marschierte unsere S.A. mit unseren Anhängern, umjohlt vom Straßenmob, nach Marburg zurück. Unterwegs wurden noch einige Parteigenossen durch Steinwürfe leichter verletzt. Der Erfolg der Versammlung waren abermals 9 Neuanmeldungen zur S.A. Das schneidige Vorgehen unserer S.A. gegen eine achtfache Übermacht dürfte dem Gegner bewiesen haben, daß wir nicht gewillt sind, seinem Terror zu weichen, sondern daß wir entschlossen sind, zielbewußt weiterzukämpfen bis zum Endsieg."
*(Völkischer Beobachter, 1./2.3.1931)*


### c) Blutige Schlägerei bei einer Naziversammlung

„S.A. schlägt mit Stühlen auf Versammlungsteilnehmer ein.

Wer gestern Abend die Naziversammlung in Ockershausen besuchte, konnte einen kleinen Einblick in die Zustände des ‚dritten Reichs' gewinnen.

Im Ruppersbergischen Saale sollte Nazireferent Beisner-Hannover sprechen. Obwohl der Versammlungsleiter erklärte, man wolle sich sachlich auseinandersetzen, erging der Redner sich sofort zu Beginn seiner Ausführungen in wüsten Schimpfereien. Der Reichsbanneraufmarsch vom Sonntag war vom Marburger Publikum als gut diszipliniert anerkannt worden. Das hinderte aber den Redner nicht, von einer ‚Schweineherde' zu sprechen.

Bei dieser Äußerung entstand in dem dichtbesetzten Saale eine ungeheure Erregung, so daß der Redner und der Versammlungsleiter sich nicht mehr durchsetzen konnten. Für die Polizei wäre dieses der richtige Moment gewesen, die Versammlung aufzulösen.

Die Marburger Polizei übertraf sich aber noch gegenüber der Leersversammlung. Als der Student Bliche der S.A. den Befehl gab, den Saal zu räumen, waren außer den Kriminalbeamten Dieterich und Heyer keine Polizeibeamten im Saale. Während man mit erhobenen Stühlen aufeinander einschlug, saßen diese Beamten als stille Beobachter zwischen dem Publikum.

In dem überfüllten Saale und auf der engen Treppe entstand durch die Schlägerei ein großes Durcheinander, und so kam es wohl, daß viele Unbeteiligte die meisten Prügel bezogen. Zum Glück kam ein großer Teil der Versammlungsbesucher infolge der Enge überhaupt nicht zum Schlagen, so daß ein noch größeres Gemetzel vermieden wurde.

Die aus dem Saale kommenden Versammlungsteilnehmer wurden an der Tür, genau wie in den Stadtsälen, von der Polizei in Empfang genommen, die mit dem Gummiknüppel die von vorn Bedrängten bearbeitete.

Das Inventar des Saales ging in Trümmer. Natürlich gab es in diesem Tumult Verletzte, sogar einige Schwerverletzte, denen der herbeigrufene Arzt die erste Hilfe leistete.

Auf den Straßen in Ockershausen standen erregte Menschen, die den Abzug der Nazis erwarteten. Die S.A., welche aus der Umgebung Verstärkung herangezogen hatte, wurde über den Zwetschenweg unter polizeilichem Schutz abgeführt.

Die Marburger Polizei, die den Nazis in jeder Weise sekundierte [half], hat gestern Abend bewiesen, daß sie nicht in der Lage ist, in einer derartigen Versammlung den Schutz der Versammlungsbesucher zu übernehmen."
*(Hessisches Tageblatt, 24.2.1931)*

**Aufgabe:**
● Stellt in einer Tabelle die Unterschiede zusammen:

| Oberhessische Zeitung | Völkischer Beobachter | Hessisches Tageblatt |
|---|---|---|
| Herr Beisner<br><br>usw. | Pg. Beisner | Nazireferent Beisner |

● Stellt euch vor, ihr sollt für eine Heimatchronik von Marburg einen Bericht über die Ereignisse am 24. Februar 1931 schreiben. Ihr habt nur die drei Zeitungsartikel zur Verfügung. Verfaßt die Artikel in Gruppen.
● Vergleicht eure Gruppenberichte und diskutiert die Gründe, warum sie nicht wörtlich übereinstimmen.

## (7) Sachurteile fällen

Zur Quelleninterpretation gehört auch die Operation „Urteile fällen". Die Frage, was die Deutschen vom Holocaust gewußt haben, wird vorwiegend aus Erinnerungsberichten, also aus Zeugnissen, die oft nach dem Ereignis geschrieben worden sind, beantwortet. Die Antwort steht weder in einer einzelnen Quelle, noch in allen zusammen. Hier müßten die Schüler und Schülerinnen urteilen, es muß ein Sachurteil gefällt werden. Es handelt sich hier nicht um ein Werturteil, das eine individuelle Stellungnahme aufgrund der eigenen Wert- und Ethikvorstellungen verlangt.

### a) Aus einem Brief des Widerstandskämpfers Helmuth Graf Moltke (1943)

„Ich glaube, wenigstens neun Zehntel der Bevölkerung wissen nicht, daß wir Hunderttausende von Juden getötet haben. Sie glauben immer noch, daß die Juden lediglich ausgeschieden wurden und eine so ziemlich unveränderte Existenz wie zuvor führen, nur eben weiter im Osten, woher sie ja auch gekommen sind – vielleicht mit etwas mehr Schmutz, aber ohne Luftangriffe. Wenn man diesen Leuten sagte, was wirklich geschehen ist, würden sie antworten: ‚Sie sind ein Opfer der britischen Propaganda. Erinnern Sie sich doch, was für lachhafte Dinge man über unsere angeblichen Missetaten in Belgien 1914/18 behauptet hat.'"
*(Laqueur, Walter, Was niemand wissen wollte: Die Unterdrückung der Nachrichten über Hitlers „Endlösung", Frankfurt/M.-Berlin-Wien 1981, S. 44)*

### b) Prinz Ferdinand von der Leyen zur Frage: Was hat die deutsche Bevölkerung von der „Endlösung" gewußt?

„Die Planmäßigkeit des Mordens mußte schließlich für den Blindesten ersichtlich werden. Daß auch die Arbeitskommandos, in denen offenbar ein Teil der noch Arbeitsfähigen zusammengefaßt wurde, nur eine Station auf dem Weg zur ‚Endlösung' bedeuteten, konnte man sich denken.
Schon kurz zuvor hatte mir ein Bekannter, ein Offizier aus dem Bereich der Heeresgruppe Nord, Photographien von Judenerschießungen gezeigt, die mir fast nicht glaubhaft erschienen waren. Aber nun konnte es keinen Zweifel mehr geben, daß es sich nicht um Einzelfälle bestialischer Roheit, sondern um eine systematische Aktion handelte."
*(Wilhelm, Hans-Heinrich, Wie geheim war die „Endlösung"?,*
*in: Benz, Wolfgang [Hg.], Miscellanea. Festschrift für Helmut Krausnick zum 75. Geburtstag, Stuttgart 1980, S. 133 f.)*

## c) Der Journalist Henri Nannen: Ja, ich war zu feige (1978)

„Theresienstadt, Auschwitz, Treblinka, Majdanek – hielt einer das für Landesverschickungsheime für ‚Andersrassige‘? Aussonderungsrampen auf den Endbahnhöfen in Polen; die einen, weil noch bei Kräften, zur Arbeit, die anderen gleich ins Gas – das sollte sich nicht bis in die Heimat herumgesprochen haben? So genau freilich nicht, dank der Diskretion, mit der die Mordmaschine lief. Aber wer sich nicht Augen und Ohren zuhielt und das Gehirn abschaltete, dem blieb nicht verborgen, daß hier das perfekteste Verbrechen seinen Weg nahm.

Wir hätten es wissen müssen, wenn wir es nur hätten wissen wollen. Wer Soldat im Osten war, dem konnten die Judenerschießungen, die Massengräber und beim Rückzug die ausgebuddelten und verbrannten Leichenberge nicht verborgen bleiben. Ich jedenfalls, ich habe gewußt, daß im Namen Deutschlands wehrlose Menschen vernichtet wurden, wie man Ungeziefer vernichtet. Und ohne Scham habe ich die Uniform eines Offiziers der deutschen Luftwaffe getragen."

*(Märthesheimer, Peter; Frenzel, Ivo [Hg.], Im Kreuzfeuer: Der Fernsehfilm „Holocaust", Frankfurt/Main 1979, S. 278 ff.)*

## d) Ein Drogist erinnert sich an seine Kindheit (1978)

„Als ich acht Jahre alt war – ich bin aus Dithmarschen –, kam ein Mann auf Urlaub, und er erzählte, das sei gar nicht so einfach, die Menschen zu sortieren, die Frauen links, die Männer rechts, und die Kinder da drüben hin. Und dann: ‚Ausziehen! – De Strümp herhen, de Büxen dorhen!‘ Das sei schwer für ihn, wenn die dann nackend an die Grube treten und bumm! und wenn dann die Kinder kämen und sagten: ‚Onkel, laß mich doch leben (…)‘

Dieser Mann bedauerte sich selbst mehr als die Menschen, die er durch Genickschuß tötete.

Ich hab' das damals als Achtjähriger genau kapiert und jedes Wort behalten. Es war eine Mischung aus Sensationsgier und Angst."

*(Kempowski, Walter, Haben Sie davon gewußt? Deutsche Antworten, Hamburg 1979, S. 18 ff.)*

## e) Der Historiker Hans Günter Zmarzlik erinnert sich an seine Schulzeit

„Ich bin manchmal in der Schule zu spät gekommen, weil die Straße abgesperrt war, die vom Bahnhof zum Lager Sachsenhausen führte. Ich sah dann aus der Ferne, wie ein langer Zug von kahlgeschorenen Menschen über das

Kopfsteinpflaster marschierte, alle in gestreifter Gewandung, auf der auffällig farbige Flecken erkennbar waren (…) Auf mich hatte dieses Schauspiel immer beklemmend gewirkt. Doch das wurde verdrängt und vergessen."
*(Zmarzlik, H. G., Wieviel Zukunft hat unsere Vergangenheit, München 1970, S. 19 f.)*

**Aufgabe:**
● Formuliert eine Antwort auf die Frage „Hat die deutsche Bevölkerung über die Judenvernichtung in den Jahren 1933-1945 etwas gewußt?"

## (8) Motive von Rechtfertigungen unterscheiden

Achtunddreißig Polizeibataillone, jedes bestand aus etwa 500 Männern, waren an der Ermordung von Juden beteiligt. Ihre Aufgabe war es, hinter der deutschen Front alle jüdischen Männer, Frauen und Kinder zu töten. Unter diesen Bataillonen war auch das Polizeibataillon 101. Am 13. Juli 1942 führte es das Massaker von Józefów durch. Die Staatsanwaltschaft Hamburg ermittelte 1957. Einige der Beteiligten gaben die folgenden Aussagen zu Protokoll. Die Historiker Christopher Browning und Daniel Goldhagen haben versucht, die Motive zu verstehen. Sie kommen zu unterschiedlichen Ergebnissen.

### 1. August Zorn

„Ich mußte ihn [einen alten Mann] regelrecht wieder hochziehen und voranschleppen. So erreichte ich den Exekutionsort erst, als meine Kameraden bereits ihre Juden erschossen hatten. Beim Anblick seiner erschossenen Landsleute warf sich mein Jude nun zu Boden und blieb liegen. Ich habe nun meinen Karabiner durchgeladen und ihn durch einen Schuß in den Hinterkopf erschossen. Da ich durch die grausame Behandlung der Juden bei der Räumung der Stadt schon sehr aufgeregt und völlig durcheinander war, habe ich jetzt viel zu hoch geschossen. Durch den Schuß wurde meinem Juden das gesamte hintere Schädeldach abgerissen und das Gehirn bloßgelegt. Teile des Schädeldachs sind dabei meinem Zugführer, dem Hauptwachtmeister S (…), ins Gesicht geflogen (…)"
*(Browning, Christopher, Ganz normale Männer. Das Reserve-Polizeibataillon 101 und die „Endlösung" in Polen, Reinbek 1993, S. 100)*

### 2. Erwin Grafmann

„Als ich vielleicht etwa 10 bis 20 Personen erschossen hatte, [bat ich] den Zugwachtmeister (…), mich von der weiteren Mitwirkung zu entbinden.

Das wurde mir dann auch gestattet, d.h. ich brauchte weiterhin nicht mehr an der Exekution teilzunehmen. Wenn ich in meiner früheren Vernehmung gesagt habe, mir sei das ‚vorübergehend' gestattet worden, so ist das mißverständlich zu Protokoll genommen worden. Ich bin zu diesem Zeitpunkt endgültig abgelöst worden und brauchte auch später nicht wieder mitzuschießen. Meine Ablösung erbat ich insbesondere deshalb, weil mein Nebenmann so unmöglich schoß. Scheinbar hielt er den Lauf des Gewehres immer zu hoch, denn es entstanden gräßliche Wunden bei den Opfern. In manchen Fällen wurde dem Opfer die ganze Gehirnschale hinten aufgerissen, so daß die Gehirnmasse umherspritzte. Ich konnte das einfach nicht mehr mit ansehen."

*(Goldhagen, Daniel Jonah, Hitlers willige Vollstrecker. Ganz gewöhnliche Deutsche und der Holocaust, Berlin 1996, S. 331)*

### 3. Friedrich Mager

„Ich habe mich, und das war mir möglich, bemüht, nur Kinder zu erschießen. Es ging so vor sich, daß die Mütter die Kinder bei sich an der Hand führten. Mein Nachbar erschoß dann die Mutter und ich das dazugehörige Kind, weil ich mir aus bestimmten Gründen sagte, daß das Kind ohne seine Mutter doch nicht mehr leben konnte. Es sollte gewissermaßen eine Gewissensberuhigung für mich selbst sein, die nicht ohne ihre Mutter mehr lebensfähigen Kinder zu erlösen."

*(Browning, Christopher, Ganz normale Männer. Das Reserve-Polizeibataillon 101 und die „Endlösung" in Polen, Reinbek 1993, S. 107)*

### Deutung Browning

„Was man von der Geschichte des Reserve-Polizeibataillons 101 vor allem mitnimmt, ist großes Unbehagen. Diese Geschichte von ganz normalen Männern ist nicht die Geschichte aller Männer oder Menschen. Die Reserve-Polizisten hatten Wahlmöglichkeiten, und die meisten von ihnen begingen schreckliche Untaten. Doch jene, die getötet haben, können nicht aus der Vorstellung heraus freigesprochen werden, daß in ihrer Situation jeder Mensch genauso gehandelt hätte. Denn selbst unter ihnen gab es ja einige, die sich von vornherein weigerten zu töten oder aber ab einem bestimmten Punkt nicht mehr weitermachten. Die Verantwortung für das eigene Tun liegt letztendlich bei jedem einzelnen.

Zugleich hat das kollektive Verhalten des Reserve-Polizeibataillons 101 aber zutiefst beunruhigende Implikationen. Es gibt auf der Welt viele Gesellschaften, die durch rassistische Traditionen belastet und aufgrund von Krieg oder Kriegsdrohung in einer Art Belagerungsmentalität befangen sind. Überall erzieht die Gesellschaft ihre Mitglieder dazu, sich der Autorität respektvoll zu fügen, und sie dürfte ohne diese Form der Konditionierung wohl auch kaum funktionieren. Überall streben die Menschen nach beruflichem Fortkommen. In jeder modernen Gesellschaft wird durch die Komplexität des Lebens und die daraus resultierende Bürokratisierung und Spezialisierung bei den Menschen, die die offizielle Politik umsetzen, das Gefühl für die persönliche Verantwortung geschwächt. In praktisch jedem sozialen Kollektiv übt die Gruppe, der eine Person angehört, gewaltigen Druck auf deren Verhalten aus und legt moralische Wertmaßstäbe fest. Wenn die Männer des Reserve-Polizeibataillons 101 unter solchen Umständen zu Mördern werden konnten, für welche Gruppe von Menschen ließe sich dann noch Ähnliches ausschließen?"

*(Browning, Christopher, Ganz normale Männer. Das Reserve-Polizeibataillon 101 und die „Endlösung" in Polen, Reinbek 1993, S. 246 f.)*

### Deutung Goldhagen

„Weil die Täter an einen unwandelbaren dämonisierenden Charakter der Juden glaubten, konnten ihre Führer mit Recht erwarten, daß die vollkommen absurden, von ihnen gleichwohl für wahr gehaltenen Behauptungen, die Juden seien für Bombenangriffe und Partisanenüberfälle verantwortlich, auch ihren Männern verständlich und vernünftig erscheinen und ihre Entschlossenheit stärken würden. Der Vorsatz, als Rache für die britischen und amerikanischen Bomben auf deutsche Städte alle jüdischen Kinder in Polen umzubringen, wäre wohl jedem vernünftigem Menschen, jedem nicht vom Antisemitismus verblendeten Verstand als krankhaft erschienen. Nicht so den ganz gewöhnlichen Deutschen des Polizeibataillons 101 und anderer Einheiten. Ihnen erschienen die ‚Argumente' logisch, sie sahen einen Zusammenhang zwischen den Juden in den armen Provinzstädten im Herzen Polens und den Bombenangriffen auf Berlin und Hamburg. Da sie von einem dämonisierenden Antisemitismus durchdrungen waren, glaubten die gewöhnlichen Deutschen, daß hinter den Bomben auf deutsche Städte jenes weltumfassende Monstrum stehe, das mal ‚Weltjudentum' und mal ‚der Jude' genannt wurde; daß die Juden Polens und speziell die von Józefów die Tentakel des Ungeheuers verkörperten. Und indem sie diese abhackten, meinten diese Deutschen zur Vernichtung dieses gräßlichen Untiers, dieser Ursache so vieler Übel beizutragen."

*(Goldhagen, Daniel Janah, Hitlers willige Vollstrecker. Ganz gewöhnliche Deutsche und der Holocaust, Berlin 1996, S. 474)*

## (9) Narrativieren: Aus zeitdifferenten Ereignissen eine Geschichte erzählen

### Arbeitslosenkrawalle 1892 in Berlin in Zeitungen

Die zeitgenössischen Berichterstatter „Vorwärts", „Vossische Zeitung", „Kreuzzeitung" und „Der Sozialist" haben aufgrund ihrer sozialen und politischen Haltung die gleichen Ereignisse unterschiedlich dargestellt. Die tägliche – damals noch zweimal tägliche – Erscheinungsweise der Zeitungen erlaubte immer nur eine Ereignisbeschreibung. Der Berichterstatter konnte nicht erst viele Monate warten, um dann eine zusammenhängende Darstellung zu verfassen, sondern stand unter dem Druck der täglichen Berichterstattung. Für die Schülerinnen und Schüler stellt sich die Aufgabe, eine Erzählung herzustellen. Der erste Schritt wird sein, eine Chronik der laufenden Ereignisse zu erstellen, um dann eine sinnbildende, narrative Verknüpfung vorzunehmen.

### Vorwärts, 23. Februar 1892

„Arbeitslose Bauarbeiter, Maurer, Zimmerer, Töpfer, Maler, Stuckateure, Tapezierer u.s.w. Donnerstag, den 25. d. M., Vormittags 9 1/2 Uhr, in der Brauerei Friedrichshain (früher Lips), am Königstor: Öffentliche Versammlung.

Tages-Ordnung: 1. Bericht der Deputation bei dem Ober-Bürgermeister Berlins. 2. Errichtung einer Arbeitsbörse. 3. Stellungnahme zum 1. Mai. Pflicht eines jeden Arbeitslosen ist es, zu erscheinen.

Der Ausführungsausschuß des Bauarbeiter-Kartells.

I.A.: Gercke, Straßburgerstr. 38

NB. Wegen dieser Versammlung fällt die Versammlung der arbeitslosen Maler aus, und sind dieselben entpflichtet, in dieser Versammlung zu erscheinen. Tellersammlung findet nicht statt."

### Königlich privilegirte Berlinische Zeitung (Vossische Zeitung), 26. Februar 1892, Nr. 95, Morgenausgabe

„Daß in manchen Kreisen des Volkes, sowohl im Inlande wie im Auslande, ernste Noth herrscht, steht leider außer Zweifel. Viele Gewerbe liegen vollkommen darnieder. Die Zahl der Arbeiter wird beschränkt. Die Lebensmittel aber sind theuer. (…) Von dem allgemeinen Druck wird auch das Baugewerbe allenthalben hart getroffen. In den jüngsten Wochen haben in vielen Städten Aufzüge von Arbeitslosen stattgefunden, bei denen es bisweilen zu Zusammenstößen mit der Polizei gekommen ist. (…) Es kann daher nicht eigentlich überraschen, daß auch in Berlin gestern einige

Hundert Personen einen Aufzug voranstalteten, um die öffentliche Aufmerksamkeit auf ihre Noth zu lenken. Bedauerlich ist es nur, daß solche Gelegenheiten von unredlichen Gesellen benützt werden, um Unordnung zu stiften und Skandal zu machen. Die Polizei hat gestern, wie wir an anderer Stelle berichten, von der Waffe Gebrauch machen müssen. Alle Nothleidenden und alle Arbeiter können nicht ernst genug ermahnt werden, sich jeder Ausschreitung, jeder Gesetzesverletzung strengstens zu enthalten. Sie würden mit der Störung der öffentlichen Ordnung nur Maßregeln heraufbeschwören, unter denen sie selbst am schwersten zu leiden hätten. In jedem Aufwiegler haben die Arbeiter ihren Feind zu sehen. (…)"

## Königlich privilegirte Berlinische Zeitung (Vossische Zeitung), 26. Februar 1892, Nr. 96, Abendausgabe

„Die Aufzüge der Arbeitslosen

(…) Durch die gestrigen Straßenaufzüge dagegen ist die Polizei offenbar überrascht worden. ‚Die Polizei war ohnmächtig' heißt es in einzelnen Berichten. (…)

Niemand wird bei dem Gedanken, daß tausende Arbeiterfamilien kein Brod haben, kalt bleiben. Die Thatsache selbst ist nicht zu bestreiten, und Hilfe muß, so weit es angeht, geschafft werden. Vielleicht hätte auch der Leiter des Magistrats gut gethan, die Abgesandten der Arbeitsucher zu empfangen; die persönliche Verhandlung hätte die Ueberzeugung von dem guten Willen der städtischen Behörden zur Abhilfe gefördert, an dem freilich auch ohnedies nicht zu zweifeln ist. Es ist sicherlich nicht leicht, gerade in diesem Augenblicke ausreichende Arbeitsgelegenheiten zu schaffen. (…) Es sind in diesem Winter selten Arbeiter nöthig gewesen, um den Schnee fortzuschaffen und die Straßen von Eis zu befreien. Die Bauthätigkeit dagegen kann in erheblichem Umfange noch nicht aufgenommen werden. (…)

Sache der Behörde ist es zunächst dafür zu sorgen, daß die Hauptstadt nicht dauernd mit Arbeitslosen überfüllt werde, welche in ihrer Heimath Arbeit hatten, in Berlin jedoch nicht unterstützungsberechtigt sind. (…) Das Gesetz vom 1. November 1867 berechtigt die Gemeinde zur Abweisung jedes Anziehenden, der nicht hinreichende Kräfte besitzt, um sich und seinen Angehörigen den nothdürftigen Lebensunterhalt zu verschaffen; (…)

So nothwendig und heilsam bei der Handhabung dieser Gesetzesvorschriften wirklich Bedürftigen gegenüber manche Rücksicht ist, so streng müssen sie gegen jene Personen zur Anwendung kommen, welche sich sichtlich unter die Arbeitslosen mischen, um sie zu Ausschreitungen aufzureizen. Wer die Aufzüge gesehen hat, konnte unter den Theilnehmern manche echte Catilinarier, wahrhaft ‚Bassermannsche Gestalten' erkennen, denen

es nicht um Brod und Arbeitsgelegenheit, sondern um Skandal und Roh-
heit zu thun ist. (…) Vor diesen Gesellen mögen die Arbeitslosen auf der
Hut sein (…)"

## Neue Preußische (Kreuz) Zeitung, 26. Februar 1892, Nr. 96, Abendausgabe

„Die Demonstration der Arbeitslosen

*B.S.* (…) Ueber den Verlauf der heutigen Nacht wird gemeldet: Gegen 1/2 10
Uhr Abends zog ein aus etwa 300 Köpfen bestehender Trupp Demonstranten
durch die Landsberger-, Gollnow- und Elisabeth-Straße nach dem Friedrichshain. Die zum größten Theil angetrunkenen Menschen zertrümmerten in der
Landsbergerstraße mehrere Fensterscheiben von Erdgeschoß-Wohnungen, da
die Läden bereits zeitig geschlossen worden waren. Der Haupttummelplatz
war aber das Königsthor und der Friedrichshain. Nachdem Nachmittags die
Anlagen durch reitende Schutzleute gesäubert worden waren, trat in den
Abendstunden ziemliche Ruhe ein und der Mob verzog sich nach dem Osten
der Stadt, um hier an den Tumulten und Plünderungen in der Blumenstraße
theilzunehmen. Später Abends zogen etwa 1 000 Mann nach dem Nordosten
der Stadt, um in ganz kleinen Trupps den Friedrichshain zu gewinnen. Bei der
Plünderung der Läden im Köpenicker Viertel wurde ein Schutzmann, der
einen der bedrohten Läden zu schützen versuchte und dabei mit dem Säbel
auf die Masse einhieb, trotz verzweifelter Gegenwehr gefaßt und unter den
Rufen: ‚Den Hund ersäufen wir!' nach der Brücke geschleppt. Zum Glück
kam ein Trupp reitender Schutzleute heran und befreite den Beamten, der aus
vielen Wunden blutend nach der Wache gebracht wurde. (…)"

Abb. 21: Arbeitslosenkrawalle in Berlin

**Königlich privilegirte Berlinische Zeitung**
**(Vossische Zeitung), 27. Februar 1892**
„Kundgebung der Arbeitslosen

Im gestrigen Abendblatte haben wir kurz über einen Zug von Arbeitslosen durch mehrere Hauptstraßen der inneren Stadt berichtet. Wie wir nachträglich festgestellt haben, hatte der Zug sich von der Brauerei Friedrichshain aus gebildet, wo am Vormittag auf Veranlassung des ‚Ausführungsausschusses des Bauarbeiter-Kartells‘ eine Versammlung der Arbeitslosen im Baugewerbe, Maurer, Zimmerer, Töpfer, Maler, Stuckateure, Tapezierer, Bauarbeiter u.s.w. stattgefunden hatte. Auf etwa 3 000 Personen schätzt ein Berichterstatter die Zahl derer, welche den großen Saal der Brauerei füllten. Der Maurer Blaurock erstattete den Bericht über den Empfang einer Abordnung, welche sich im Auftrage des Bauarbeiter-Kartells zum Oberbürgermeister von Forckenbeck begeben hatte, um für die arbeitslosen Bauarbeiter Beschäftigung zu erbitten. Der Oberbürgermeister habe die Abordnung gar nicht vorgelassen; diese habe sich dann zu dem Bürgermeister Zelle begeben, sei aber auch hier nicht vorgelassen worden und an den Stadtbaurath Blankenstein gewiesen. Mit diesem habe die Abordnung selbstverständlich nichts zu thun haben wollen. Ueber den Bericht entspann sich eine lebhafte Debatte, in welcher allerseits von einer öffentlichen Kundgebung abgerathen wurde. Regierungsbaumeister Keßler warnte ebenfalls vor Straßenkundgebungen, welche Anlaß geben könnten, das bekannte Wort: ‚die Flinte schießt, der Säbel haut‘ zu verwirklichen. Zur Rede des Kaisers beim Festmahl des Brandenburgischen Landtages bemerkte Herr Keßler, daß die Arbeiter nicht daran dächten, auszuwandern und den Staub von ihren Füßen zu schütteln, das wollten sie Anderen überlassen, wenn für diese dereinst der Tag gekommen sein werde, das Land zu verlassen. Die Versammlung faßte hierauf einstimmig eine Resolution, deren erster Theil lautet: ‚Die Versammlung fordert die städtischen und staatlichen Behörden auf, in Anbetracht der großen Noth und des herrschenden Elends, welches unter den Bauhandwerkern herrscht, auch dafür zu sorgen, daß sofort die städtischen und staatlichen Bauten in Angriff genommen werden, um dadurch der augenblicklichen Noth etwas zu steuern.‘ (…) Die Versammlung trennte sich gegen 12 1/2 Uhr mit Hochrufen auf die Sozialdemokratie. Trotz der eindringlichen Warnungen, die in der Versammlung laut geworden waren, kam es hierauf auf der Straße zu Kundgebungen, die schon an der Brauerei ihren Anfang nahmen, dann sich weiter fortpflanzten und leider nicht ohne arge Ausschreitungen verlaufen sind. Wir haben darüber Folgendes ermittelt:

Nachdem die Leute das Versammlungslokal verlassen hatten, traten sie einzeln und in kleinen Trupps den Weg nach der Stadt an, fanden dann Anschluß an einander, rotteten sich zu einem Zuge zusammen und erschienen kurz vor ein Uhr nachmittags in einer Stärke von ungefähr 1 000 Mann auf dem Alexanderplatz. In einem ziemlich kompakten Zuge, dem sich viele anschlossen, die zufällig auf der Straße waren und die weitere Entwicklung der Kundgebung verfolgen wollten, marschirten die Leute, die Arbeitermarsellaise singend und rothe Taschentücher schwenkend durch die Königstraße zum Rathhause. Hier wurde ein Augenblick Halt gemacht. Hochrufe mischten sich in Rufe nach Arbeit und Brod, doch machte die Demonstration in diesem Stadium nicht den Eindruck einer ernsten Sache und verursachte nur einige Verkehrsstockungen, die beseitigt wurden, als die Theilnehmer am Zuge mit ihrem Gefolge die Kurfürstenbrücke überschritten hatten, und auf dem Schloßplatz angelangt waren. Hier wiederholten sich die Rufe, die man vor dem Rathhause gehört hatte, und gelegentlich wurde auch ein Hoch auf das Proletariat ausgebracht. (…) Während des ganzen Nachmittags bis zum späten Abend wiederholten sich diese Exzesse, an denen sich sehr viele halbwüchsige Burschen betheiligten. Einen ernsten Charakter nahmen die Ausschreitungen gegen 7 Uhr Abends im Osten der Stadt an. Dort erschienen plötzlich in der Köpenicker Straße unerwartet ein paar Hundert Männer und Burschen und schlugen die Schaufenster ein, wenn den Ladenbesitzern nicht geglückt war, die Jalousien in aller Eile herunter zu lassen. Viele Läden in der Köpenicker Straße, zwischen der Köpenicker Brücke und der Michaelkirchstraße, sind geplündert worden (…)"

## Neue Preußische (Kreuz) Zeitung, 27. Februar 1892, Nr. 97, Morgenausgabe

„Wie uns von einem zuverlässigen Berichterstatter gemeldet wird, hat man gestern in verschiedenen liberalen Kreisen die Köpfe zusammengesteckt und der Schadenfreude Ausdruck gegeben, daß einen Tag nach dem Bekanntwerden der Kaiserrede die Demonstration der Arbeitslosen vor dem Königlichen Schlosse erfolgt sei. Selbstredend haben diese beiden Dinge nicht den mindesten Zusammenhang. Se. Majestät hat in der Ansprache an den Brandenburgischen Provinzial-Landtag ganz gewiß nicht an die Arbeiter gedacht, die Bemerkung: ‚den Staub von den Pantoffeln schütteln' weist auf ganz andere Kreise hin. Pantoffeln trägt man z.B. in der Studirstube, und von gewissen Studirstuben geht auch in letzter Instanz hier Hetze gegen das Volksschulgesetz aus. Dieses Gesetz kümmert aber die Arbeitslosen, deren Forderung, betreffend Inangriffnahme städtischer Arbeiten, uns überhaupt diskutirbar dünkt, gewiß in letzter Linie. Wir sind keineswegs geneigt, diese Leute, trotz ihres ungehörigen Auftretens, so sehr scharf zu beurtheilen. Wenn jemand Weib und Kind hungern sieht, dann thut er manches, was er sonst unterlassen würde; deshalb ist ihm auch viel zu gute zu halten. Der satte Liberalismus hat immer, wenn er die Massen aufgehetzt hatte, bei ihren Excessen à la Pontius Pilatus die Hände in Unschuld gewaschen. Das moderne Professorenthum verkündet bis auf den heutigen Tag den Unglauben (…) Dieser ungläubige Professoren- und Kapital-Liberalismus ist der wirkliche Vater der Gährung, welche sich in der autoritätsfeindlichen Menge zeigt. (…)"

„Die Demonstration der Arbeitslosen

*S.* Bei den Straßenkrawallen, die sich auch heute (Freitag) fortsetzten, machte, wie schon mitgetheilt, die Schutzmannschaft zweimal, und zwar um 11 Uhr Vormittags und um 1 Uhr Nachmittags Unter den Linden von der blanken Waffe Gebrauch. Bei dem letzteren Angriff wurden die Ruhestörer nach dem Schinkelplatze gedrängt und hier von zwei Seiten – südlich durch den Polizei-Lieutenant v. Maltzahn, nördlich durch den Polizei-Lieutenant Lange – durch Polizei angegriffen. Hierbei versuchten sie, sich zwischen und auf den dort haltenden Pferdeeisenbahnwagen zu retten, wurden aber aus ihren Verstecken herausgeholt und vertrieben. Natürlich fiel manch blutiger Hieb seitens der Beamten, aber auch der Schutzmann Zadel wurde durch einen Steinwurf oder einen Hieb am Schienbein verletzt. Am Opernplatze setzte es gleichfalls blutige Köpfe; hier wurden auch zwei Schutzmänner durch Messerstiche – wenn auch nur leicht – verletzt. Als der Kaiser bald nach 4 Uhr vom Thiergarten nach dem Schloß zurückritt, wurde er unter den Linden wiederum mit enthusiastischen Zurufen empfangen. In diesem Augenblicke versuchte eine Horde von etwa 200 halbwüchsigen Bengeln durch Johlen und Pfeifen einen Skandal hervorzurufen, wurde aber sofort durch die Polizei zerstreut. (…)"

### Königlich privilegirte Berlinische Zeitung
### (Vossische Zeitung), 27. Februar 1892, Abendausgabe

„(…) Ein Berichterstatter schreibt: Die Sanitätswache in der Blumenstraße hatte gestern Abend alle Hände voll zu thun, um diejenigen zu verbinden, welche Säbelhiebe und -Stiche davongetragen hatten. Der 11jährige Knabe Paul W., der Sohn eines Brunnenbauers im Hause Blumenstraße 67a, mußte nach dem städtischen Krankenhause im Friedrichshain gebracht werden. Der Junge hat sich zweifellos an der Zertrümmerung von Schaufenstern betheiligt, mit der Hand in eine Scheibe geschlagen und sich dabei das Fleisch des rechten Armes vom Puls bis zum Ellenbogen hinauf aufgerissen. In der Blumenstraße, in welche um 6 Uhr ein aus mindestens 500 Köpfen bestehender Trupp von der Alexanderstraße her einbog, ging es sehr ernst zu. Glas- und Porzellanscherben von zerschlagenen Schaufenstern und Lampen bezeichneten den Weg, den die Menge nahm. Wo ein Rollfenster nicht schnell genug herabgelassen wurde, flogen Steine und Knüttel in die Scheiben. (…)

In der Gegend der Köpenicker Brücke kam es zu besonders umfangreichen Ausschreitungen, mit Plünderungen. In den Zigarrenladen des Herrn Emil Bartels, Engelufer 1a, wurden große Felssteine geworfen und nachdem die außerordentlich starke Spiegelscheibe des Schaufensters zertrümmert war, wurden die hinter dem Fenster aufgestapelten Zigarren herausgenommen und auf die Straße geworfen. Mehr als 10 000 Zigarren sind gestohlen worden. (…) Das Zerstörungswerk wurde weiter fortgesetzt, nahezu ein Dutzend Schaufenster und viele Schaukästen wurden von der Menge noch zertrümmert, bis es endlich der anrückenden Schutzmannschaft gelang, die Straße zu säubern.

Nur mit knapper Noth wurde ein Schutzmann, der in der Michaelkirch-straße einen der bedrohten Läden zu schützen versuchte und dabei mit dem Säbel auf die Masse einhieb, vor der Gefahr des Ertränktwerdens gerettet. Er war trotz verzweifelter Gegenwehr von den Wüthenden gefaßt und unter den Rufen: ‚Den Hund ersäufen wir‘, nach der nahen Brücke geschleppt worden und sollte in den Louisenstädtischen Kanal geworfen werden, als zum Glück ein Trupp reitender Schutzleute herannahte und den Bedrängten befreite, der blutend aus vielen Wunden nach dem nächsten Polizeirevier gebracht wurde. (…)“

**Neue Preußische (Kreuz) Zeitung, 27. Februar 1892, Nr. 98**
„Die Demonstration der Arbeitslosen

*B.S.* Über die schon kurz erwähnten Ausschreitungen vom Freitag Abend meldet ein Berichterstatter: Schon am Nachmittage zeigten sich in der bisher ruhigen Stadttheilen Leute, die in großen Schaaren nach den Linden zogen und wiederholt hörte man den Ruf: ‚Am Abend geht es hier los‘. Die Mannschaften der Revierwachen wurden in der Großen Hamburger-Kaiser-Wilhelm- und Linienstraße bereitgehalten, die Posten auf den Hauptstraßen des Nordens, der Rosenthaler- und Brunnenstraße verstärkt und Hülfs-Abtheilungen in einzelnen Häusern aufgestellt. Um 6 1/2 Uhr Abends kam ein großer Trupp halbwüchsiger Burschen durch die Mulack und Rosenthaler Straße nach dem Rosenthaler Thor, traf an der Linien straße auf einen zweiten, etwa 300 Köpfe zählenden Trupp und nun ging es im Sturmschritt unter lautem Geheule nach dem Thore zu, wo ihnen eine Abtheilung Schutzleute entgegentrat. Gleich vorn an der Brunnen straße kam es zu einem Handgemenge, wobei die Burschen mit Knüppeln und Steinen die Schutzmänner bedrängten, die darauf mit Säbelhieben antworteten. An dieser Stelle war es, wo das Publikum entschieden für die Beamten Partei nahm und sich an der Vertreibung des Gesindels betheiligt te. Hier ereignete es sich auch, daß ein etwa 20 Jahre alter Strolch, der sich durch wüstes Gebrüll besonders hervorthat, plötzlich auf die Schultern eines Kollegen kletternd, laut schrie: ‚Es lebe die Sozialdemokratie!', wobei er ein rothes Taschentuch schwenkte. Dabei erging es ihm aber übel, denn mehrere von der Arbeit kommende Schmiede holten sich den Schreier herunter und prügelten ihn jämmerlich durch, weil sie, wie sie dem Publikum versicherten, ihre Partei nicht durch so einen frechen Lumpen beschimpft sehen wollten. (…)"

„S. Als Theilnehmer an den Donnerstagsexcessen sind noch einzelne Personen eingeliefert worden unter schwereren und leichteren Anschuldigungen. Zwei von diesen haben sich an den Plünderungen betheiligt, der Maurer Blankenburg in einem Bäckerladen, der Schuhmacher Förster in einer Destillation. Letzterer hatte noch eine Flasche Cognac bei sich. Bei mehreren beschränkt sich die Schuld darauf, daß sie in die Menschenhaufen hineingerufen haben: ‚Haut ihn', was als Aufforderung zu Gewaltthätigkeiten betrachtet wird. Einer der Verhafteten hat sich einer Majestätsbeleidigung schuldig gemacht. Die Ansammlungen haben heute im Lustgarten nach ein Uhr wieder begonnen. (…)"

**Vorwärts, 27. Februar 1892**
„An die Arbeiter Berlins! Im Laufe des gestrigen Nachmittags und Abends haben Straßentumulte stattgefunden, die einen weit größeren Umfang annahmen, als die ersten Nachrichten vermuten ließen, und die ein Eingreifen der Polizei in großem Maßstab zur Folge hatten. (…)
Wir richten an sämtliche Arbeiter und speziell an unsere Parteigenossen die dringende Aufforderung, ihren ganzen Einfluß dahin aufzubieten, daß jeder Arbeiter diesen Ansammlungen fernbleibe. (…)
Von diesen Tumulten haben einzig die Gegner des klassenbewußten Proletariats den Vorteil, die bereits am Werke sind, um die Vorkommnisse zu ihrem Nutzen und zum Schaden der Arbeiterklasse auszubeuten.
Arbeiter, Parteigenossen! Seid auf der Hut und laßt Euch durch noch so berechtigten Unmut nicht verleiten, Handlungen zu begehen oder zu begünstigen, die sowohl zu Eurem persönlichen Schaden, wie zum Schaden der gesamten Arbeiterbewegung ausschlagen müssen. Exzesse und Krawalle können den berechtigten Bestrebungen der Arbeiterklasse nur zum Nachteil gereichen, und ein Feind seiner eigenen Klasse ist jeder Arbeiter, der sich an solchen Vorkommnissen beteiligt oder sie auch nur moralisch unterstützt.
Kein Zweifel, daß klassenbewußte Arbeiter sich an jenen Vorgängen, welche heute und gestern Berlin in Aufregung versetzten, nicht beteiligt haben. Die Arbeiterschaft Berlins wird, dessen sind wir sicher, auch ferner ihren Ehrenschild blank erhalten, sie wird in klarer Erkenntnis der proletarischen

Interessengemeinschaft von Tumulten sich fernhalten, deren verhängnisvolle Folgen nicht bloß sie, sondern die ganze Arbeiterklasse zu tragen hätte. Arbeiter! Eure Pflicht, Euer Interesse gebietet Euch, unserer Mahnung zu folgen! Die sozialdemokratischen Stadtverordneten Berlins haben heute die Einberufung einer außerordentlichen Versammlung zur Beratung folgenden dringlichen Antrags bei dem Stadtverordneten-Vorsteher beantragt:

Die Stadtverordneten-Versammlung wolle beschließen, den Magistrat zu ersuchen: schleunigst durch Inangriffnahme städtischer Erd- und Bauarbeiten dafür Sorge zu tragen, daß die in Berlin befindlichen Arbeitslosen sofort Beschäftigung erhalten.

Singer, Borgmann, Gnadt, Herzfeld, Henke, Höhne, Klein, Sabor, Stadthagen, Tempel, Tutzauer, Vogtherr, Dr. Zadek, Zubeil.

Aus was für Elementen setzt sich die bei solchen Krawallen in Aktion tretende Masse zusammen? In jeder Großstadt ist ein aus verschiedensten gesellschaftlichen Schichten stammendes Lumpenproletariat aufgehäuft, die Menge der Deklassierten, der Verelendeten und Verkommenen, Verbrecher, Raufbolde, Zuhälter, jene sozialen Gruppen, die abwechselnd von Zuchthauskost und Armenkost ihr tägliches Dasein fristen. Bei jeder Krisis erscheinen die Gestalten des Lumpenproletariats, tauchen auf aus ihren Verstecken und Spelunken, zu jedem Exzesse bereit, für alles zu haben, zu allem fähig, heute Paradebummler, morgen die Marodeure bei irgend einer Demonstration. Neben diesen figurieren die tiefststehenden Bruchteile der nichtorganisierten Arbeiter, die, noch nicht erfüllt von dem proletarischen Klassenbewußtsein, in tiefem Ingrimm über ihre elende Lage, ohne Einsicht in die wahren Ursachen ihres Elends, zu törichten Kundgebungen sich hinreichen lassen, ein Spielball ohne Widerstandsfähigkeit und Urteil. Und weiter die halbwüchsigen Burschen, die jede Gelegenheit zum Radau mit Freude begrüßen. (…)"

## Neue Preußische (Kreuz) Zeitung, 28. Februar 1892, Nr. 99, Morgenausgabe

„Die Demonstrationen der Arbeitslosen

Ueber die Scenen, welche sich während des Spazierrittes Sr. Maj. des Kaisers am gestrigen Nachmittag im Thiergarten abspielten, sind (…) heute von einem zuverlässigen Augenzeugen noch folgende interessante Einzelheiten mitgetheilt worden, die wir hier noch nachtragen wollen. Derselbe schreibt: ‚Ein nicht aufschiebbarer Besuch rief mich gestern Nachmittag gen Moabit. (…) Etwa am Kreuzungspunkte der Charlottenburger Chaussee mit der Siegesallee angekommen, bemerkte ich die zuerst genannte Kunststraße von dichten Menschenmassen umlagert, aus denen heraus viel hundertstimmiges Geschrei ertönte. Als ich die Chaussee fast erreicht hatte, bemerkte ich zwischen den Bäumen hindurch eine kolossale Menschenmenge, die sich im Trabe auf der Chaussee und neben derselben, zwischen den Bäumen des Parkes, bewegte. Dazwischen einige Schutzleute zu Fuß auch im Trabe, und, noch vereinzelter, Berittene. Der Kaiser, in Kürassieruniform, gefolgt von zwei Adjutanten, ritt in kurzem Trabe spazieren! Das zahlreiche Publikum grüßte freudig erregt, die Damen machten die tiefsten Knixe – als plötzlich, woher sie kam, ist mir trotz aller Sammlung meiner Geisteskräfte noch jetzt unmöglich zu begreifen, eine Wolke von Menschen zu beiden Seiten des Kaisers und vor demselben auftauchte, die mit dem lauten Geschrei ‚Arbeet, Arbeet, Arbeet!‘ den Monarchen begleitete und vor dem Pferde desselben, immer rückwärts sich umschauend, einher trabte. Die nur in geringer Zahl anwesende Schutzmannschaft sprengte wiederholt die johlende Menge und griff einzelne, namentlich von den ‚Vorder-Läufern‘ heraus, ohne jedoch dem gerade nicht schönen Bilde ein besseres Ansehen geben zu können. Das bessere Publikum verdoppelte seine Sympathie Kundgebungen, während der Monarch mit aller Ruhe durch freundlichen Gruß dankte, aber – es blieb kein schönes Bild, wie der wüste Haufe halbwüchsiger Bürschchen sich so breit machte. Der Kaiser kehrte dann um und ritt, ohne die Gangart seines Pferdes irgendwie zu ändern, denselben Weg wieder zurück. Das Hurrahrufen wurde stärker, je näher die kleine Kavalkade dem Brandenburger Thore kam, aber auch das wüste Geschrei der ‚Arbeet, Arbeet!‘ johlenden Menge, von welcher auch nicht ein einziger – meinem Dafürhalten nach – sich jemals mit ehrlicher Arbeit abgegeben haben dürfte, ertönte ohne Unterlaß weiter. (…)“

## Neue Preußische (Kreuz) Zeitung, 29. Februar 1892, Nr. 100, Morgenausgabe

„Die Demonstration der Arbeitslosen
Der gestrige Sonntag ist im großen und ganzen ruhig verlaufen. Die Straßen zeigten das gewöhnliche Sonntagsbild, wie es sich bei schönem Wetter immer gestaltet; vielleicht, daß die Erwartung, ‚es könnte was los sein‘, eine größere Menschenmenge als sonst auf die Beine gebracht hatte. Diese sammelte sich vornehmlich in der Straße Unter den Linden. Das Gesindel, das sich während der letzten Tage namentlich im Lustgarten aufgehalten, war nur einzeln hier und da vertreten. (…)“

## Königlich privilegirte Berlinische Zeitung (Vossische Zeitung), 1. März 1892

„Von einem Arzte wird uns geschrieben: ‚Gelegentlich der bedauerlichen Zusammenstöße, welche in den letzten Tagen zwischen dem Berliner Janhagel und der Polizei stattfanden, gestatten Sie einem Arzt, der Gelegenheit hatte, einige von den Säbelhieben der Beamten Getroffene zu behandeln, wenige Worte über den unzweckmäßigen Gebrauch der Waffe seitens der Schutzmannschaft. Wiewohl die letztere, vielleicht entsprechend einer erhaltenen Instruktion, bestrebt war, mit flacher Klinge zu schlagen, haben doch einige ernste Verletzungen stattgefunden, welche von scharfer Waffenführung herrühren.

In einem dem Schreiber zur Behandlung gekommenen Falle ist die Verwundung so schwer, daß das Leben der Betroffenen augenblicklich gefährdet erscheint. Der Schlag des Säbels hat hier in einer Ausdehnung von etwa 8 cm in scharfem Schnitte die Kopfhaut, das Schädeldach und in geringerer Ausdehnung auch die Hirnhaut getrennt, so daß das Gehirn frei zu Tage trat.

Der Schreiber dieses ist der Ansicht – die vielleicht auch von der oberen Polizeibehörde geteilt wird –, daß derartige das Leben gefährdende Verletzungen durchaus nicht nötig sind für den Zweck, die gestörte öffentliche Ruhe herzustellen, daß vielmehr ein meist weniger verletzender Hieb mit flacher Klinge vollkommen ausreichend ist, um den einzelnen für weitere Störungen unfähig zu machen und unter den anderen Tumultanten einen heilsamen Schrecken zu verbreiten (…)"

## Neue Preußische (Kreuz) Zeitung, 1. März 1892, Nr. 102

„- *dr* Berlin, 29. Februar. Eine von etwa 5 000 Personen besuchte anarchistische Volksversammlung, wohl die erste in Berlin, fand heute Abend in dem an der Brunnen- und Invalidenstraßenecke belegenen Henselschen Salon statt. Schuhmacher Lau eröffnete die Versammlung und forderte die Versammelten auf, ein Bureau zu wählen, Buchbinder Steinkopf aber bemerkte: In einer anarchistischen Versammlung werde kein Bureau gewählt, es dürfte genügen, wenn der Einberufer mit der Leitung der Versammlung betraut werde. (…)

Als Thema des Abends war der ‚Anarchismus‘ angekündigt. Den Grundsätzen der Anarchisten gemäß war kein Referent bestellt, sondern man trat sogleich in die Debatte ein. Der erste Redner Sattler Börner meinte, daß die anarchistische Bewegung in Berlin bereits zu einer gewissen Geltung gekommen sei. Er leugne nicht, daß die Anarchisten die Propaganda der That erstrebten, allein dieses Bestreben hätte jede politische Partei, die im öffentlichen Leben Raum haben wollte. Bis zum Erlaß des Sozialisten-Gesetzes sei auch die alte sozialdemokratische Partei revolutionär gewesen, jetzt sei sie längst eine parlamentarische Partei geworden, die mit den bürgerlichen Klassen Kompromisse schließt. Die sozialdemokratische Partei sei weder willens noch fähig, den Unterschied zwischen arm und reich aufzuheben, auch in ihr werde das Individuum geknechtet.

Schriftsetzer Schmiowski erklärt, nur das Wort genommen zu haben, weil seit einiger Zeit in Berlin Elemente auftauchen, die bestrebt seien, die Arbeiterbewegung zu zersplittern und den Sozialismus in seinem Siegeslauf aufzuhalten. (Große Unruhe.) Die Frage des Anarchismus kann die Arbeiterklasse gar nicht interessiren. (Widerspruch.) Die Arbeiter sind vor dem Anarchismus nur zu warnen, denn dieser will ihnen ihre Organisation zerstören (…)

Zigarrenmacher Herrmann wendet sich in sehr heftigen Ausdrücken gegen die Art und Weise, wie der ,Vorwärts' über arbeitslose Excedenten schreibe. (Rufe: Schmutzblatt!) Eine parlamentarische Partei habe allerdings alle möglichen Rücksichten zu nehmen. Die Redakteure des ,Vorwärts' sollten doch aber wissen, daß die ,Lumpen-Proletarier' höchst-bedauerliche Geschöpfe seien, die durch die heutigen Zustände in diese traurige Lage gerathen seien. (…)"

**Neue Preußische (Kreuz) Zeitung, 4. März 1892, Nr. 107, Morgenausgabe**

„Stadtverordneten-Versammlung. Oeffentliche Sitzung.

- *ap* Berlin, 3. März. Vorsteher Dr. Stryck eröffnet die Sitzung um 5 1/2 Uhr. (…)

Stadtv. Singer stellt darauf den Antrag, den von ihm und seinen Freunden gestellten ,dringlichen' Antrag, betreffend die schleunige Inangriffnahme städtischer Erd- und Bauarbeiten, vorweg zu verhandeln.

Stadtv. Spinola hält die Sache nicht dazu angethan, deswegen eine Abweichung von der Tagesordnung vorzunehmen, worauf Stadtv. Singer noch einmal auf die Wichtigkeit des Antrages und darauf hinweist, daß es doch wohl besser sein würde, wenn derselbe verhandelt würde, während die Versammlung sich noch in völliger geistiger Frische befindet.

Der Antrag Singer wird abgelehnt. (…)

Es folgt der dringliche Antrag des Stadtv. Singer und Genossen, betr. die schleunige Inangriffnahme städtischer Bau- und Erdarbeiten. Derselbe wird nach eingehender Begründung des Stadtv. Singer durch Uebergang zur Tages-Ordnung erledigt. – Schluß der Sitzung 1/2 Uhr."

**Der Sozialist, 6. März 1892**

„Die Bewegung der Berliner Arbeitslosen

Die Versammlung vom 25.2.1892 der arbeitslosen Bauhandwerker war von mindestens 3000 Personen besucht. Regierungsbaumeister Keßler hielt einen ziemlich matten Vortrag, der in eine ebenso lendenlahme Resolution ausklang. Im übrigen verlief aber die Versammlung mehr oder weniger erregt – angesichts der sozialen Misere kein Wunder! Besonderes Mißfallen erweckte die Mitteilung, daß eine Deputation der beschäftigungslosen Bauarbeiter beim Magistrat vorstellig geworden sei, aber nichts erzielt habe. Die verschiedenen Redner erklärten die bürgerliche Gesellschaft für unfähig, die Arbeitslosigkeit zu steuern. Von einer Straßendemonstration wurde ausdrücklich abgeraten. Als jedoch die Versammelten den Saal verließen, fanden sie draußen im Friedrichshain jene wogende Menschenmenge vor, die infolge mehrfachen Einschreitens der Polizei ziemlich aufgeregt war. Die Versammlungsbesucher vereinigten sich mit den hier Harrenden zu einer tausendköpfigen Masse. Der Gedanke einer Straßendemonstration lag nahe, wenn eine solche auch ursprünglich nicht geplant war. Als dieser Gedanke von einzelnen ausgesprochen wurde, fand er naturgemäß bei allen begeisterten Anklang. Der ‚Reichsbote‘ berichtet von Rufen, wie: ‚Wir wollen nach dem Schloß!‘ – ‚Zum Kaiser, er soll uns sehen, wir sind friedliebende Staatsbürger, die verhungern müssen!‘

Unter den Klängen der Marseillaise marschierten dann die Manifestierenden durch die Königsstraße, über den Alexanderplatz und dem Rathause vorüber. Hier wurde drohend nach ‚Arbeit‘ gerufen. Und weiter ging es, über die Kurfürstenbrücke nach dem Schloßplatz und der Schloßfreiheit, wo die Massen sich riesig stauten. Tausendstimmig ertönte es: ‚Brot! Brot!‘ – ‚Wir verlangen Brot!‘ – ‚Arbeit wollen wir haben: wir haben das Recht auf Arbeit!‘ – ‚Es lebe das Proletariat!‘ (…)“

## Königlich privilegirte Berlinische Zeitung (Vossische Zeitung), 7. März 1892

„Das Zentralorgan der sozialdemokratischen Partei ist mit den Unruhestiftern der letzten Straßenkrawalle scharf ins Gericht gegangen. Dies Vorgehen hat die unabhängigen Sozialisten veranlaßt, am Sonntag in zwei Volksversammlungen gegen den ‚Vorwärts‘ und die sozialdemokratische Parteileitung Stellung zu nehmen. Im Saal der ‚Brauerei Friedrichshain‘ waren bei Beginn der Versammlung ungefähr 800-900 Personen anwesend. Ein anarchistischer Vorschlag, kein Büro zu wählen, wurde verworfen. Erster Redner war Maler Buhr. Dieser führte aus: Der Krawall sei hervorgerufen durch die heutigen wirtschaftlichen Verhältnisse, der Hunger sei der Urheber gewesen. Bei der vorherrschenden Arbeitslosigkeit könne jeder Arbeiter leicht zum Lumpenproletarier werden. Es komme gar nicht in Betracht, wie man über die Zerstörung (den Ausdruck Plünderung scheint man vermieden zu haben. Red.) von Eigentum denke, man könne das verurteilen, ohne deshalb in die schmutzige Sprache des ‚Vorwärts‘ zu verfallen. Das sozialdemokratische Blatt hätte die bürgerliche Gesellschaft auf die Anklagebank fordern sollen (stürmischer Beifall); denn diese beschwöre solche Katastrophen herauf. Die sozialdemokratischen Führer vertrösten ständig auf die Zukunft, das Proletariat solle warten, bis man durch politische Reden Gesetze geschaffen habe. Durch politische Reden werde sich aber die Umwälzung der bürgerlichen Gesellschaft nicht vollziehen, sondern durch Organisation des Klassenkampfes auf wirtschaftlichem Gebiet; für diesen müßten die Massen begeistert werden. (Großer Beifall!)"

## Königlich privilegirte Berlinische Zeitung (Vossische Zeitung), 19. März 1892

„Vor der zweiten Strafkammer hiesigen Landgerichts I begannen heute die Verhandlungen gegen die Straßen-Tumultanten vom 25. und 26. Februar. Den Vorsitz führt Landgerichtsdirektor Brausewetter, die Anklage vertritt Assessor Dr. Strebler, die Verteidigung führen die RA. Wronkler, Dr. Bonk, Morris, Dr. Schwind, Ratkowski und die Referendare Dr. Sudheim, v. Spitzenberg und Dr. Barnau. Die Verhandlungen finden im großen Schwurgerichtssaale statt. Angeklagt sind folgende 22 Personen: Bäcker Franz Edmund Dick, Bäckerlehrling Max Voigt, Maurer Christoph Pfister, Arbeiter Albert Kampf, Bildhauer Paul Prochnow, Arbeiter Paul Tiokan, Schlächter Carl Menzel, Barbier Adolf Klemm, Maurergeselle Gustav Kickel, Maurer Wilhelm Stahn, Arbeiter Carl Wilh. Fritz, Arbeiter Otto Döring, Maurer Max Carl Blankenburg, Malergehilfe Harder, Droschkenkutscher Glatz, Arbeiter Schulz, Zimmerlehrling Gürke, Maurer Marguse, Arbeitsbursche Putzke, Bäckergeselle Wilhelm Schmidt, Arbeiter Mist, Arbeiter Ebert. Sämtliche Angeklagte befinden sich in Haft. Die Anklage beschuldigt die einzelnen verschiedener Straftaten: der Teilnahme an einer Zusammenrottung von Menschen, welche mit vereinten Kräften gegen Personen und Sachen Gewalttätigkeiten verübten, des Widerstandes gegen die Staatsgewalt, der Aufforderung zum Widerstande vor versammelter Menschenmenge, der Majestätsbeleidigung, der Beleidigung der Schutzmannschaft, der Aufreizung zu Gewalttätigkeiten und der Teilnahme an einer Zusammenrottung, welche Plünderung verübte. Einige werden beschuldigt, an einer Zusammenrottung sich beteiligt zu haben und nach der dritten an sie ergangenen Aufforderung sich nicht entfernt zu haben. – Die Angeklagten, welche der Mehrzahl nach unbestraft sind, stehen zumeist im Alter von 19 bis 22 Jahren, nur einer ist über 30 Jahre alt. Zwei der Angeklagten sind sogar erst 16 Jahre alt und der eine von ihnen, Bäckerlehrling Voigt, welcher einen Stein in eine Fensterscheibe geworfen und Steine aufgesammelt und anderen zugereicht haben soll, macht seine Aussagen unter fortgesetztem kindlichen Weinen. Auch unter den Zeugen befinden sich mehrere 9 und 12jährige Jungen. Zur Anklage stehen die Ruhestörungen am 25. und 26. Februar.

Von den unter Anklage gestellten Vergehen ist zu erwähnen, daß einige der Beschuldigten durch den wiederholten Ruf ‚Haut ihn!' die Menge zum Angriff gegen die Polizei aufzureizen versucht haben sollen. Bei dem Auflauf am 26. Februar Nachmittags im Lustgarten soll sich der Angeklagte Fritz einer Majestätsbeleidigung schuldig gemacht haben. Bei einer Plünderung in der Auguststraße namentlich auch der Angekl. Blankenburg durch Wegnahme einer größeren Menge Wurst sich beteiligt haben. Die Zahl der Zeugen beträgt 49. Die Angeklagten bestritten fast sämtlich ihre Schuld, und da, wo sie dieselbe angaben, behaupten sie, daß sie angetrunken gewesen oder nur aus Neugierde und wider ihren Willen in den Menschenstrom mit hineingerissen worden seien. Der Vorsitzende bemerkt hierzu wiederholt, daß dies ja gerade das Schlimme bei solchen Vorkommnissen sei, daß, wenn 200 Strolche sich zusammenrotten, sich noch 100 andere Personen hinzugesellen, in diese Weise den Schutzleuten ihre Aufgabe erschweren und schließlich sich auch noch zur Widersetzlichkeit hinreißen lassen, wenn sie von den Beamten die Weisung erhalten, sich zu entfernen. Pflicht jedes anständigen Menschen sei es, sich von solcher Rotte möglichst fern zu halten. Die Beweisaufnahme ist überaus einfach. Die Schutzleute und die übrigen Augenzeugen bekunden ihre Wahrnehmungen bei dem Krawall in ganz knapper Form. Durch diese Zeugenaussagen werden die verschiedenen Angeklagten in der von der Anklagebehörde behaupteten Weise bezichtigt. Einer hat der Aufforderung der Schutzleute zum Weitergehen keine Folge geleistet, ein anderer hat dumme Redensarten gemacht, ein dritter ‚Haut ihn!' gerufen, ein vierter hat gerufen ‚Dumme Schutzleute! Wir sind auch Unteroffiziere gewesen!', ein fünfter hat Fensterscheiben zertrümmert etc. Von dem einen Angekl. Voigt behaupten trotz seines weinerlichen Widerspruchs mehrere Zeugen, daß sie genau gesehen, wie derselbe Steine zum Einwerfen der Schaufenster gesammelt und sie den erwachsenen Personen zugereicht habe. Der Angekl. Prochnow ist verhaftet worden, weil er auf die Aufforderung zum Weitergehen dem Schutzmann ins Ohr brüllte: ‚Ich will Arbeit haben!' Pfister soll, als einige Schaufenster zertrümmert wurden, die Menge durch den Ruf aufgereizt haben: ‚Das ist ganz recht; wenn wir nur Steine rausreißen könnten!' (Fortsetzung folgt.)"

## Königlich privilegirte Berlinische Zeitung (Vossische Zeitung), 20. März 1892

„Über den weiteren Fortgang der Gerichtsverhandlung gegen die Straßentumultanten vom 25. und 26. Februar ist zu berichten:
(…) Die geistigen Urheber der Krawalle seien leider nicht gefaßt worden, sie hätten in so kluger Weise das Gift unter die Massen gebracht, daß sie

strafrechtlich nicht zu fassen seien. Die Bilder, die diese Verhandlung zu Tage gefördert, seien nur ein schwacher Abglanz der wirklich vorgekommenen aufrührerischen Szenen. Der Schaden, der durch die Gewalttätigkeiten v!BCFNVsei groß gewesen und über die Gefährlichkeit solcher Zusammenrottungen könne kein Zweifel obwalten. Daß der Verlauf der ganzen Unruhen nicht viel bedenklicher geworden, sei der Energie und der Umsicht der Polizeimannschaften zu danken. Aus der ursprünglich beabsichtigten Demonstration unzufriedener Menschen seien Angriffe gegen das Eigentum geworden, dann sei Widerstand gegen die Staatsgewalt gefolgt, daran schloß sich die Aufforderung zum Klassenhaß und schließlich die Beleidigung des Kaisers. (…) Die Verteidiger R.-A. Ratkowski, Morris, Dr. Schwindt, Wronker, Dr. Bonk führten im wesentlichen aus, daß die Strafen viel zu hoch seien, namentlich gegenüber den noch unter 18 Jahren stehenden Angeklagten. Es handele sich hier durchweg nicht um die viel erwähnten ‚Ballonmützen‘, um professionierte Radaubrüder, sondern um sonst ruhige, arbeitsame Leute, welche teils aus übel angebrachter Neugierde, teils aus der den Berliner Jungen angeborenen gewissen Schnoddrigkeit in das Menschengewühl mit hineingeraten waren und nun mit geschrien und getobt hatten, ohne sich der Tragweite ihres Handelns recht bewußt zu sein und ohne einen verbrecherischen Willen zu haben. Bei einzelnen der Angeklagten beantragten die Verteidiger Freispruch.

Nach 2 1/2stündiger Beratung wird um 6 3/4 Uhr das Urteil verkündet. Der Gerichtshof ist davon ausgegangen, daß es bezüglich des § 125 genügt, wenn die Betreffenden das Bewußtsein gehabt haben, daß sie sich in einer Menschenmenge befinden, die sich zur Verübung von Gewalttätigkeiten zusammengerottet hat und wenn sie trotzdem in dieser Menschenmenge verbleiben. Von diesem Gesichtspunkte aus hat der Gerichtshof den minderjährigen Lehrling Voigt, welcher mit einem Stein in ein Schaufenster geworfen, zu 2 Jahren, Tiokan zu 1 Jahr 3 Monaten, Pfister zu 3 Jahren, den minderjährigen Blankenburg zu 2 Jahren, Schmidt zu 3 Jahren, den minderjährigen Burschen Putzke zu 2 Jahren, Schulz zu 3 Jahren 2 Monaten, Ebert zu 3 Jahren Gefängnis und wegen Vergehens gegen die §§ 105 und 113 bzw. 116 die Angekl. Menzel zu 2 Monaten, Dick zu 3 Monaten, Kampf zu 3 Monaten, Prochnow zu 3 Monaten, Klemm zu 6 Monaten, Kickel zu 1 Jahr, Stahn zu 9 Monaten, den minderjährigen Harder zu 4 Monaten, Glatz zu 1 Jahr, Gürke zu 2 Monaten, Marguse zu 1 Jahr Gefängnis, Döring zu 1 Jahr und Fritz wegen Majestätsbeleidigung und Beleidigung der Berliner Schutzmannschaft zu 2 Jahren Gefängnis verurteilt.“

| Chronik der laufenden Ereignisse | |
|---|---|
| | Was geschah an diesem Tage? Beachten Sie (bzw. Beachtet ...), daß das Erscheinungsdatum der Zeitung nicht immer mit dem Datum des berichteten Ereignisses identisch ist! |
| Di 23.02.1892 | |
| Mi 24.02.1892 | |
| Do 25.02.1892 | |
| Fr 26.02.1892 | |
| Sa 27.02.1892 | |
| So 28.02.1892 | |
| Mo 29.02.1892 | |
| Di 01.03.1892 | |
| Mi 02.03.1892 | |
| Do 03.03.1892 | |
| Fr 04.03.1892 | |
| Sa 05.03.1892 | |
| So 06.03.1892 | |
| Mo 07.03.1892 | |
| Sa 19.03.1892 | |
| So 20.03.1892 | |

- Stellt eine Chronik der laufenden Ereignisse auf. Benutzt eure eigene Sprache und übernehmt nicht die Ausdrucksweise und Werturteile der Zeitungen.
- Charakterisiert die Berichterstattung der vier Zeitungen und umschreibt ihre politische Tendenz. Begründet das mit Wortwahl und Werturteil.

*Hilfe:* „Vorwärts" = Zentralorgan der SPD; „Vossische Zeitung" = bürgerlich-liberal; „Neue Preußische Zeitung" (wegen des Eisernen Kreuzes im Titel allgemein „Kreuzzeitung" genannt) = konservativ; „Sozialist" = linkssozialistisch.

● Schreibt eine Geschichte „Arbeitslosen…[-krawalle, -tumulte, -unruhen, -demonstrationen] in Berlin", in die diese Ereignisse eingehen. Beachtet dabei den Unterschied zwischen Chronik und Geschichte.

● Verfassen Sie arbeitsteilig Kommentare zu dem Urteil des Gerichtes aus der Sicht der vier Zeitungen.

## (10) Den Sinn von Aussagen verstehen

Der französische Religionswissenschaftler Ernest Renan (1823-1892) war der liberalen Tradition verbunden. Nach den Erfahrungen des deutsch-französischen Krieges 1870/71 definierte er die Begriffe Nation und Nationalität in einer Rede an der Sorbonne „Was ist eine Nation?" (11. März 1882).

„Eine Nation ist eine Seele, ein geistiges Prinzip. Zwei Dinge, d.h. in Wirklichkeit ein einziges, bestimmen diese Seele, dieses geistige Prinzip. Das eine liegt in der Vergangenheit, das andere in der Gegenwart. Das eine ist der gemeinsame Besitz eines reichen Vermächtnisses von Erinnerungen. Das andere ist die Übereinstimmung im Augenblick, die Sehnsucht, zusammenzuleben, der Wille fortzufahren darin, die Erbschaft, die man empfangen hat, würdig zu verwalten: Der Mensch läßt sich nicht improvisieren. Die Nation wie das Individuum ist das Ziel einer langen Vergangenheit von Anstrengungen, von Opfern, von Hingabe. Der Ahnenkult ist der legitimste von allen. Die Ahnen haben uns zu dem gemacht, was wir sind. Eine heroische Vergangenheit, große Menschen, Ruhm (ich spreche vom wahrhaften): das ist das soziale Kapital, auf dem eine nationale Idee ruht. Gemeinsame Ruhmesstätten in der Vergangenheit, einen gemeinsamen Willen in der Gegenwart zu haben, große Dinge gemeinsam getan zu haben und noch tun zu wollen, das sind die wesentlichen Bedingungen, um ein Volk zu sein. (…)

Eine Nation ist daher eine große Gemeinsamkeit, gebildet durch das Gefühl für die Opfer, die man gebracht hat und man noch bereit ist, zu bringen. Sie setzt voraus eine Vergangenheit, sie sammelt sich in der Gegenwart durch eine greifbare Tatsache: die Übereinstimmung, den klar ausgedrückten Wunsch, das gemeinsame Leben fortzusetzen. Die Existenz einer Nation ist ein täglich erneuertes Plebiszit.

*(Renan, Ernest, Was ist eine Nation? Mit einem Essay von Walter Euchner, Hamburg 1996, S. 34 f.)*

Die nationale Idee beruht auf der heroischen Vergangenheit:

❑ stimme zu
❑ bin unentschieden
❑ lehne ich ab

Eine Nation bildet sich durch die Opfer, die man gebracht hat und di
man noch bringen wird:

❑ stimme zu
❑ bin unentschieden
❑ lehne ich ab

## (11) Auch Begriffe haben eine Geschichte

### 1740

„Nation, lat. *Natio*, Französisch *Nation*, heisset seiner eigentlichen Bedeu
tung nach, so viel, als eine vereinigte Anzahl Bürger, die einerley Gewohn
heiten, Sitten und Gesetze haben. Aus dieser Beschreibung folgt von selbst
daß ein gewisser, grosser oder kleiner Bezirck des bewohnten Erd-Kreises
eigentlich nicht den Unterschied der Nationen ausmache, sondern daß
dieser Unterschied eintzig und allein auf die Verschiedenheit der Lebens
Art und Gebräuche beruhe, folglich in einer oftmahls kleinen Provintz
Leute von unterschiedenen Nationen bey einander wohnen können
Schwerlich wird sich z.E. jemand zu behaupten unterstehen, daß di
Wenden, ob sie gleich annoch, und zwar fast mitten in Deutschland, in
einem schmalen Strich Landes wohnen, auch auf allen Seiten Deutsche
Nachbarn haben, zur Deutschen Nation gehören, welches aber nothwendig
folgen würde, wenn der Unterschied der Nationen nach den Provintzen
solte beurtheilt werden. Vielmehr kan man sagen, daß das Wort Nation
dem Inbegriff verschiedener Nationen, die in einem Bezircke wohnen, und
eigentlich ein Volck (Populus) heisset, entgegen gesetzet werde. Dieses in
der That und in dem Ursprunge des Worts selbst, gegründeten Unterschie
des ohngeachtet, aber hat der Gebrauch es schon lange eingeführet, daß da
Wort Nation auch für ein Volck, welches in einer gewissen und von andern
abgesonderten Provintz wohnhafft ist, genommen wird."
*(Zedler, Johann Heinrich, Grosses vollständiges Universallexikon aller*
*Wissenschaften und Künste, Bd. 23, Leipzig-Halle 1740, S. 902)*

### 1848

„Nation, vergl. Volk
Volk, Volksthum. – So wenig eine Mumie ein Mensch ist und so wenig eine
Gemeinde schläft, oder ißt, oder trinkt, wenngleich Dies alle ihre einzelnen

Mitglieder thun, eben so wenig ist ein Volk jede Menschenmenge, die Abstammung, Sprache, Sitten und dergleichen gemein hat. Ein *Volk* wird sie erst dann, wenn sie anderen Menschen gegenüber sich als Einheit und als abgeschlossenes Ganzes fühlt und erkennt.

Der Inbegriff Dessen, worauf dies Gefühl und Bewußtsein der ausschließlichen Einheit beruht, heißt *Volksthum* und ist von dem Begriffe eines Volkes eben so untrennbar, wie von dem einzelnen Menschen seine Eigenthümlichkeit.

Hiernach beantwortet sich sehr leicht und einfach die Frage, welche so oft den Vertretern der öffentlichen Meinung als vermeintliches Medusenschild entgegengehalten wird, die Frage: Wer ist denn das Volk? Das Volk sind, je nach der Richtung der Frage, 1) Diejenigen, in welchen sich die in der Geschichte offenbarte Volkseigenthümlichkeit abspiegelt, und 2) Diejenigen, in welchen das Bewußtsein und das Gefühl der Volkseinheit lebendig geworden ist. Das Volk sind also die höheren Stände nur insofern, als sie noch nicht in europäischer Weltbildung ihre Volkseigenthümlichkeit verscherzt haben; als Volk erscheint der große Haufe nie, wo er blos dem thierischen Triebe der Selbstsucht folgt. Damit löst sich auch die Frage: was Volksdichtung, was Volksgesang sei u.s.w.

Es löst jene Begriffsbestimmung auch die mehr in den Kreis dieses Werkes fallenden Fragen: was Volkswille sei, welche Bedeutung er habe und wie weit recht und zweckmäßig sei auf ihn einzuwirken?

Daß des Volkes Wille nicht sei, was ein aufgeregter wilder Haufe verlangt – ist eine Wahrheit, die oft genug gemisbraucht worden ist, um Aeußerungen der öffentlichen Meinung vornehm zurückzuweisen. Eben so gewiß ist aber auch des Volkes Wille nicht, was Solche dafür ausgeben, die zwar nach geschriebenem Rechte es vor der Staatsgewalt vertreten, die aber nicht durch freie und um Gemeinwohls willen vollzogene Wahl dazu berufen worden sind. Volkswille ist eben so wenig, was eine unter den Ketten der Censur keuchende Presse zu lispeln und zu betteln wagt, denn nur der ganze Wille ist ein wahrer. Deswegen muß zugegeben werden, daß überall, wo – (wie leider in Deutschland) die Volksvertretung auf juristische Fictionen gebaut ist, und wo endlich – (wie ebenfalls in Deutschland) – auch die Aeußerung der öffentlichen Meinung in freien Volksversammlungen verschlossen ist – der Volkswille sich nicht in seiner wahren Gestalt äußern kann, und daß er also da erlauscht und errathen werden muß. Vernichtet ist er aber damit keineswegs; er lebt und wirkt, wie der Mensch im Kerker und in Fesseln, immer fort und bleibt auch erkennbar Dem, welcher, mit der Geschichte und Eigenthümlichkeit seines Volkes vertraut, gleichsam am eigenen Pulse fühlt, welchen Eindruck jede äußere Erscheinung auf das Volksthum und somit auf das Volk machen muß.

*(Rotteck, Carl von; Welcker, Carl, Das Staats-Lexikon,*
*Bd. 12, Altona 1848, S. 786 f.)*

Nation (lat., Völkerschaft), ein nach Abstammung und Geburt, nach Sitte und Sprache zusammengehöriger Theil der Menschheit; *Nationalität*, die Zugehörigkeit zu diesem. Nach heutigem deutschen Sprachgebrauch decken sich nämlich die Begriffe N. und Volk keineswegs, man versteht vielmehr unter ‚Volk‘ die unter einer gemeinsamen Regierung vereinigten Angehörigen eines bestimmten Staates. Wie sich aber die Bevölkerung eines solchen aus verschiedenen Nationalitäten zusammensetzen kann, so können auch umgekehrt aus einer und derselben N. verschiedene Staatsweisen gebildet werden. Denn manche Nationen, und so namentlich die deutsche, sind kräftig genug, um für mehrere Staatskörper Material zu liefern. Freilich mußte gerade für die deutsche ‚N.‘ deren Zersplitterung und eine allzu große Zahl von Staaten als ein nationales Unglück erscheinen; aber wenn wir auch jetzt in dem Deutschen Reich einen auf nationaler Grundlage errichteten Gesammtstaat haben, so kann doch auch auf der andern Seite das Nebeneinanderbestehen dieses und anderer Staaten, deren Bevölkerung, wie in Oesterreich und in der Schweiz, zu einem großen Theil der deutschen N. angehört, keinem Bedenken unterliegen. Das Wort N. bezeichnet sonach, wie Bluntschli sagt, einen Kulturbegriff, das Wort ‚Volk‘ einen Staatsbegriff. Man kann also z.B. sehr wohl von einem österreichischen Volk, nicht aber von einer österreichischen N. sprechen. Zu beachten ist aber, daß nach englischem und französischem Sprachgebrauch der Ausdruck N. gerade umgekehrt das Staatsvolk (die sogen. *politische Nationalität*) bezeichnet, während für die N. im deutschen Sinn des Worts, für das Naturvolk (die sogen. *natürliche Nationalität*) die Worte *Peuple* (franz.) und *People* (engl.) gebräuchlich sind. In dem Begriff der N. liegt aber zugleich das Bewußtsein der gemeinsamen Abstammung und das Bewußtsein der Zusammengehörigkeit überhaupt: das *Nationalgefühl*. Ebendieses nationale Selbstbewußtsein ist es aber, welches zugleich den Gegensatz zwischen der einen und der andern N. hervortreten läßt. Kann zudem eine N. auf eine große Vergangenheit zurückblicken, oder nimmt sie unter den verschiedenen Nationen eine besonders hervorragende Stellung ein, so steigert sich das Nationalgefühl zum *Nationalstolz*, während sich jener Gegensatz zwischen verschiedenen Nationalitäten zuweilen bis zum *Nationalhaß* verschärft. Mit dem Nationalgefühl steht aber der nationale Selbsterhaltungstrieb im Zusammenhang; darum gilt jeder N. die *Nationalfreiheit* als höchstes Gut, und die *Nationalehre* verbietet ihr die freiwillige Unterwerfung unter eine andere N. Aus demselben Grund ist auch jede N. auf die Erhaltung ihrer nationalen Eigenständigkeiten bedacht, vor allem auf die der *Nationalsprache*, denn auf dieser beruht zumeist das Wesen der N., und sie ist es, welche die Stammesgenossen am engsten verbindet.

*(Meyers Conversationslexikon. Eine Encyklopädie des allgemeinen Wissens, 3. Aufl., Leipzig 1874, S. 940)*

**1888**

Nation (lat., Völkerschaft), ein nach Abstammung, Sitte und Sprache zusammengehöriger Teil des Menschengeschlechts. Aus dem Bewußtsein der Zusammengehörigkeit entspringt das *Nationalgefühl*, das sich anderen Nationen gegenüber als *Nationalstolz* oder *Nationalhaß* kundgibt und für die Pflege der *Nationalsprache* und *Nationalsitte* eintritt. Die Nationalitäten sind im Laufe der Geschichte durch Vermischung mit fremden Volksstämmen steten Umbildungen unterworfen gewesen. Die Völkerwanderung legte durch ihre Durcheinanderschüttelung romanischer, germanischer, keltischer, slawischer und anderer Völkerschaften den Grund zu der allmählichen Herausbildung der Nationalitäten des neuen Europas. Das System der Gleichberechtigung verschiedener Nationalitäten hat in Oesterreich zur Geltendmachung des *Nationalitätsprinzips* geführt, wonach jede Nation einen Staat für sich bilden will.

*(Pierers Konversationslexikon, 7. Aufl., Stuttgart 1888, S. 1042)*

# Auswahlbibliographie zum Quelleneinsatz im Unterricht

## Literatur bis 1965

Babilas, W., Tradition und Interpretation. Gedanken zur philologischen Methode (Langue et Parole, 1), München 1961

Bender, Franz, Die Benutzung der Quellen im Geschichtsunterricht, in: Neue Jbb. für das klass. Altertum, Geschichte und dt. Literatur u. für Pädagogik 24 (1909), S. 432-437

Bengel, Johann, Quellenbenutzung beim Geschichtsunterrichte. Ein geschichtlicher Abriß (Pädagogische Zeit- und Streitfragen, 53), Wiesbaden 1898

Blume, Ernst, Zur Methodik des Geschichtsunterrichts auf Seminarien, Köthen 1881

Blume, Ernst, Quellensätze zur Geschichte unseres Volkes. Bd. 2: Von der Zeit Konrads I. bis zum Ende des Zwischenreiches. 1. Abt., Köthen 1886 (insgsamt 4 Bde. [Bd. 4 von L. Arndt], Köthen 1883/1886/1891/1904)

Burger, K. O., Methodische Probleme der Interpretation, in: Germanisch-romanische Monatshefte 32 (1950), S. 81-91

Dobschütz, Ernst von, Vom vierfachen Schriftsinn. Die Geschichte einer Theorie, in: Harnack-Ehrung. Beiträge zur Kirchengeschichte. Adolf von Harnack zu seinem 70. Geburtstag (7.5.1921) dargebracht, Leipzig 1921, S. 1-13

Droysen, Johann Gustav, Historik. Textausgabe von Peter Leyh, Stuttgart 1977

Fikenscher, Fritz, Der Unterricht in der Geschichte, 3. Aufl., Ansbach 1933

Friedeburg, Ludwig von; Hübner, Peter, Das Geschichtsbild der Jugend, München 1964

Haas, Paul, Wie sind die Quellen auf der Oberstufe höherer Schulen zu benutzen, um die in ihnen liegenden historisch bildenden Werte fruchtbar zu machen? in: Lehrproben und Lehrgänge 141 (1919)

Hannak, E., Methodik des Unterrichts in der Geschichte, Wien 1891

Herbst; Baumeister; Weidner, Quellenlesebuch zur alten Geschichte, Leipzig 1866/1867

Krieger, Ferdinand, Der Geschichtsunterricht in Volks-, Bürger- und Fortbildungsschulen. Eine Anleitung zur richtigen Ertheilung der Geschichte, Nürnberg 1876

Krieger, Ferdinand, Methodik des Geschichtsunterrichts in Volksschulen. Ein Beitrag zur Reform des Volksschulwesens, München 1887

Kumsteller, Bernhard, Die Quellenbenutzung im Geschichtsunterricht, in: Neue Jbb. für das klass. Altertum, Geschichte und dt. Literatur u. für Pädagogik 23 (1920)

Lambeck, G., Über die Benutzung von Quellen im geschichtlichen Unterricht, in: Vergangenheit und Gegenwart 2 (1912)

Liebeskind, Hermann, Über die Benutzung von Quellen im Geschichtsunterrichte der Volksschule, Jena 1891

Peter, Carl, Der Geschichtsunterricht auf Gymnasien. Ein methodischer Versuch als Beitrag für die Neugestaltung des deutschen Gymnasialwesens, Halle 1849

Reim, Carl, Methodik des Geschichtsunterrichts, Halle 1907

Reiniger, Max, Die Verwendung von Quellen in der Hand des Schülers im Geschichtsunterricht, in: Die Volksschule (1918), S. 447-454

Richter, Albert, Quellen im Geschichtsunterrichte, in: Bericht des Vereins Leipziger Lehrer auf die Jahre 1884 und 1885, Leipzig 1886, S. 19-41

Richter, Albert, Quellenbuch. Für den Unterricht in der deutschen Geschichte zusammengestellt, Leipzig 1898 [bis 1924 9 Auflagen]

Rosenburg, Hermann, Die Verwertung von Quellen im Geschichtsunterrichte der Lehrerseminare, in: Pädag. Bll. f. Lehrerbildung und Lehrerfortbildungsanstalten 21 (1892)

Rude, Adolf, Quellen im Geschichtsunterricht. Mit besonderer Berücksichtigung der Kulturgeschichte (Pädagogische Zeit- und Streitfragen, 5), Gotha 1892

Rude, Adolf, Quellenbücher und Quellenbenutzung im Geschichtsunterricht der Volksschule, in: Enzyklopädisches Handbuch der Pädagogik, hg. v. Wilhelm Rein, Bd. 4, 2. Aufl., Langensalza 1907, S. 136-145

Rühlmann, Paul, Zur Geschichte der Geschichtsquelle im Unterricht, in: Wilmanns, Ernst (Hg.), Die Quelle im Geschichtsunterricht (Der neue Geschichtsunterricht, 8), Leipzig-Berlin 1932

Rusch, Gustav, Methodik des Unterrichts in der Geschichte, 2. Aufl., Wien 1889

Schilling, Max, Quellenbücher für den Geschichtsunterricht an höheren Schulen, in: Enzyklopädisches Handbuch der Pädagogik, hg. v. W. Rein, Bd. 7, 2. Aufl., Langensalza 1907, S. 145-180

Schilling, Max, Quellenbuch zur Geschichte der Neuzeit, Berlin 1884

Schneider, Karl, Einiges zur Methode und über den Gebrauch von Quellenbüchern im Geschichtsunterrichte, in: Beiträge zum Geschichtsunterricht (Beiheft zur Zeitschrift: Schaffende Arbeit und Kunst in der Schule, 78), Leipzig-Prag-Wien 1918, S. 55-63

Schremmer, W., Erarbeiten der Geschichtsstoffe durch Ausgang von Quellen, in: Drittes Jahrbuch der pädagogischen Zentrale des Deutschen Lehrervereins, Berlin-Leipzig 1913

Wagner, Fritz, Analogie als Methode geschichtlichen Verstehens, in: Studium Generale. Berlin, 11, Dezember 1955, S. 703-712

Wilmanns, Ernst, Quellenlektüre zur Geschichte des Mittelalters, in: Vergangenheit und Gegenwart 3 (1913), S. 212-224

Wilmanns, Ernst, Die Verwendbarkeit der Quellen im Geschichtsunterricht, in: Vergangenheit und Gegenwart 17 (1927), S. 148-163

Wilmanns, Ernst (Hg.), Die Quelle im Geschichtsunterricht (Der neue Geschichtsunterricht, 8), Leipzig-Berlin 1932

# Literatur nach 1965

Ackermann, Paul; Gaßmann, Reinhart, Arbeitstechniken politisches Lernen kurzgefaßt, Stuttgart 1991

Albers, Franz-Josef, Zur Methode der Auseinandersetzung mit schriftlichen Quellen im Geschichtsunterricht, in: Geschichte/Politik und ihre Didaktik 11 (1983), S. 205-212

Arbeit mit Textquellen. Schwerpunktheft der Zeitschrift „Geschichte lernen" 46 (1998)

Ardelt, Rudolf G., Inhaltsanalyse von Texten und Dokumenten im Unterricht, in: Zeitgeschichte 2 (1974), S. 41-49

Assmann, Aleida; Assmann, Jan; Hardmeier, Christof (Hg.), Schrift und Gedächtnis. Beiträge zur Archäologie der literarischen Kommunikation, München 1983

Blochmann, Maria, Zur Geschichte der Arbeit mit schriftlichen historischen Quellen im Geschichtsunterricht 1800-1933, Paed Diss., Dortmund 1978

Borries, Bodo von, Methodisch-mediales Handeln im Lernbereich Politik-Geschichte-Erdkunde, in: Enzyklopädie Erziehungswissenschaft, Bd. 4: Methoden und Medien der Erziehung und des Unterrichts, herausgegeben von Gunter Otto und Wolfgang Schulz, Stuttgart 1985, S. 328-366

Borries, Bodo von, Quellenarbeit, in: Enzyklopädie Erziehungswissenschaft, Bd. 4: Methoden und Medien der Erziehung und des Unterrichts, hg. v. Gunter Otto u. Wolfgang Schulz, Stuttgart 1985, S. 555-564

Breuer, Dieter, Einführung in die pragmatische Textanalyse, München 1974

d'Haenens, Albert, Text als Geschichte. Der Text als Überlieferung der schriftlich fixierten Vor-Zeit, in: Fröhlich, Klaus u.a. (Hg.), Geschichtskultur, Pfaffenweiler 1992, S. 77-109

Diemer, Alwin, Elementarkurs Philosophie: Hermeneutik, Düsseldorf 1977

Diere, Horst, Schriftliche historische Quellen in ihrer Bedeutung für das Geschichtsverständnis von Kindern und Jugendlichen im Geschichtsunterricht der ehemaligen DDR, in: Pandel, Hans-Jürgen (Hg.), Verstehen und Verständigen, Pfaffenweiler 1991, S. 73-86

Döhn, Hans, Der Geschichtsunterricht in Volks- und Realschulen, 2. Aufl., Hannover u.a. 1975

Dörr, Margarete, Quellen, Quellen, Quellen – und die Alternative? in: GWU 34 (1983), S. 318-329

Dörr, Margarete, Zur Quellenarbeit im Geschichtsunterricht – Interpretation zweier Reden (Truman und Shdonow 1947) und einige didaktische Schlußfolgerungen, in: Wilms, Eberhard (Hg.), Geschichte. Denk- und Arbeitsfach, Frankfurt/M. 1986, S. 154-175

Eco, Umberto, Die Grenzen der Interpretation, München 1992

Faber, Karl-Georg, Theorie der Geschichtswissenschaft, 3. Aufl., München 1974, S. 109-146

Filser, Karl, Geschichte erzählen oder aus Quellen entdecken? in: Blätter für Lehrerfortbildung 31 (1979), S. 386-393

Fina, Kurt, Die Quelle im Geschichtsunterricht, in: GWU 21 (1970), S. 615-634

Fina, Kurt, Quellentexte im Geschichtsunterricht der Volksschule. Ein Dreistufenprogramm, in: Welt der Schule 30 (1977), S. 98-108

Fina, Kurt, Geschichtsmethodik. Die Praxis des Lehrens und Lernens, 2. Aufl., München 1981

Franze, Manfred, Quellen- und Textarbeit im Geschichtsunterricht der Kollegstufe, in: Atzerodt, A.; Franze, M.; Neher, M., Quelle und Statistik im Kollegstufenunterricht (Arbeitsmaterialien für den Geschichtsunterricht in der Kollegstufe, Sonderheft), München 1977, S. 18-39

Fuchs, Stephan; Wingens, Matthias, Sinnverstehen als Lebensform. Über die Möglichkeit hermeneutischer Objektivität, in: Geschichte und Gesellschaft 12 (1986), S. 477-501

Gies, Horst, Medien, Quellen, Unterrichtsmittel, in: Lehrmittel aktuell 6 (1980), H. 6, S. 31-34

Hartmann, P., Probleme der semantischen Textanalyse, in: Schmidt, S. J. (Hg.), Text, Bedeutung und Ästhetik, 2. Aufl., München 1972, S. 15-42

Heuß, Alfred, Überrest und Tradition. Zur Phänomenologie der historischen Quellen, in: Archiv für Kulturgeschichte 25 (1935), S. 134-183

Hörisch, Jochen, Die Wut des Verstehens, Frankfurt/M. 1988

Hug, Wolfgang, Geschichtsunterricht in der Praxis der Sekundarstufe I, Frankfurt/M. 1977

Jamieson, Bruce, History Detective 2, 2 ed., Edingbourgh 1988

Koselleck, Reinhart, Standortbindung und Zeitlichkeit, in: ders., Vergangene Zukunft, 4. Aufl., Frankfurt/M. 1985, S. 176-207

Kuhn, Annette; Schneider, Gerhard (Hg.), Geschichtsunterricht 5-10, München u.a. 1981

LaCapra, Dominick; Kaplan, Steven L. (Hg.), Geschichte denken. Neubestimmungen und Perspektiven moderner europäischer Geistesgeschichte, Frankfurt/M. 1988

Leisen, Adolf, Propädeutischer Unterricht und Kooperation, in: GWU 23 (1972), S. 211-220

Lucas, Friedrich J., Zur Geschichts-Darstellung im Unterricht, in: GWU 16 (1965), S. 285-299

Marienfeld, Wolfgang; Osterwald, Wilfried, Die Geschichte im Unterricht. Grundlegung und Methode, Düsseldorf 1966

Michels, Gerd, Textanalyse und Textverstehen, Heidelberg 1981

Müller, Albrecht, Erklären oder Verstehen? Zur dialektischen Begründung der Sozialwissenschaften, Frankfurt/M. 1978

Nickisch, Reinhart M. G., Der Brief, Stuttgart 1991

Pandel, Hans-Jürgen, Vorüberlegungen zu einer geschichtsdidaktischen Theorie der Interpretation, in: Bergmann, Klaus; Rüsen, Jörn (Hg.), Geschichtsdidaktik: Theorie für die Praxis, Düsseldorf 1978, S. 85-133

Pandel, Hans-Jürgen (Hg.), Verstehen und Verständigen. Hermeneutische Konsequenzen aus einer erzähltheoretischen Historik, in: ders. (Hg.), Verstehen und Verständigen (Jahrbuch für Geschichtsdidaktik, 2), Pfaffenweiler 1991, S. 11-13

Pandel, Hans-Jürgen, Textquellen im Unterricht. Zwischen Ärgernis und Erfordernis, in: Geschichte lernen 46 (1995), S. 14-21

Pandel, Hans-Jürgen, Alte Sünden und neue Entwicklungen. Quelleninterpretation im Geschichtsunterricht, in: Friedrich Jahresheft 1997, S. 63-67

Pandel, Hans-Jürgen, Quellenarbeit; Quelleninterpretation, in: Bergmann, Klaus u.a. (Hg.), Handbuch der Geschichtsdidaktik, 5. Aufl., Seelze 1997, S. 430-433

Pellens, Karl, Geschichtliche Quellen. Eine Einführung mit Arbeitsbeispielen für die Sekundarstufe II, Stuttgart 1979

Pépin, Jean, Allegorie und Auto-Hermeneutik, in: Bohn, Volker (Hg.), Typologie, Frankfurt/M. 1988, S. 126-140

Pépin, Jean, Die frühe Hermeneutik. Worte und Vorstellungen, in: Bohn, Volker (Hg.), Typologie, Frankfurt/M. 1988, S. 97-113

Pohl, Karl Heinrich, Quelleninterpretation in der Oberstufe des Gymnasiums, in: Geschichtsdidaktik 3 (1978), S. 239-254 und 360-368

Projektgruppe „Textinterpretation und Unterrichtspraxis": Projektarbeit als Lernprozeß, Frankfurt/M. 1974

Reese, Armin, Texte verstehen, in: Pandel, Hans-Jürgen (Hg.), Verstehen und Verständigen, Pfaffenweiler 1991, S. 61-72

Renz, Rudolf, Prinzipien wissenschaftlicher Quellenanalyse und ihre Verwertbarkeit im Geschichtsunterricht, in: GWU 22 (1971), S. 536-551

Rohlfes, Joachim, Und noch einmal: Quellen, in: GWU 34 (1983), S. 330-344

Rohlfes, Joachim, Ziele, Inhalte, Methoden – Ein unauflöslicher Zusammenhang? in: Wilms, Eberhard (Hg.), Geschichte. Denk- und Arbeitsfach. Heinz Dieter Schmid zum 65. Geburtstag, Frankfurt/M. 1986, S. 18 ff.

Rohlfes, Joachim, Arbeit mit Textquellen, in: GWU 46 (1995), S. 583-590

Rossi, Pietro (Hg.), Theorie der modernen Geschichtsschreibung, Frankfurt/M. 1987

Rumpf, Horst, Kreativer Umgang mit Texten, in: Zeitschrift für Pädagogik 14 (1968), S. 275-294

Rüsen, Jörn, Rekonstruktion der Vergangenheit. Grundzüge einer Historik II: Die Prinzipien der historischen Forschung, Göttingen 1986, S. 87-147

Rusinek, Bernd A.; Ackermann, Volker; Engelbracht, Jörg (Hg.), Einführung in die Interpretation historischer Quellen. Schwerpunkt Neuzeit, Paderborn 1992

Scherner, M., Text und Sinn, in: Der Deutschunterricht 43 (1972), H. 3, S. 51-68

Schmid, Heinz Dieter, Untersuchungen zu einer stufengerechten Methode im Geschichtsunterricht der Mittelstufe, in: Der Gymnasial-Unterricht IV/5 (1967), S. 40-64

Schmidt, A., Ideologiekritik in der Unterrichtspraxis, in: GSE 13 (1968), S. 88-104

Schneider, Gerhard (Hg.), Die Quelle im Geschichtsunterricht. Beiträge aus Theorie und Praxis, Donauwörth 1975

Schneider, Gerhard, Zur Quellenbenutzung in Studium und Unterricht, in: Westermanns Pädagogische Beiträge 29 (1977), S. 427-431

Schneider, Gerhard, Über den Umgang mit Quellen im Geschichtsunterricht, in: GWU 45 (1994), S. 73-90

Schneider, Gerhard, Geschichtserzählung, in: Bergmann, Klaus u.a. (Hg.), Handbuch der Geschichtsdidaktik, 5. Aufl., Velber 1997, S. 434-440

Schneider, Gerhard, Die Arbeit mit Quellen, in: Pandel, Hans-Jürgen; Schneider, Gerhard (Hg.), Medien im Geschichtsunterricht, Schwalbach/Ts. 1999, S. 15-44

Schneider, Gerhard, Gelungene Einstiege. Voraussetzung für erfolgreiche Geschichtsstunden, Schwalbach/Ts. 1999

Schoebe, Gerhard, Quellen, Quellen, Quellen … Polemik gegen ein verbreitetes Unterrichtskonzept, in: GWU 34 (1983), S. 298-317

Silbermann, H., Interpretation von Quellentexten, in: Forster, H. (Hg.), Allgemeine Lernziele zur Geschichte und Sozialkunde, Würzburg 1975, S. 4-18

Spinner, Kaspar H., Interpretieren im Deutschunterricht, in: Praxis Deutsch 14 (1987), H. 81, S. 17-23

Sprenger, Reinhard, Erzählung, schriftliche Quelle, literarisches Beispiel, Freiberg 1979

Stöver, Ina, Möglichkeiten des Einsatzes von schriftlichen Quellen und von Bildern im Geschichtsunterricht, in: Geschichtsdidaktik 3 (1978), S. 203-208

Strotzka, Heinz, Zur Praxis des Geschichtsunterrichts. Analysen, Materialien und Beispiele, Wien 1983

Theuerkauf, Gerhard, Einführung in die Interpretation historischer Quellen. Schwerpunkt: Mittelalter, Paderborn 1991

Voit, Hartmut, Vorüberlegungen beim Einsatz von schriftlichen Quellen im Geschichtsunterricht, in: Blätter für Lehrerfortbildung 32 (1980), S. 182-186

Wagner, Gisela, Quellen und Quelleninterpretation im Unterricht der Geschichte und Gemeinschaftskunde, in: GWU 20 (1969), S. 160-172

Wagner, Gisela, Quellen und Quelleninterpretation, in: Süssmuth, Hans (Hg.), Historisch-politischer Unterricht. Medien (Anmerkungen und Argumente zur historischen und politischen Bildung, 7.2), Stuttgart 1973

Weymar, Ernst, Werturteile im Geschichtsunterricht, in: GWU 21 (1970), S. 198-215; auch in: Süssmuth, Hans (Hg.), Geschichtsunterricht ohne Zukunft? (Anmerkungen und Argumente, 1.2), Stuttgart 1972, S. 326-352

Würfel, Maria, Choc par les documents – Archivalische Menschenrechte, in: GWU 34 (1983), S. 271-297

Zurwehme, Martin, Möglichkeiten und Grenzen der Bearbeitung von Quellen für den Geschichtsunterricht, in: GWU 47 (1996), S. 189-197

**WOCHEN SCHAU VERLAG**
GESCHICHTE

# Forum Historisches Lernen

Ulrich Mayer, Hans-Jürgen Pandel,
Gerhard Schneider (Hrsg.)

# Handbuch Methoden im Geschichtsunterricht

unter Mitarbeit von:
Markus Bernhardt, Klaus Bergmann, Christina Böttcher, Bodo von Borries, Franziska Conrad, Wolfgang Emer, Peter Gautschi, Waldemar Grosch, Gerhard Henke-Bockschatz, Thomas Lange, Ulrich Mayer, Klaus-Ulrich Meier, Bernhard Müller, Elisabeth Ott, Hans-Jürgen Pandel, Michael Sauer, Gerhard Schneider, Michael Riekenberg, Manfred Seidenfuß, Renate Teepe, Uwe Uffelmann, Andreas Urban, Bärbel Völkel, Hartmut Voit, Birgit Wenzel, Hartmann Wunderer

ISBN 3-87920-436-5, 680 S., € 42,80

**Inhaltsübersicht**
1. Prinzipien
2. Methoden historischen Denkens
3. Kommunikationsformen
4. Kooperationsformen
5. Unterrichtsplanung
Stichwortverzeichnis

Das Handbuch ist nicht nur ein nützliches und unentbehrliches Hilfsmittel für die Unterrichtspraxis, sondern fasst auch den Diskussionsstand zusammen, gewichtet ihn kritisch und vereinheitlicht die disparate Begrifflichkeit im Bereich der Methodik.

**... EIN BEGRIFF FÜR HISTORISCH-POLITISCHE BILDUNG**

Adolf-Damaschke-Str. 10, 65 824 Schwalbach/Ts., Tel.: 06196 / 8 60 65, Fax: 06196 / 8 60 60, www.wochenschau-verlag.de